머리말

'시작이 반이다.'

무엇이든지 시작한다는 것은 매우 중요합니다.

그동안 여러 사정으로 배움의 길에서 멀어졌던 수험생 여러분에게 다시 공부한다는 것은 매우 힘들고 두려울 수도 있습니다. 그러나 앞으로의 자기 발전을 위해서는 지금 시작해야 한다는 결심이 중요합니다.

이에, 학습에 올바른 길을 제시하고, 수험생 여러분의 힘찬 정진의 터를 마련하고자 초졸 검정고시 기출문제집을 출간하게 되었습니다.

첫째, 2019년 제2회부터 2023년 제2회까지 기출문제를 수록하여 수험생들로 하여금 최근 기출문제의 경향과 반복 출제되는 문제를 스스로 파악할 수 있도록 하였습니다.

둘째, 문제에 대한 정확하고 상세한 해설을 실어 기출문제를 풀면서 핵심내용을 한번에 정리할 수 있도록 하였습니다.

셋째, 각 연도별로 역순으로 구성하여 실제 시험을 치르듯이 공부할 수 있도록 편집하였습니다.

기출문제는 다시 출제됩니다. 따라서 기출문제를 철저히 공부하면 시험에 두려움 없이 임할 수 있습니다.

새롭게 시작하는 수험생 여러분에게 이 책이 조금이라도 도움이 되어 합격의 영광이 있기를 바랍니다.

– 편저자 일동

시험안내

1 고시일정

회 차	공고일	접수일	시험일	합격자 발표
제1회	2월 초순	2월 중순	4월 초·중순	5월 초·중순
제2회	6월 초순	6월 중순	8월 초·중순	8월 하순

2 응시과목(6과목)

① 필수 4과목 : 국어, 수학, 사회, 과학
② 선택 2과목 : 도덕, 체육, 음악, 미술, 실과, 영어

3 응시자격

① 검정고시가 시행되는 해의 전(前)년도를 기준으로 만 11세 이상인 사람으로서 초등학교 교육과정을 이수하지 아니한 사람
② 초등학교(특수학교 포함) 재학생 중 만 11세 이상인 사람으로서 초·중등교육법시행령 제29조의 규정에 의하여 학적이 정원 외로 관리되는 사람
③ 보호소년 등의 처우에 관한 법률 시행령 제69조제1호에 해당하는 사람

4 응시자격 제한

① 초등학교(특수학교 포함) 재학 중인 사람
② 공고일 이후 제 ①호의 학교에 재학 중 학적이 정원 외로 관리되는 사람
③ 공고일 기준으로 고시에 관하여 부정행위를 한 사람으로서 처분일부터 응시자격 제한기간이 경과되지 아니한 사람

5 제출서류(현장접수)

① 응시원서(소정서식) 1부
② 동일한 사진 2매(탈모 상반신, 3.5cm×4.5cm, 응시원서 제출 전 3개월 이내 촬영)
③ 본인의 해당 최종학력증명서 1부
  • 졸업(졸업예정)증명서(소정서식)
  • 초등학교 재학 중 중퇴자는 제적증명서
  • 초등학교 및 중학교 의무교육 대상자 중 정원 외 관리대상자는 정원 외 관리증명서
  • 초등학교 및 중학교 의무교육 대상자 중 면제자는 면제증명서(소정서식)
  • 평생교육법 제40조, 초·중등교육법 시행령 제96조제1항제2호 및 제97조제1항제3호에 따른 학력인정 대상자는 학력인정(증명)서
  • 합격과목의 시험 면제를 원하는 사람은 과목합격증명서 또는 성적증명서
④ 응시수수료 : 없음
⑤ 신분증 : 주민등록증, 외국인등록증, 운전면허증, 주민등록번호가 포함된 대한민국 여권, 청소년증, 주민등록번호가 포함된 장애인등록증(복지카드) 중 하나
⑥ 추가 제출 서류
  • 장애인 편의제공 대상자는 복지카드 또는 장애인등록증 사본(원본 지참), 장애인 편의제공 신청서, 상이등급 표시된 국가유공자증(국가유공자확인원)
  • 과목면제 해당자 중 평생학습계좌제가 평가 인정한 학습과정 중 시험과목에 관련된 과정을 90시간 이상 이수한 사람은 평생학습이력증명서

6 출제형태

① 출제유형 : 객관식 4지 택1형
② 문항수 및 배점 : 각 과목별 20문항, 1문항당 5점
③ 출제범위 : 2015 교육과정
④ 합격점수
  • 전과목 합격 : 100점 만점 기준으로 결시 없이 평균 60점 이상 취득한 사람(과락제 폐지)

> 시험에 관한 자세한 사항은 해당 시·도 교육청 홈페이지에서 시험공고문을 확인하시기 바랍니다.

차 례

똑같은 기출 똑똑한 해설

2025년 **2**회

초등학교 **졸업학력** 검정고시 대비 기출문제

2025년 8월 시행

똑같은 **기출** 똑똑한 **해설**

초등학교 졸업학력 검정고시 대비

국 어

2025년 2회 시행

01 다음 중 ㉠에 들어갈 위로하는 말로 가장 적절한 것은?

열심히 준비한 미술 대회에서 상을 받지 못해서 속상해.

㉠

① 오늘 왜 늦었니?

② 꾸준히 준비하더니 해냈구나.

③ 준비를 많이 했는데 너무 속상하겠다.

④ 나는 어제 가족들과 해수욕장을 다녀왔어.

🖌 해 설 ── 속상한 친구를 위로할 때는 그 마음을 인정하고 공감해 주는 말이 적절하다. "준비를 많이 했는데 너무 속상하겠다."는 친구의 감정을 이해하고 달래 주는 말이다.
① 오늘 왜 늦었니 : 상황과 관계없는 질문
② 해냈구나 : 상을 받지 못했으므로 맞지 않음
④ 해수욕장 다녀옴 : 위로가 아니라 자기 이야기

02 다음 설명에 해당하는 것은?

> 찬반 양쪽이 나뉜 상태에서 각각 자기 쪽의 의견을 받아들이도록 상대편을 설득하는 의사소통

① 낭독　　　　　② 면담　　　　　③ 소개　　　　　④ 토론

✏해설 ─○ 찬성과 반대 의견으로 나뉘어 서로 설득하는 의사소통은 토론이다. 토론은 논리적으로 주장과 근거를 제시하며 상대를 설득하는 대화 방식이다.
　　　① 낭독 : 글을 소리 내어 읽음
　　　② 면담 : 개인적으로 만나서 대화
　　　③ 소개 : 사람 · 물건 · 장소 등을 알림

03 다음 중 밑줄 친 관용 표현의 의미로 가장 적절한 것은?

> 민수는 발이 넓다.

① 씀씀이가 크다.
② 아는 사람이 많다.
③ 성격이 모나고 거칠다.
④ 음식을 가리지 않고 잘 먹는다.

✏해설 ─○ '발이 넓다'는 관용 표현은 아는 사람이 많다는 뜻으로, 인간관계가 넓어서 여러 사람과 교류가 있다는 의미로 쓰인다.
　　　① 씀씀이가 크다 : 돈을 아낌없이 씀
　　　③ 성격이 모나고 거칠다 : 성격 묘사, 해당 없음
　　　④ 음식을 가리지 않고 잘 먹는다 : 식습관, 관련 없음

정답　02. ④　03. ②

04 ⊙~㉣ 중 의견에 해당하는 것은?

> 우리는 울릉도에 도착해 다시 ⊙ 독도로 가는 배를 탔다. 배는 ⓒ 항구를 떠나 독도로 향했다. 독도에는 괭이갈매기 뿐만 아니라 바다제비와 같은 ⓒ 텃새도 산다고 한다. ㉣ 아름답고 생명력 넘치는 독도에 관심을 가져야겠다고 생각했다.

① ⊙   ② ⓒ   ③ ⓒ   ④ ㉣

해설 ─○ 사실은 객관적으로 확인할 수 있는 내용이고, 의견은 글쓴이의 생각이나 느낌이 드러난 문장이다. "아름답고 생명력 넘치는 독도에 관심을 가져야겠다고 생각했다(㉣)"는 글쓴이의 생각이므로 의견이다.
① ⊙ 독도로 가는 배를 탔다 : 사실
② ⓒ 배는 항구를 떠나 독도로 향했다 : 사실
③ ⓒ 독도에 텃새가 산다 : 사실(정보 전달)

05 설명하는 글에 해당하지 <u>않는</u> 것은?

① 박물관 관람 안내문
② 역사 유적지 설명문
③ 장난감 조립 설명서
④ 글쓴이의 마음이 드러난 시

해설 ─○ 설명하는 글은 사실이나 정보를 전달하기 위해 쓰는 글이다. 시는 글쓴이의 마음이나 느낌을 표현하는 글이므로 설명문에 해당하지 않는다.
① 박물관 안내문 : 사실 · 정보 전달
② 역사 유적지 설명문 : 대상 소개
③ 조립 설명서 : 방법 안내

06 다음 글의 공간적 배경은?

> 우리가 다정하게 교실로 들어오는 걸 보고 대광이가 고개를 갸우뚱했다. 등을 꼿꼿이 펴고 자리로 걸어가는 제하는 황제처럼 당당해 보였다. 가만 보니 꽤 괜찮은 녀석 같다.

① 교실　　　　② 들판　　　　③ 아침　　　　④ 저녁

✏️해설 ─○ 글에서 "교실로 들어오는 걸 보고", "자리로 걸어가는 제하"라는 표현이 있으므로 공간적 배경은 교실이다.
② 들판 : 자연 배경, 해당 없음
③ 아침, ④ 저녁 : 시간적 배경, 질문에서 요구한 것은 공간

[7~8] 다음 글을 보고 물음에 답하시오.

아기 웃음

이선영

ⓐ 아기 웃음은
유리 종소리야

들으면 기분 좋은
맑은 종소리

아기 웃음은
이상한 열쇠야

꽁 닫힌 ⓑ 마음도
활짝 열어 버리지

아기 웃음은
다 통하는 국제어야

웃는 얼굴은
국경도 없으니까

정답　06. ①

07 다음 중 ㉠과 같은 비유적 표현 방법을 사용한 것으로 가장 적절한 것은?

① 꿀처럼 달콤한 수박　　　　　② 내 마음은 푸른 바다
③ 사과같이 예쁜 내 얼굴　　　　④ 별처럼 반짝이는 눈동자

✎ 해설 ─○ "아기 웃음은 유리 종소리"는 아기 웃음을 유리 종소리에 비유한 은유 표현이다. 같
은 방식으로 "내 마음은 푸른 바다"도 마음을 바다에 비유한 은유 표현이다.
① 꿀처럼 달콤한 수박 : 직유('처럼' 사용)
③ 사과같이 예쁜 내 얼굴 : 직유('같이' 사용)
④ 별처럼 반짝이는 눈동자 : 직유('처럼' 사용)

08 다음 중 낱말의 짜임이 ㉡과 같은 것은?

① 논밭　　　　　② 하늘　　　　　③ 산딸기　　　　　④ 국그릇

✎ 해설 ─○ "마음"은 한 단어로 이루어진 단일어이다. ②도 단일어이므로 같은 짜임이다.
① 논밭 : 합성어(논+밭)
③ 산딸기 : 합성어(산+딸기)
④ 국그릇 : 합성어(국+그릇)

09 다음 중 ㉠에 들어갈 글쓴이의 주장으로 가장 적절한 것은?

우리는 ＿＿＿＿＿＿＿＿＿＿＿㉠＿＿＿＿＿＿＿＿＿＿＿ 문화유산은 한번 훼손되면
본래의 가치 그대로 복원할 수 없다. 수천 수백 년 동안 조상의 손때가 묻어 있던 소
중한 문화유산도 단 한순간의 실수로 재가 되어 버리면, 아무리 정교한 작업과 최첨
단 기술로 복원한다고 해도 그 본래의 가치는 되살릴 수가 없다.

① 문화유산을 보호해야 한다.
② 역사 공부를 열심히 해야 한다.
③ 웃어른께 예의 있게 행동해야 한다.
④ 공공장소에서 질서를 잘 지켜야 한다.

✎ 해설 ─○ 글에서 강조하는 것은 문화유산은 한번 훼손되면 본래의 가치를 되살릴 수 없으니
보호해야 한다는 주장이다. '관심을 가져야 한다'나 '공부해야 한다'가 아니라 실제로
보존과 보호의 필요성을 말하고 있다.

10 다음 중 ㉠의 뜻을 알아보기 위해 국어사전에서 찾아야 할 낱말은?

> 동생이 색종이로 꽃잎을 접는다. 누나는 색종이 끝을 ㉠ 묶어서 꽃받침을 만든다.

① 묶고   ② 묶다   ③ 묶으니   ④ 묶으면

✏️해설 ┈○ 사전에서 단어의 기본형(어간+어미 형태 중 어간 형태)을 찾아야 한다. "묶어서"의
기본형은 '묶다'이므로 '묶다'를 찾아야 뜻을 확인할 수 있다.
① 묶고 · ③ 묶으니 · ④ 묶으면 : 활용형

11 이야기의 주제를 찾는 방법으로 적절하지 <u>않은</u> 것은?

① 제목을 살펴본다.
② 인물의 말이나 행동을 살펴본다.
③ 이야기를 읽은 장소를 생각해 본다.
④ 일어난 일을 순서대로 정리해 본다.

✏️해설 ┈○ 이야기의 주제를 찾으려면 제목, 인물의 말과 행동, 사건의 전개를 살펴야 한다. 하
지만 이야기를 읽은 장소를 떠올리는 것은 주제 찾기와 직접적인 관련이 없다.
① 제목 살피기 : 주제를 파악하는 중요한 단서
② 인물의 말 · 행동 살피기 : 인물의 생각 · 주제 알기 가능
④ 일어난 일을 순서대로 정리 : 주제 · 중심 생각 파악에 도움

12 다음 대화에서 의사소통이 잘 이루어지지 <u>않은</u> 까닭은?

① 비속어를 사용해서   ② 외국어를 사용해서
③ 줄임말을 사용해서   ④ 표준어를 사용해서

✏️해설 ┈○ 대화에서 엄마가 아들의 말을 잘 이해하지 못한 이유는 줄임말(열공)을 사용했기 때
문이다. 줄임말은 상대가 익숙하지 않으면 의사소통에 장애가 된다.

정답   **10.** ②   **11.** ③   **12.** ③

13 다음 글을 읽을 때 도움이 되는 경험으로 가장 적절한 것은?

> 줄다리기하는 모습을 실제로 본 적 있나요? 줄다리기에 쓰이는 줄은 엄청나게 굵습니다. 옛날에는 어른이 줄 위에 걸터앉으면 발이 땅에 닿지 않을 정도였다고 해요. 요즈음 영산 줄다리기에 쓰는 줄은 예전에 비하여 훨씬 가늘고 짧아졌는데도 굵기가 1.5미터, 길이가 40미터가 넘습니다.

① 글씨를 잘 써서 칭찬받았던 경험
② 운동회에서 줄다리기를 했던 경험
③ 가족과 함께 기차 여행을 했던 경험
④ 지난 주말에 친구와 자전거를 탔던 경험

🖌해 설 ⟶ 글에서 줄다리기의 줄 크기와 실제 모습을 설명하므로, 운동회에서 줄다리기를 해 본 경험이 있으면 줄의 굵기와 줄다리기 상황을 쉽게 떠올리며 이해할 수 있다.

14 다음 글에서 글쓴이가 전하려고 하는 마음으로 가장 적절한 것은?

> 소방관님, 안녕하세요?
> 저는 신지윤입니다. 지난주 소방관님께서 저희에게 심폐소생술을 가르쳐 주셨어요. 저도 소방관님처럼 누군가를 도울 수 있다는 사실에 매우 기쁘고 보람찬 하루였어요. 생명의 소중함을 알게 해 주신 소방관님, 감사합니다.

① 고마워하는 마음   ② 답답해 하는 마음
③ 속상해 하는 마음   ④ 축하해 주는 마음

🖌해 설 ⟶ 글쓴이는 소방관에게 "감사하다"라고 표현하며 고마운 마음을 전하고 있다. 심폐소생술을 배우고 생명의 소중함을 느낀 기쁨을 강조하고 있다.
② 답답해 하는 마음 : 불편함이나 안타까움이 아님
③ 속상해 하는 마음 : 부정적 감정 아님
④ 축하해 주는 마음 : 기쁨을 나누는 상황 아님

15 다음 공익 광고에서 전하려는 내용으로 가장 적절한 것은?

푸른 지구를 지킬 시간,
얼마 남지 않았습니다.

① 약속을 지키자.
② 글씨를 잘 쓰자.
③ 환경을 보호하자.
④ 교통 신호를 잘 지키자.

해설 "푸른 지구를 지킬 시간, 얼마 남지 않았습니다."라는 광고 문구는 지구 환경 보호의 시급성을 강조하고 있다. 따라서 '환경을 보호하자'가 가장 알맞은 내용이다.

16 다음 중 문장의 호응 관계가 적절한 것은?

① 나는 내일 학교에 갔다.
② 이번 일은 절대 그냥 넘어갈 것이다.
③ 동생은 수학을 별로 좋아하지 않는다.
④ 아버지께서는 결코 가족 여행을 좋아하신다.

해설 문장의 호응 관계는 주어·부사어·서술어가 자연스럽게 연결되는 것을 말한다. "별로 좋아하지 않는다."는 부정 표현과 '별로'가 잘 호응하고 있다.
① 내일 갔다 : '내일'(미래)과 '갔다'(과거) 시제 불일치
② 절대 그냥 넘어갈 것이다 : '절대'는 보통 부정문에 쓰임(절대 ~하지 않다)
④ 결코 좋아하신다 : '결코' 역시 부정문과 호응(결코 ~않다)

17 다음 중 밑줄 친 부분이 ㉠과 같은 의미로 사용된 것은?

> 나는 친구와 같이 사과를 ㉠ 먹었다.

① 김이 습기를 먹어 눅눅해졌다.

② 우리는 나이를 한 살 더 먹었다.

③ 나는 편의점에서 삼각 김밥을 먹었다.

④ 한번 먹은 마음은 변하지 않도록 하자.

🖊해설 ○ 문장에서 '사과를 먹었다'의 '먹다'는 '음식을 입에 넣어 삼키다'라는 본래 의미이다.
네 보기를 비교했을 때, ③ "삼각 김밥을 먹었다"가 같은 의미로 사용되었다.
① 김이 습기를 먹다 : '흡수하다'의 의미
② 나이를 먹다 : '나이가 들다'의 비유적 표현
④ 마음을 먹다 : '결심하다'의 의미

18 다음 글에서 사용한 설명 방법으로 가장 적절한 것은?

> 문어와 오징어는 서로 공통점이 있습니다. 둘 다 먹물 주머니와 빨판이 있으며, 몸의 색깔을 바꿀 수 있습니다.
> 반면 문어와 오징어는 차이점도 있습니다. 문어는 다리가 여덟 개이고, 오징어는 다리가 열 개입니다. 그리고 문어는 주로 바위 틈새에서 살지만 오징어는 모래톱이나 자갈 밑에 삽니다.

① 상상

② 주장

③ 격려와 조언

④ 비교와 대조

🖊해설 ○ 문어와 오징어의 공통점과 차이점을 함께 설명하고 있으므로, 사용된 설명 방법은
비교와 대조이다.
① 상상 : 실제가 아닌 상상한 내용
② 주장 : 글쓴이의 의견·주장을 내세움
③ 격려와 조언 : 행동을 권유하는 표현

19 다음 중 ㉠에 해당하는 희곡의 요소는?

숲이 준 마법 초콜릿

- 나오는 사람들 : 성민, 숲의 마음 할아버지
- 때 : 오후
- 곳 : 아파트 뒷동산

숲의 마음 할아버지 등장

숲의 마음 할아버지 : 짜아안 ─.
성민 : ㉠ (할아버지를 본다. 아무것도 없다.) 피이 ─.
숲의 마음 할아버지 : 잘 보시라.

---

① 지문　　　　② 대사　　　　③ 무대　　　　④ 해설

✏️ 해설 ─○ ㉠의 "(할아버지를 본다. 아무것도 없다.)"는 인물의 행동이나 상황을 설명하는 부분
으로 지문이다. 지문은 무대에서 인물의 행동, 표정, 배경 등을 지시하는 역할을 한다.
② 대사 : 등장인물이 실제로 말하는 부분
③ 무대 : 연극이 이루어지는 공간
④ 해설 : 줄거리나 상황을 설명하는 부분

20 다음 중 '이순신'이 중요하게 생각하는 것으로 가장 적절한 것은?

이순신은 부하들에게 말했습니다.
"우리는 모든 것이 적다. 무기도 적고, 군사도 적고, 배도 적다. 적은 것을 갑자기
늘릴 방법은 없다. 그러나 많아 보이게 할 수는 있을 것이다."
이어서 이순신은 말했습니다.
"죽으려 하면 살고, 살려 하면 죽는다. 오늘 우리는 이 말처럼 죽기를 각오하고 싸
워야 한다."

---

① 건강이 가장 중요하다.　　　　② 힘든 일은 하지 않는다.
③ 나라보다는 개인이 중요하다.　　　　④ 어떤 상황에서도 포기하지 않는다.

✏️ 해설 ─○ 이순신 장군은 무기, 군사, 배가 부족해도 죽기를 각오하고 싸워야 한다고 강조한다.
이는 어떤 상황에서도 포기하지 않고 끝까지 싸우겠다는 의지를 보여 준다.

정답　19. ①　20. ④

초등학교 졸업학력 검정고시 대비

수 학

2025년 2회 시행

01 다음 밑줄 친 숫자 2가 나타내는 값은?

457<u>2</u>61

① 2　　　　　② 20　　　　　③ 200　　　　　④ 2000

✏️해 설 ┌─○ 밑줄 친 숫자 2는 백의 자리 숫자로, 200을 나타낸다.

02 둔각삼각형인 것만을 〈보기〉에서 모두 고른 것은?

┤ 보 기 ├

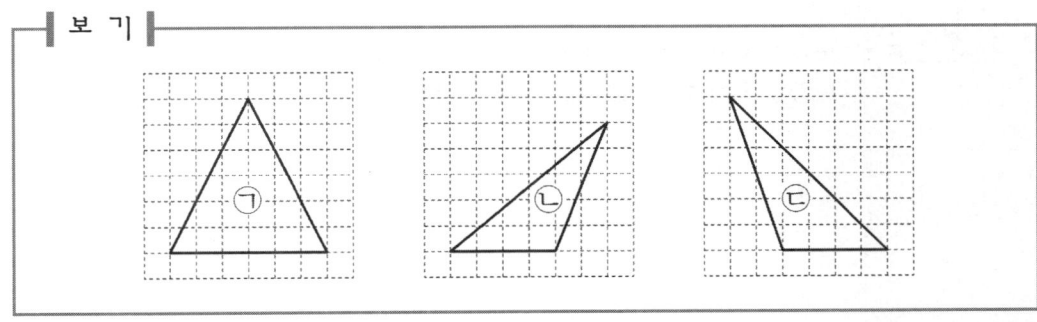

① ㉠　　　　　　　　　　　　　② ㉡

③ ㉠, ㉢　　　　　　　　　　　④ ㉡, ㉢

✏️해 설 ┌─○ 둔각삼각형은 한 각이 둔각[직각(90°)보다 크고 180°보다 작은 각]인 삼각형으로 ㉡, ㉢이 둔각삼각형이다.

03 그림의 모양을 시계 방향으로 180°만큼 돌린 것은?

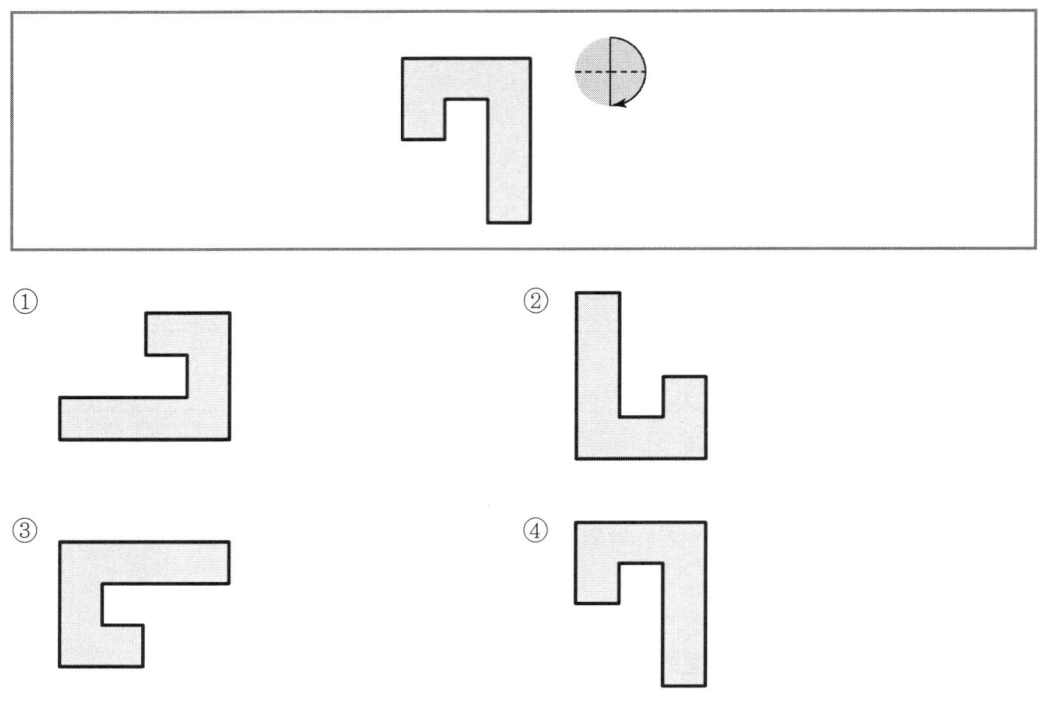

① ② ③ ④

✎해 설 ╭─○ 도형을 시계 방향으로 180°만큼 돌리면 위쪽 부분이 아래쪽으로 이동하므로 그림의
모양을 시계 방향으로 180°만큼 돌린 것은 ②이다.

04 다음은 어느 반 학생들이 좋아하는 운동을 조사하여 막대그래프로 나타낸 것이다. 이 그래프에서 알 수 있는 사실로 옳은 것은?

① 농구를 좋아하는 학생이 가장 적다.

② 축구를 좋아하는 학생의 수는 2명이다.

③ 야구를 좋아하는 학생의 수는 8명이다.

④ 가장 많은 학생이 좋아하는 운동은 피구이다.

✎해 설┈○ 막대그래프는 조사한 자료를 막대 모양으로 나타낸 그래프이다. 피구의 막대가 가장 길기 때문에 가장 많은 학생이 좋아하는 운동은 피구이다.
① 축구를 좋아하는 학생이 가장 적다.
② 축구를 좋아하는 학생의 수는 4명이다.
③ 야구를 좋아하는 학생의 수는 6명이다.

05 다음 식을 계산한 값은?

$$11 + 10 \div (3 + 2) - 1$$

① 12　　　　② 14　　　　③ 16　　　　④ 18

✎해 설┈○ ( )가 있는 식은 ( ) 안을 가장 먼저 계산하고, 나눗셈을 계산한 후 덧셈, 뺄셈을 앞에서부터 차례로 계산한다.
$11 + 10 \div (3 + 2) - 1 = 11 + 10 \div 5 - 1 = 11 + 2 - 1 = 12$

06 밀가루 $\dfrac{1}{3}$ kg과 쌀가루 $\dfrac{1}{2}$ kg이 있다. 이 밀가루와 쌀가루의 무게의 합은?

① $\dfrac{1}{6}$ kg   ② $\dfrac{2}{6}$ kg   ③ $\dfrac{4}{6}$ kg   ④ $\dfrac{5}{6}$ kg

✏️해 설 ─○ 분모가 다른 분수의 덧셈은 두 분수를 통분한 후 통분한 분모는 그대로 쓰고, 분자는 분자끼리 더한다.

$$\frac{1}{3}+\frac{1}{2}=\frac{1\times 2}{3\times 2}+\frac{1\times 3}{2\times 3}=\frac{2}{6}+\frac{3}{6}=\frac{5}{6}\text{ kg}$$

07 다음 중 ㉠에 알맞은 수는?

$$\frac{2}{10} > \boxed{\quad ㉠ \quad}$$

① 0.1   ② 0.3   ③ 0.5   ④ 0.7

✏️해 설 ─○ $\dfrac{2}{10}$ > ㉠은 0.2 > ㉠이므로 0.2보다 작은 수는 0.1(㉠)이다.

08 $\dfrac{3}{4} \div 3$을 계산한 값은?

① $\dfrac{1}{4}$ ② $\dfrac{2}{4}$ ③ $\dfrac{3}{4}$ ④ $\dfrac{4}{4}$

✏️해 설 ─○ 나눗셈을 곱셈으로 나타내려면, 나누는 수의 분모와 분자를 바꾼다.

$$\frac{3}{4} \div 3 = \frac{3}{4} \times \frac{1}{3} = \frac{1}{4}$$

정답   06. ④   07. ①   08. ①

09 그림은 선대칭도형이다. 다음 중 이 도형의 대칭축으로 옳은 것은?

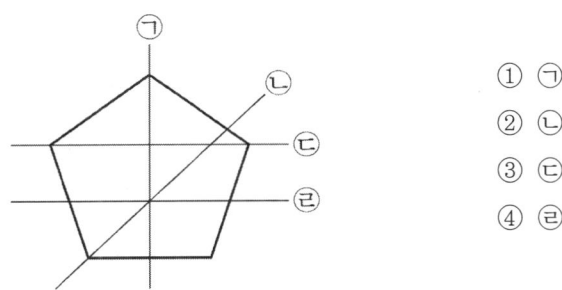

① ㉠
② ㉡
③ ㉢
④ ㉣

✎ 해 설 ┈o 선대칭도형은 한 직선을 따라 접었을 때 완전히 겹치는 도형을 말하며, 이때의 직선을 대칭축이라고 한다. 따라서 주어진 도형의 대칭축으로 옳은 것은 ㉠이다.

10 〈보기〉의 도형과 합동인 것은?

┤ 보 기 ├

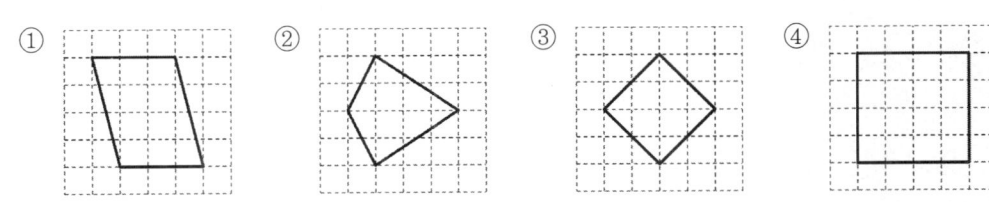

① ② ③ ④

✎ 해 설 ┈o 모양과 크기가 같아서 포개었을 때 완전히 겹치는 두 도형을 서로 합동이라고 한다. ②의 도형은 〈보기〉의 도형을 시계 방향으로 90° 회전한 것으로 〈보기〉의 도형과 모양과 크기가 같은 합동인 도형이다.

11 다음 중 육각기둥의 전개도는?

①

②

③

④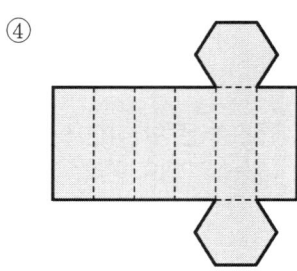

해 설 ─○ 육각기둥은 밑면이 육각형으로 된 입체도형이다. 따라서 육각기둥의 전개도는 두 밑면이 육각형인 ④이다.

정답 11. ④

12 그림은 6개의 쌓기나무로 만든 모양이다. 앞에서 본 모양으로 알맞은 것은?

①

②

③

④

해설 ─○ 쌓기나무를 앞에서 본 모양은 각 줄의 가장 높은 층의 모양과 같으므로 ②와 같다.

13 표는 사람의 수와 연필의 수 사이의 대응 관계를 나타낸 것이다. ㉠에 알맞은 수는?

사람의 수(명)	1	2	3	4	5	…
연필의 수(개)	5	10	㉠	20	25	…

① 13   ② 14   ③ 15   ④ 16

해설 ─○ $1 \times 5 = 5$, $2 \times 5 = 10$, $4 \times 5 = 20$, $5 \times 5 = 25 \cdots$
사람의 수를 □, 연필의 수를 △라 하면, $□ \times 5 = △$와 같은 관계가 성립하므로
$3 \times 5 = 15$이다. 따라서 ㉠은 15이다.

14 다음 비례식에서 ㉠에 알맞은 수는?

$$2 : 5 = \boxed{\ ㉠\ } : 15$$

① 3   ② 4   ③ 5   ④ 6

해설 ─○ 비례식에서 외항의 곱과 내항의 곱은 같으므로 $2 \times 15 = 5 \times ㉠$이다. 따라서 ㉠은 6
이다.

15 다음에서 직사각형의 넓이가 가장 작은 것은?

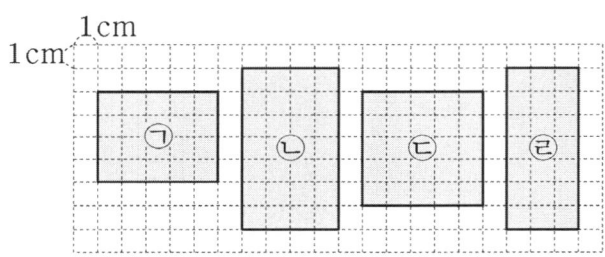

① ㉠   ② ㉡   ③ ㉢   ④ ㉣

해설 ─○ **직사각형의 넓이**
- ㉠ : $5 \times 4 = 20 \text{cm}^2$
- ㉡ : $4 \times 7 = 28 \text{cm}^2$
- ㉢ : $5 \times 5 = 25 \text{cm}^2$
- ㉣ : $3 \times 7 = 21 \text{cm}^2$

따라서 직사각형의 넓이가 가장 작은 것은 ㉠이다.

16 다음 두 동전 모형의 공통된 특징으로 알맞은 것은?

① 넓이가 같다.　　　　　　② 원주가 같다.

③ 원주율이 같다.　　　　　④ 지름의 길이가 같다.

✎해설 ─○ 두 동전 모형은 원 모양으로, 원주율은 같다. 넓이, 원주, 지름의 길이는 500원짜리
　　　　동전이 10원짜리 동전보다 크다.

17 그림은 부피가 80cm^3인 직육면체이다. ㉠의 길이는?

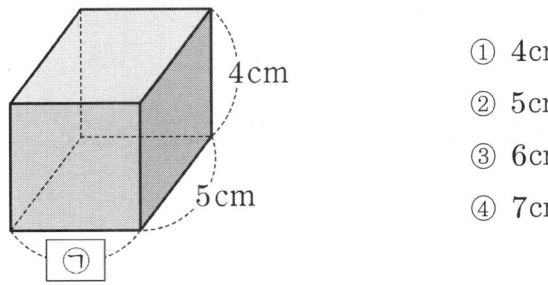

① 4cm

② 5cm

③ 6cm

④ 7cm

✎해설 ─○ (직육면체의 부피)=(가로)×(세로)×(높이)
　　　　$80 = ㉠ \times 5 \times 4$이므로 ㉠은 4cm이다.

18 다음은 어느 씨름 대회의 금강급 몸무게를 나타낸 것이다. 이 몸무게의 범위를 수직선에 바르게 나타낸 것은?

금강급 : 80kg 초과 90kg 이하

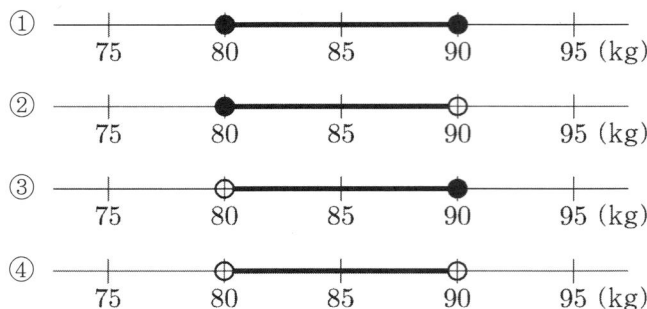

✎ 해 설 ─○ • 이상과 이하 : 점 ●을 사용하여 주어진 값이 들어가도록 한다.
• 초과와 미만 : 점 ○을 사용하여 주어진 값이 들어가지 않도록 한다.
따라서 금강급 몸무게의 범위를 수직선에 바르게 나타낸 것은 ③이다.

19 표는 학생 4명의 제기차기 기록을 나타낸 것이다. ㉠에 알맞은 수는?

〈제기차기 기록〉

학생	가영	나영	다영	라영	합계	평균
기록(개)	7	4	6	3	20	㉠

① 4　　　　　② 5　　　　　③ 6　　　　　④ 7

✎ 해 설 ─○ (평균)＝(자료의 합계)÷(자료의 개수)
㉠＝20÷4＝5(점)이다.

정답　18. ③　19. ②

20 다음은 어느 학년 학생들이 읽고 싶어 하는 책의 종류를 조사하여 원그래프로 나타낸 것이다. 가장 읽고 싶어 하는 책의 종류는?

학생들이 읽고 싶어 하는 책의 종류

① 그림책
② 동화책
③ 만화책
④ 소설책

✎ 해 설 ─o 원그래프는 전체에 대한 각 부분의 비율을 원 모양으로 나타낸 그래프이다. 그래프에서 동화책이 36%로 가장 많은 부분을 차지하고 있으므로 학생들이 가장 읽고 싶어 하는 책은 동화책이다.

초등학교 졸업학력 검정고시 대비

영 어

2025년 2회 시행

01 다음 중 알파벳 대문자와 소문자의 연결이 옳은 것은?

① A – h ② L – k ③ P – b ④ Y – y

✎해설 ─○ 알파벳 대문자와 소문자의 연결이 옳은 것은 ④이다.
① A–a / H–h
② L–l / K–k
③ P–p / B–b

02 다음 대화에서 빈칸에 들어갈 말로 가장 적절한 것은?

A : What's your name?
B : _____.

① I like apples ② I'm a student
③ My name is Namsu ④ Nice to meet you

✎해설 ─○ A : 너의 이름이 뭐니?
B : 내 이름은 남수야.
① 나는 사과를 좋아해.
② 나는 학생이야.
④ 만나서 반가워.

상대방의 이름을 묻고 대답하고 있다. 빈칸에 들어갈 말로 적절한 것은 ③이다.

03 다음 중 빈칸에 공통으로 들어갈 철자로 알맞은 것은?

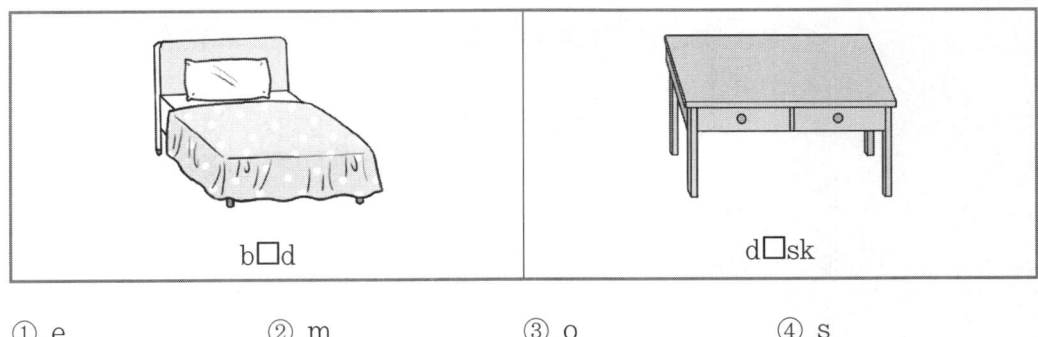

b□d   d□sk

① e   ② m   ③ o   ④ s

✎해설 ○ 빈칸에 공통으로 들어갈 철자는 'e'이다.
 • be_d : 침대
 • de_sk : 책상

04 다음 대화에서 설명하는 가방의 색깔은?

> A : What color is your bag?
> B : My bag is yellow.

① 노랑   ② 보라   ③ 빨강   ④ 초록

✎해설 ○ A : 네 가방은 무슨 색깔이야?
 B : 내 가방은 노란색이야.
 ② 보라 : purple
 ③ 빨강 : red
 ④ 초록 : green

05 다음 대화에서 Yuna가 Jinsoo에게 한 조언으로 가장 적절한 것은?

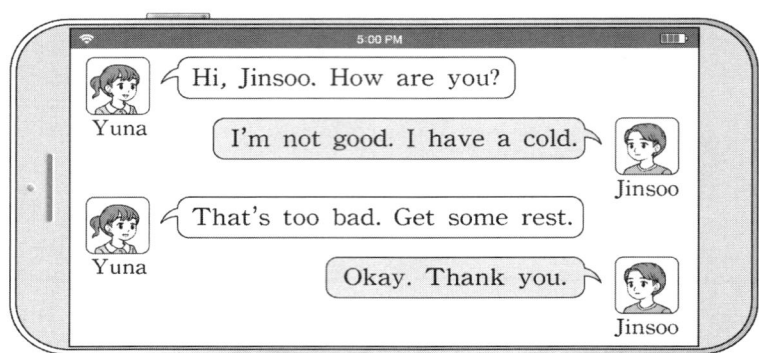

① 약 먹기　　　② 운동하기　　　③ 휴식하기　　　④ 병원 가기

해설　　○ 유나 : 안녕, 진수야. 어떻게 지내?
　　　　진수 : 별로야. 감기에 걸렸어.
　　　　유나 : 안됐다. 좀 쉬어.
　　　　진수 : 알았어. 고마워.

대화에서 유나가 진수에게 한 조언은 '휴식하기'이다.
• cold : 감기　　　• get some rest : 휴식하다, 쉬다

06 그림으로 보아 빈칸에 들어갈 말로 가장 적절한 것은?

A : What do you want to be?
B : I want to be a _____ .

① pilot　　　② doctor　　　③ singer　　　④ pianist

해설　　○ A : 너는 무엇이 되고 싶니?
　　　　B : 나는 의사가 되고 싶어.
　　　　① 조종사　　② 의사　　③ 가수　　④ 피아니스트

제시된 그림에서 의사가 청진기로 진찰하고 있다. 빈칸에 들어갈 말로 적절한 것은 '의사'이다.

정답　05. ③　06. ②

07 다음 대화에서 B가 이번 주말에 할 일은?

> A : What will you do this weekend?
> B : I'll study English.

① 등산하기　　　　　　　② 방 청소하기
③ 영어 공부하기　　　　　④ 친척 방문하기

🖊 해 설 ── A : 너는 이번 주말에 뭐 할 거야?
　　　　　　B : 나는 영어 공부를 할 거야.

대화에서 B가 이번 주말에 할 일은 '영어 공부하기'이다.
• this weekend : 이번 주말
• study : 공부하다

08 다음 대화에서 알 수 있는 것은?

> A : Where are you from?
> B : I'm from Canada.

① 나이　　　　　　　　　② 특기
③ 출신 국가　　　　　　　④ 장래 희망

🖊 해 설 ── A : 당신은 어느 나라에서 왔어요?
　　　　　　B : 저는 캐나다에서 왔어요.

대화에서 알 수 있는 것은 '출신 국가'이다.

09 그림의 내용과 일치하는 것은?

① I get up at six.

② I wash my face at seven.

③ I have breakfast at eight.

④ I go to school at nine.

✏️해설 ┈o ① 나는 6시에 일어난다. → 7시에 일어난다.

② 나는 7시에 세수를 한다. → 7시 30분에 세수를 한다.

③ 나는 8시에 아침밥을 먹는다.

④ 나는 9시에 학교에 간다. → 8시 30분에 학교에 간다.

• get up : 일어나다

• wash my face : 세수하다

• have breakfast : 아침밥을 먹다

• go to school : 학교에 가다

정답   09. ③

10 그림으로 보아 빈칸에 들어갈 말로 가장 적절한 것은?

경찰서 우체국 박물관

A : Where is the post office?
B : It's _____ the police station and the museum.

① at

② on

③ from

④ between

✎해설 ─○ A : 우체국은 어디에 있나요?
B : 그것은 경찰서와 박물관 사이에 있어요.
① at : ～에 (장소)
② on : ～위에
③ from : ～로부터
④ between : ～사이에

우체국은 경찰서와 박물관 사이에 있다. 따라서 빈칸에 들어갈 말로 적절한 것은 두 사물이나 장소의 '사이'를 나타내는 'between'이다.
• post office : 우체국
• police station : 경찰서
• museum : 박물관

11 그림으로 보아 빈칸에 들어갈 말로 알맞은 것은?

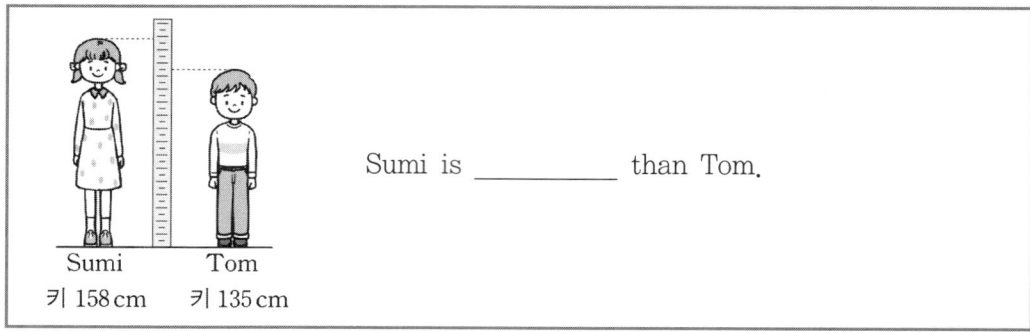

Sumi is _____ than Tom.

① tall   ② short

③ taller   ④ shorter

✎ 해 설 ⟶ 수미는 톰보다 더 키가 크다.
  ① 키가 큰
  ② 키가 작은
  ③ 더 키가 큰
  ④ 더 키가 작은

수미는 키가 158cm이고, 톰은 키가 135cm이다. 수미가 톰보다 키가 더 크다. 빈칸 뒤에 비교를 나타내는 'than'이 있으므로, 'tall(키가 큰)'의 비교급 'taller(더 키가 큰)' 가 들어가야 한다.
• 비교급 + than + 비교 대상 : ~보다 더 …한

정답 **11.** ③

12 다음에서 설명하고 있는 Kate의 모습으로 가장 적절한 것은?

This is my friend, Kate.

She has long curly hair.

She is wearing a skirt.

① 　② 　③ 　④

✎ 해설

이쪽은 내 친구 케이트이다.

그녀는 긴 곱슬머리를 가지고 있다.

그녀는 치마를 입고 있다.

케이트는 긴 곱슬머리에 치마를 입고 있다고 하였다. 케이트의 모습으로 적절한 것은 ①이다.
- curly : 곱슬곱슬한
- hair : 머리카락
- wear : 입다

13 다음 대화에서 B의 대답으로 가장 적절한 것은?

> A : What did you do yesterday?
>
> B : _____ .

① It is fun   ② Yes, I did

③ No, I didn't   ④ I played soccer

 해설 ○ A : 너는 어제 뭐 했니?

B : 나는 축구를 했어.

① 재미있어.

② 응, 했어.

③ 아니, 안 했어.

④ 나는 축구를 했어.

A가 어제 한 일을 물어봤기 때문에 B는 어제 한 일을 대답해야 한다. 따라서 B의 대답으로 적절한 것은 ④이다.

14 그림으로 보아 대화의 빈칸에 들어갈 말로 가장 적절한 것은?

영수증		
상품	수량	금액
모자	1	$10

A : How much is this hat?

B : It's _____ dollars.

① ten   ② twenty   ③ thirty   ④ forty

해설 ○ A : 이 모자 얼마예요?

B : 10달러예요.

① ten : 10

② twenty : 20

③ thirty : 30

④ forty : 40

영수증에 모자 금액이 10달러라고 나와 있다. 대화의 빈칸에 들어갈 말로 적절한 것은 'ten(10)'이다.

15 다음 글에서 Sally가 가고 싶은 곳으로 가장 적절한 것은?

I'm Sally. I like reading books.
I want to go to the library.

① 도서관   ② 수영장   ③ 운동장   ④ 정육점

 해 설

나는 샐리입니다. 나는 책 읽는 것을 좋아합니다.
나는 도서관에 가고 싶습니다.

샐리는 책 읽는 것을 좋아하고 도서관에 가고 싶다고 하였다. 샐리가 가고 싶은 곳은
'도서관'이다.
• like : 좋아하다
• reading books : 책 읽기
• library : 도서관

16 다음 대화의 주제로 가장 적절한 것은?

A : What season do you like?
B : I like winter because I love snow.

① 좋아하는 계절   ② 먹고 싶은 음식
③ 사고 싶은 물건   ④ 하고 싶은 운동

해 설 A : 당신은 어떤 계절을 좋아하나요?
B : 나는 눈을 좋아하기 때문에 겨울을 좋아합니다.

A가 B에게 좋아하는 계절을 물어보고, B가 겨울을 좋아한다고 대답하고 있다. 대화
의 주제로 적절한 것은 ① '좋아하는 계절'이다.
• season : 계절
• love : 사랑하다, 좋아하다

17 그림으로 보아 빈칸에 들어갈 말로 가장 적절한 것은?

① What day is it

② How's the weather

③ What time is it

④ What grade are you in

🖌 해설 ─○ 남자 : 너는 몇 학년이니?

여자아이 : 저는 4학년이에요.

① 오늘은 무슨 요일이니?

② 날씨가 어떠니?

③ 몇 시니?

④ 너는 몇 학년이니?

여자아이가 '저는 4학년이에요.'라고 대답했다. 남자의 말은 학년을 물어보는 내용이 적절하다. 따라서 빈칸에 들어갈 말로 적절한 것은 ④이다.

• grade : 학년

• fourth : 네 번째

정답 **17.** ④

18 그림으로 보아 빈칸에 들어갈 말로 가장 적절한 것은?

A : You should save water.
　　How about _____ ?
B : Okay, I will.

① watching TV

② eating chicken

③ playing badminton

④ turning off the water

✎해설 ─○ A : 너는 물을 절약해야 해.
　　　　물을 잠그는 것은 어때?
　　　B : 알았어, 그렇게 할게.
　　　① 텔레비전 보기
　　　② 치킨 먹기
　　　③ 배드민턴 치기
　　　④ 물 잠그기

수도꼭지를 틀어놓고 이를 닦고 있는 친구에게 물을 절약해야 한다면서 물을 잠그는 것이 어떠냐고 제안하고 있다.
• save water : 물을 절약하다(아끼다)
• How about ~? : ~하는 것은 어때?
• turning off : (전원, 수도 등) 끄다

19 그림으로 보아 빈칸에 들어갈 말로 가장 적절한 것은?

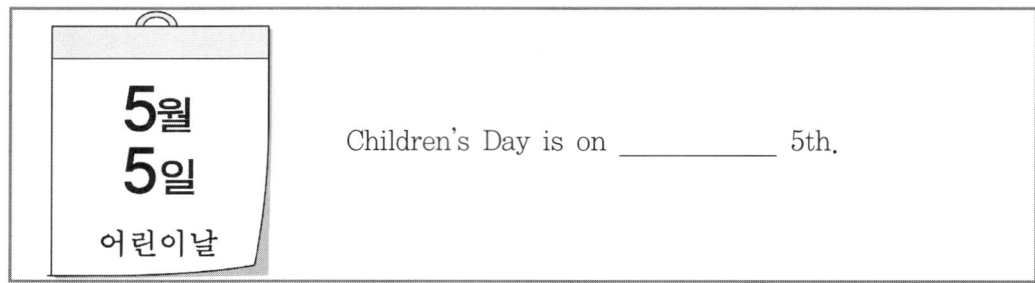

Children's Day is on _____ 5th.

① April   ② May

③ June   ④ July

✎해설 ┈o 어린이날은 5월 5일입니다.

① April : 4월

② May : 5월

③ June : 6월

④ July : 7월

제시된 그림을 보면 어린이날은 5월 5일이다. 빈칸에 들어갈 말로 적절한 것은 ②
이다.

• Children's Day : 어린이날

• 5th : 5일(서수)

정답   19. ②

20 다음 글을 쓴 이유로 가장 적절한 것은?

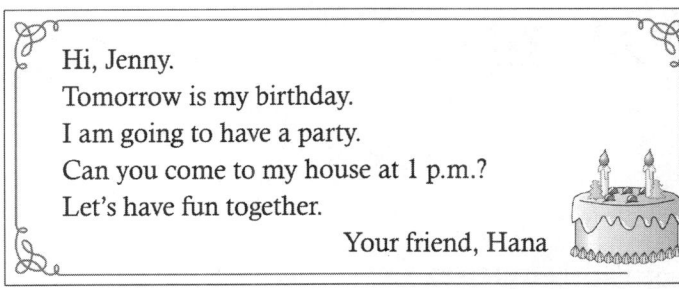

> Hi, Jenny.
> Tomorrow is my birthday.
> I am going to have a party.
> Can you come to my house at 1 p.m.?
> Let's have fun together.
>
> Your friend, Hana

① 사과하기 위해   ② 초대하기 위해

③ 칭찬하기 위해   ④ 감사하기 위해

 해설

> 안녕, 제니.
> 내일은 내 생일이야.
> 나는 파티를 할 거야.
> 오후 1시에 우리 집에 올 수 있니?
> 함께 즐거운 시간을 보내자.
>
> 너의 친구, 하나

이 글을 쓴 이유는 생일 파티에 초대하기 위해서이다.
• birthday : 생일
• come : 오다
• have fun : 즐거운 시간을 보내다
• together : 함께

초등학교 졸업학력 검정고시 대비

사 회

2025년 2회 시행

01 다음 중 ㉠이 나타내는 방향은?

지도에서는 동서남북의 방향을 방위표로 나타낸다.

㉠

〈방위표〉

① 동   ② 서

③ 남   ④ 북

✎해 설 ➜ 지도에서 방위표는 동서남북 방향을 알려주는 표시로, 방위표의 윗부분은 일반적으로 북쪽을 나타낸다. 따라서 ㉠이 가리키는 방향은 북쪽이다.
① 동 : 오른쪽 방향
② 서 : 왼쪽 방향
③ 남 : 아래쪽 방향

정답   01. ④

02 다음 설명에 해당하는 공공 기관은?

○○신문   20△△년 △△월 △△일

건강을 지켜요!

○○시에서는 시민들의 건강을 지키기 위해 다양한 사업을 실시합니다.

감염병을 예방하기 위해 예방 접종을 실시하고 건강 관리가 필요한 주민들을 위해 건강 교실을 개최합니다. 시민들을 직접 찾아가서 건강 상태를 확인하고 아픈 곳을 치료해 주기도 합니다.

① 경찰서   ② 도서관   ③ 보건소   ④ 우체국

해설 ◦ 예방 접종, 건강 교실, 방문 진료 등 시민 건강 관리와 관련된 일을 하는 기관은 보건소이다. 보건소는 지역 주민의 질병 예방, 건강 증진, 보건 교육 등을 맡아 공공의 건강을 책임진다.
① 경찰서 : 치안 유지, 범죄 예방 담당
② 도서관 : 책 대출, 독서·학습 공간 제공
④ 우체국 : 우편·택배 업무 및 금융 서비스 담당

03 다음 중 ㉠에 들어갈 경제 활동으로 알맞은 것은?

〈사회 골든벨〉

경제 활동 중 하나로, 만들어진 것을 쓰거나 서비스를 이용하는 것입니다. 백화점에서 옷을 사는 것도 이 활동에 해당합니다.

정답: ㉠

① 생산   ② 소비   ③ 저축   ④ 희소성

해설 ◦ 소비는 물건을 사거나 서비스를 이용하는 활동으로, 생산된 재화와 서비스를 사용하는 과정이며, 경제 활동의 중요한 한 축이다. 예 백화점에서 옷을 사는 것, 미용실에서 머리를 하는 것, 영화를 보는 것 등
① 생산 : 재화와 서비스를 만드는 활동 예 공장에서 옷 제작
③ 저축 : 돈을 은행 등에 맡겨 나중에 쓰기 위해 모아 두는 활동
④ 희소성 : 자원이 한정되어 있어 선택과 결정이 필요한 경제의 기본 문제

04 다음 대화와 관련 있는 차별의 종류로 가장 적절한 것은?

어린 사람이 아는 게 뭐가 있어?

어리다고 내 의견을 무시하다니……

① 나이   ② 성별   ③ 장애   ④ 종교

해설 ─○ 대화에서 "어린 사람이 아는 게 뭐가 있어?"라고 말하며 상대 의견을 무시하고 있는데, 이는 나이가 어리다는 이유로 차별하는 연령 차별(나이 차별) 사례이다. 나이와 상관없이 누구나 존중받아야 하며, 의견 표현의 기회가 보장되어야 한다.
② 성별 : 남자·여자라는 이유로 차별할 때 해당
③ 장애 : 신체적·정신적 장애를 이유로 차별할 때 해당
④ 종교 : 특정 종교를 믿거나 믿지 않는다는 이유로 차별할 때 해당

05 다음에 해당하는 자연재해는?

하루 최고 기온이 33°C 이상으로 올라가는 매우 심한 더위가 지속되고 있습니다.
일사병이나 열사병에 걸리지 않도록 주의하셔야겠습니다.

온열 질환 주의

① 폭염   ② 한파   ③ 홍수   ④ 황사

해설 ─○ 하루 최고 기온이 33℃ 이상 올라가고 매우 심한 더위가 지속되는 현상은 폭염이다. 폭염이 이어지면 일사병, 열사병 같은 온열 질환이 발생하기 쉽기 때문에 물을 자주 마시고 실내에서 휴식을 취하는 등의 대책이 필요하다.
② 한파 : 겨울철 기온이 급격히 떨어져 매우 추운 현상
③ 홍수 : 비가 많이 내려 강이나 하천이 넘치는 현상
④ 황사 : 봄철 중국·몽골 사막에서 날아온 흙먼지가 대기 중에 퍼지는 현상

06 다음 중 ㉠에 공통으로 들어갈 국민의 의무는?

> • **헌법 제39조** ① 모든 국민은 법률이 정하는 바에 의하여 [㉠]를 진다.
> • [㉠] : 모든 국민은 나와 가족, 우리 모두의 안전을 위해 나라를 지킬 의무가 있다.

① 교육의 의무   ② 국방의 의무

③ 근로의 의무   ④ 납세의 의무

해설 ─○ 헌법 제39조에 나오는 내용은 국방의 의무이다. 모든 국민은 나라를 지키기 위해 병역 의무를 이행해야 하며, 이는 국민의 4대 의무 중 하나이다.
① 교육의 의무 : 모든 국민이 일정한 교육을 받도록 해야 하는 의무
③ 근로의 의무 : 근로를 통해 국가 발전에 이바지해야 하는 의무
④ 납세의 의무 : 세금을 내서 국가 재정을 지원해야 하는 의무

07 다음 문화유산의 공통점으로 알맞은 것은?

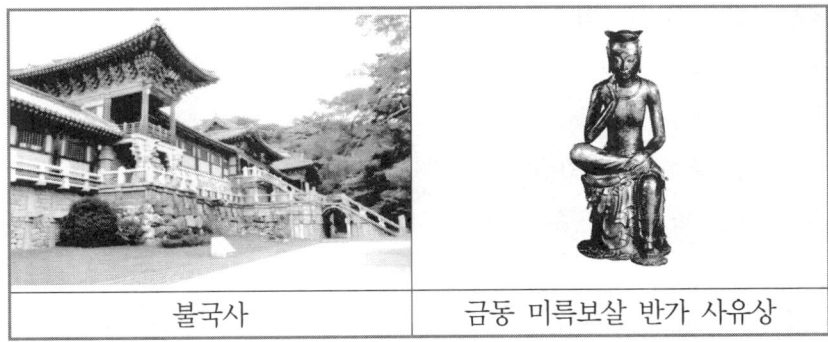

불국사	금동 미륵보살 반가 사유상

① 미국으로부터 전해졌다.

② 고조선 시기에 만들어졌다.

③ 불교문화와 관련되어 있다.

④ 정조의 명령으로 정약용이 설계 했다.

해설 ─○ 불국사와 금동 미륵보살 반가 사유상은 모두 불교문화와 관련된 문화유산이다. 불국사는 신라 시대에 지어진 대표 사찰이고, 금동 미륵보살 반가 사유상은 미륵보살이 생각하는 자세를 형상화한 불상으로, 불교 신앙과 예술을 잘 보여준다.

08 다음에서 설명하는 인물은?

- 고려를 건국하였다.
- 불교를 장려하였다.
- 호족들을 견제하면서도 좋은 관계를 유지했다.

① 견훤　　　　② 서희　　　　③ 왕건　　　　④ 이순신

해설 ─○ 고려를 건국한 사람은 왕건이다. 그는 송악(개성)을 중심으로 후삼국을 통일하고 고려를 세웠다. 왕건은 불교를 장려하여 나라를 안정시키고, 호족 세력과 혼인 관계를 맺어 협력하면서도 중앙 집권을 강화했다.
① 견훤 : 후백제를 세운 인물
② 서희 : 고려의 외교관으로 강동 6주를 획득
④ 이순신 : 조선 수군 장군, 임진왜란 때 활약

09 다음 중 6 · 25 전쟁의 결과로 알맞지 않은 것은?

① 동학 농민 운동이 일어났다.
② 많은 사람들이 다치고 죽었다.
③ 건물, 도로, 공장 등이 파괴되었다.
④ 부모를 잃은 아이들과 이산가족이 생겨났다.

해설 ─○ 6 · 25 전쟁의 결과로는 많은 인명 피해, 건물과 도로 등 사회 기반 시설 파괴, 전쟁 고아와 이산가족 발생 등이 있다. 그러나 동학 농민 운동은 1894년에 일어난 사건으로, 6 · 25 전쟁과는 시기적으로 전혀 관련이 없다.

정답　08. ③　09. ①

10 다음 설명에 해당하는 인물은?

상하이 홍커우 공원에서 일본 왕의 생일을 기념하는 행사장에 폭탄을 던졌다.

① 김구   ② 윤봉길   ③ 장영실   ④ 전봉준

✎해설 ○ 상하이 홍커우 공원에서 일본 왕의 생일 행사장에 폭탄을 던진 인물은 윤봉길 의사이다. 이 의거로 일본의 주요 군 장성과 고위 인사가 사망하거나 부상을 입었고, 대한민국 임시정부의 독립운동이 세계에 널리 알려지는 계기가 되었다.
① 김구 : 임시정부 주석으로 독립운동 지도자
③ 장영실 : 조선 세종 때 과학자, 자격루·측우기 제작
④ 전봉준 : 동학농민운동을 이끈 농민 지도자

11 다음에서 설명하는 나라는?

- 이성계가 세웠다.
- 도읍지는 한양이다.
- 대표적인 문화유산에는 훈민정음, 수원 화성, 측우기 등이 있다.

① 고려   ② 백제   ③ 신라   ④ 조선

✎해설 ○ 이성계가 세운 나라는 조선이다. 조선은 도읍을 한양(현재의 서울)에 정했고, 세종대왕 때 훈민정음을 창제했으며 과학기술 발달로 측우기, 해시계가 만들어졌다. 정조시기에는 수원 화성을 건설하여 정치·군사 중심지로 활용했다.
① 고려 : 태조 왕건이 세운 나라, 도읍은 개성
② 백제 : 한강 유역에서 발전한 삼국 중 하나, 도읍은 위례성·사비성
③ 신라 : 경주를 수도로 삼고 삼국 통일을 이룸

12 다음 설명에 해당하는 제도는?

억울한 일이 있을 때 대궐 밖에 설치된 북을 쳐서 임금에게 알린다.

① 과거 제도   ② 삼심 제도

③ 신분 제도   ④ 신문고 제도

✎해설 ─ㅇ 대궐 밖 북을 쳐 억울함을 임금에게 직접 알리던 제도는 신문고 제도이다. 조선 시대 태종 때 설치되었으며, 백성들이 관청이나 관리에게 부당한 일을 당했을 때 직접 임금에게 호소할 수 있도록 마련된 제도이다.
① 과거 제도 : 관리 선발을 위해 시험을 치르던 제도
② 삼심 제도 : 한 사건에 대해 3번까지 재판을 받을 수 있는 제도
③ 신분 제도 : 양반, 중인, 평민, 천민 등 계층을 나누던 사회 제도

13 다음 설명에 해당하는 국가 기관은?

□□ 씨를 폭행한 것이 인정되어 징역 ○년을 선고합니다.

법에 따라 재판을 한다.

① 국회   ② 기업   ③ 법원   ④ 정부

✎해설 ─ㅇ 법에 따라 재판을 하는 국가 기관은 법원이다. 법원은 사법부에 속하며, 분쟁을 해결하고 국민의 권리와 자유를 보호하기 위해 공정하게 재판을 진행한다.
① 국회 : 입법부, 법률을 만들고 정부를 견제
② 기업 : 이윤 추구를 목적으로 운영되는 경제 조직
④ 정부 : 행정부, 법률을 집행하고 행정 업무 수행

14 다음 중 ㉠에 들어갈 말로 가장 적절한 것은?

> 금융, 관광, 의료, 문화 콘텐츠 산업 등과 같이 생활을 편리하게 하거나 사람들에게 즐거움을 주는 다양한 [㉠] 이 발전하였다.

① 경공업 ② 중공업
③ 농림어업 ④ 서비스업

✎해설 ─○ 금융, 관광, 의료, 문화 콘텐츠 산업은 서비스업에 해당한다. 서비스업은 물건을 직접 생산하기보다는 사람들에게 편리함과 즐거움, 편익을 제공하는 활동으로, 현대 사회에서 중요한 비중을 차지한다.
① 경공업 : 의류, 가구, 신발 등 가벼운 공산품 생산
② 중공업 : 철강, 조선, 자동차 등 무겁고 대규모 산업 생산
③ 농림어업 : 농사짓고, 나무 가꾸고, 물고기 잡는 1차 산업

15 다음 대화에서 '어머니'의 선택 기준은?

어머니, 어떤 냉장고를 사면 좋을까요?

가장 싼 냉장고를 사면 좋겠어.

① 가격 ② 성능 ③ 크기 ④ 디자인

✎해설 ─○ 어머니가 "가장 싼 냉장고"라고 말했으므로 냉장고를 고르는 기준은 가격이다. 경제 활동에서 소비자는 가격, 성능, 디자인 등 여러 요소를 고려해 선택하지만, 여기서는 '싼 것'이 기준이므로 가격이 맞다.
② 성능 : 냉장 효율, 전력 소모 등을 기준으로 선택할 때 해당
③ 크기 : 수용 용량이나 설치 공간을 고려할 때 선택
④ 디자인 : 외관, 색상, 모양을 중시할 때 선택

16 다음 설명에 해당하는 대륙은?

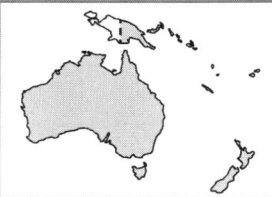

- 대륙 중 가장 작으며, 대부분의 나라가 남반구에 있다.
- 오스트레일리아, 뉴질랜드, 태평양의 수많은 섬들이 속해 있다.

① 아시아　　　② 아프리카　　　③ 북아메리카　　　④ 오세아니아

🖋해 설 ┅o 오스트레일리아, 뉴질랜드, 태평양의 여러 섬나라들이 속한 대륙은 오세아니아이다.
오세아니아는 대륙 중 가장 작고, 대부분의 지역이 남반구에 위치해 있다.
① 아시아 : 가장 큰 대륙, 우리나라 포함
② 아프리카 : 사막(사하라), 초원(사바나)이 발달한 대륙
③ 북아메리카 : 미국, 캐나다, 멕시코 등이 있는 대륙

17 다음 중 ㉠에 들어갈 말로 알맞은 것은?

이집트는 대표적인 ┌ ㉠ ┐ 지역이야. 그래서 강수량이 매우 적어 사막 지형이 많이 나타나.
#사막 #강수량 #기후 #오아시스

① 건조 기후　　　② 고산 기후　　　③ 냉대 기후　　　④ 한대 기후

🖋해 설 ┅o 이집트는 강수량이 매우 적고 사막이 넓게 분포하는 건조 기후 지역이다. 이런 지역에서는 물이 귀해 오아시스 주변에 사람들이 모여 살고, 관개 농업을 통해 농사를 짓는다.
② 고산 기후 : 해발고도가 높은 지역(안데스, 티베트 등)에서 나타나는 기후
③ 냉대 기후 : 겨울이 길고 매우 추운 기후, 주로 북반구 고위도 지역(시베리아 등)
④ 한대 기후 : 일 년 내내 매우 추워 영구동토가 분포, 북극·남극 주변에서 나타남

정답　16. ④　17. ①

18 다음 중 러시아에 대한 설명으로 알맞은 것은?

① 수도는 파리이다.

② 남반구에 위치해 있다.

③ 세계에서 영토가 가장 넓다.

④ 만리장성, 자금성 등의 문화유산이 있다.

해 설 ◦ 러시아는 세계에서 영토가 가장 넓은 나라로, 동유럽과 북아시아에 걸쳐 있다. 11개의 시간대를 가지고 있을 정도로 국토가 넓으며, 유럽과 아시아 두 대륙에 걸친 국가이다.
① 수도는 파리 : 파리는 프랑스 수도
② 남반구에 위치 : 러시아는 북반구에 있음
④ 만리장성·자금성 : 중국의 문화유산

19 다음 중 ㉠에 들어갈 말로 알맞은 것은?

> 방정환은 모든 어린이가 꿈과 희망을 품고 행복하게 자라기를 바라는 마음으로 ㉠ 을 만들었다.

① 어린이날   ② 어버이날

③ 스승의 날   ④ 장애인의 날

해 설 ◦ 방정환 선생은 어린이의 인권과 행복을 위해 노력한 아동 운동가로, 1923년 어린이날을 제정했다. 어린이날은 어린이의 존엄성을 알리고, 어린이들이 밝고 건강하게 자라도록 격려하기 위해 만든 날이다.
② 어버이날 : 부모님의 은혜에 감사하는 날(5월 8일)
③ 스승의 날 : 선생님의 은혜에 감사하는 날(5월 15일)
④ 장애인의 날 : 장애인의 권익 신장을 위해 만든 날(4월 20일)

정답   **18.** ③   **19.** ①

20 다음과 관련 있는 지구촌 문제로 가장 적절한 것은?

> **지속 가능한 미래를 위한 실천 사항**
> • 에너지 절약하기　　　• 일회용품 사용 줄이기
> • 환경 캠페인 참여하기　• 친환경 제품 사용하기

① 성차별　　　　　　　　② 환경 오염
③ 문화적 차별　　　　　　④ 빈곤과 기아

✎해설 ⌐o 문제에서 제시된 에너지 절약, 일회용품 줄이기, 환경 캠페인 참여 등은 환경 오염
문제를 해결하기 위한 실천 방법이다. 이런 활동들은 지구 온난화, 대기오염, 해양오
염 같은 환경 문제를 줄이는 데 도움을 준다.
① 성차별 : 남녀 차별 문제, 환경과 직접 관계 없음
③ 문화적 차별 : 인종·문화 차이로 인한 차별
④ 빈곤과 기아 : 경제적 어려움과 식량 부족 문제

정답　**20.** ②

초등학교 졸업학력 검정고시 대비

과 학

2025년 2회 시행

01 다음 중 지진 발생 시 대처 방법으로 옳지 <u>않은</u> 것은?

① 계단보다 승강기를 이용해 빠르게 대피한다.

② 간판이나 유리창 등으로부터 머리를 보호한다.

③ 공공장소에 있을 때는 침착하고 질서 있게 대피한다.

④ 무거운 물건이 넘어질 염려가 있는 곳에서 멀리 피한다.

✎해설 ─○ 지진이 발생했을 때 승강기는 작동이 멈출 수 있으므로 계단을 이용해 대피해야 한다.

02 다음 설명에서 ㉠에 해당하는 것은?

> 알루미늄 캔과 철 캔을 분리할 때는 (㉠)에 붙는 성질을 이용한다.

① 유리　　　　② 자석　　　　③ 종이　　　　④ 플라스틱

✎해설 ─○ 철은 자석에 붙고, 알루미늄은 자석에 붙지 않기 때문에 자석을 이용하여 분리할 수 있다.

03 다음 설명에 해당하는 것은?

> 별의 무리를 구분해 이름 붙인 것으로 오리온자리, 카시오페이아자리 등이 있다.

① 금성　　　　② 목성　　　　③ 별자리　　　　④ 태양계

✎해설 ─○ 별자리는 밤하늘의 별을 쉽게 찾기 위하여 별의 무리를 구분해 동물이나 인물 등의 이름을 붙인 것으로 사자자리, 백조자리, 오리온자리, 카시오페이아자리 등이 있다.

04 그림은 물에 소금을 녹이는 실험이다. 용액에 해당하는 것은?

소금   물   소금물

① 물   ② 비커   ③ 소금   ④ 소금물

🖌️해설 ┌─○ 소금(용질)이 물(용매)에 녹아 소금물(용액)이 되는 현상을 용해라고 한다.

05 다음 설명에서 ㉠에 해당하는 것은?

(㉠)은/는 밤에 차가워진 나뭇가지나 풀잎 표면 등에 수증기가 응결해 맺힌 물방울이다.

① 건조   ② 바람   ③ 육풍   ④ 이슬

🖌️해설 ┌─○ 이슬은 밤에 차가워진 나뭇가지나 풀잎 표면 등에 수증기가 응결하여 이루어진 작은 물방울이다.

06 다음 설명에서 ㉠에 해당하는 색으로 가장 적절한 것은?

석회수에 페놀프탈레인 용액을 반응시켰더니 (㉠)으로 변했다.

① 녹색   ② 회색   ③ 검은색   ④ 붉은색

🖌️해설 ┌─○ 석회수는 수산화칼슘을 물에 녹인 무색투명한 액체로, 강한 염기성을 나타낸다. 염기성 용액에 페놀프탈레인 용액을 넣으면 색깔이 붉은색으로 변한다.

정답   04. ④   05. ④   06. ④

07 다음 설명에 해당하는 달은?

달이 둥글고 환하네.

음력 15일 무렵에 우리나라에서 볼 수 있다.

① 초승달 　　　② 보름달 　　　③ 하현달 　　　④ 그믐달

✎해설 ○ 보름달은 음력 15일 무렵에 뜨는 동그란 달이다.
　　　① 초승달 : 음력 3일경에 뜨는 오른쪽이 둥근 눈썹 모양의 달
　　　③ 하현달 : 음력 22~23일 무렵에 뜨는 왼쪽이 둥근 반달
　　　④ 그믐달 : 음력 27일경에 뜨는 왼쪽이 둥근 눈썹 모양의 달

08 다음 설명에 해당하는 기체는?

- 금속을 녹슬게 한다.
- 색깔과 냄새가 없다.
- 다른 물질이 타는 것을 돕는다.

① 산소 　　　　　　　　② 질소
③ 헬륨 　　　　　　　　④ 이산화 탄소

✎해설 ○ **산소의 성질**
- 색깔과 냄새가 없다(무색무취).
- 물에 잘 녹지 않는다.
- 철, 구리, 알루미늄과 같은 금속에 녹이 슬게 한다.
- 스스로 타지 않지만, 다른 물질들이 타는 것을 돕는다.

09 우리나라 어느 지역의 월별 낮의 길이 변화를 나타낸 것이다. 낮의 길이가 가장 짧은 시기는?

① 3~4월   ② 6~7월   ③ 9~10월   ④ 12~1월

해 설 ━○ 낮의 길이는 여름(6~7월)에 가장 길고, 겨울(12~1월)에 가장 짧다.

10 다음 설명에서 ㉠에 공통으로 들어갈 말은?

> • (㉠)은/는 물질이 산소와 빠르게 반응하여 빛과 열을 내는 현상이다.
> • (㉠)의 조건에는 산소, 탈 물질, 발화점 이상의 온도가 있다.

① 대류   ② 소화   ③ 연소   ④ 호흡

해 설 ━○ 연소는 물질이 산소를 만나 빛과 열을 내면서 타는 현상으로, 연소의 조건에는 산소, 탈 물질, 발화점 이상의 온도가 있다.

11 다음 설명에 해당하는 식물로 가장 적절한 것은?

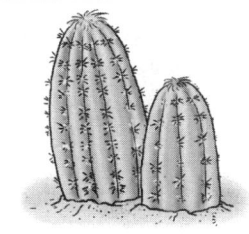

- 사막처럼 물이 적고 건조한 환경에 적응한 식물이다.
- 물을 저장하기에 알맞은 굵고 통통한 줄기가 있다.

① 검정말　　　② 메뚜기　　　③ 선인장　　　④ 지렁이

해설 ─○ 사막과 같이 덥고 건조하며, 비가 자주 오지 않는 곳에서는 물의 증발을 막기 위해 가시모양의 잎을 가지며, 물을 저장하기 위해 굵은 줄기를 가지는 선인장, 금호 등과 같은 식물이 자란다.

12 그림에서 ㉠에 해당하는 물체는?

① 표지판

② 공

③ 주사위

④ 공책

해설 ─○ 빛은 직진하는 성질이 있으므로 한 점에서 나아간 빛이 스크린에 도달할 때 물체와 비슷한 모양의 그림자가 생기게 된다. 스크린에 원 모양의 그림자가 생기므로 ㉠에 해당하는 물체는 공(②)이다.

13 다음 설명에 해당하는 열의 이동 방법은?

> 고체에서 열은 온도가 높은 곳에서 낮은 곳으로 고체 물질을 따라 이동한다.

① 순환   ② 자극   ③ 전도   ④ 환경

✎해설 ╶o 전도는 고체에서 열이 전달될 때, 온도가 높은 곳에서 낮은 곳으로 열이 차례차례 전달되는 방법이다.

14 그림은 균류에 해당하는 버섯이다. 균류에 대한 설명으로 옳지 <u>않은</u> 것은?

① 알로 번식한다.
② 균사로 이루어져 있다.
③ 주로 따뜻하고, 축축한 환경에서 잘 자란다.
④ 주로 죽은 생물이나 다른 생물에서 양분을 얻는다.

✎해설 ╶o 버섯은 따뜻한 때에 비가 온 뒤의 썩은 나무 밑동의 축축한 환경에서 잘 자라고, 가늘고 긴 균사로 이루어져 있으며 포자로 번식한다. 주로 죽은 생물이나 다른 생물에서 양분을 얻는다.

15 다음 중 생태계에서 살아 있지 않은 비생물 요소에 해당하는 것은?

① 뱀   ② 붕어   ③ 여우   ④ 햇빛

✎해설 ╶o **생물 요소와 비생물 요소**
- 생물 요소 : 식물, 동물, 곰팡이, 사람 등
- 비생물 요소 : 햇빛, 공기, 물, 흙 등

정답   **13.** ③   **14.** ①   **15.** ④

16 그림은 ㉠~㉣ 학생이 운동장에서 50m를 달리는 데 걸린 시간을 기록한 것이다. 가장 빠르게 달린 학생은?

이름	걸린 시간
㉠	10초
㉡	15초
㉢	20초
㉣	25초

① ㉠
② ㉡
③ ㉢
④ ㉣

✏️해설 ○ 일정한 거리를 기준으로 비교하였을 때 걸린 시간이 짧을수록 빠르므로, 같은 거리를 10초 동안 이동한 ㉠이 가장 빠르게 달린 학생이다.

17 다음 설명에서 ㉠에 들어갈 말로 가장 적절한 것은?

암술
수술
꽃받침
㉠

꽃의 구조 중 (㉠)은/는 암술과 수술을 보호하는 기능이 있다.

① 꽃잎   ② 뿌리   ③ 열매   ④ 줄기

✏️해설 ○ 꽃은 암술, 수술, 꽃잎, 꽃받침으로 구성되며, 씨를 만드는 역할을 한다. 꽃의 구조 중 꽃잎은 암술과 수술을 보호하는 기능이 있다.

18 다음 설명에서 ㉠에 공통으로 들어갈 말은?

> • (㉠)은 서로 다른 물질의 경계에서 빛이 꺾여 나아가는 현상이다.
> • (㉠)(으)로 인해 물속에 있는 물체의 실제 위치와 물 밖에서 본 물체의 위치는 다르다.

① 물의 순환   ② 빛의 굴절
③ 열의 이동   ④ 증산 작용

✎해설 ○ 빛이 공기 중에서 물속으로 들어갈 때 공기와 물의 경계면에서 빛의 진행 방향이 꺾여 들어가게 되는 현상을 굴절이라고 한다. 빛의 굴절로 인해 물속에 있는 물체의 실제 위치와 물 밖에서 본 물체의 위치는 다르다.

19 그림의 전기 회로에서 전구의 연결 방법은?

① 전자석
② 막대자석
③ 병렬연결
④ 직렬연결

✎해설 ○ 그림과 같이 전구 여러 개를 서로 다른 극끼리 한 길로 연결하는 방법은 직렬연결이다.

20 다음 설명에 해당하는 것은?

> 음식물을 잘게 쪼개서 우리 몸에 흡수될 수 있도록 분해하는 기관이다.

① 혈액   ② 신경계   ③ 소화 기관   ④ 호흡 기관

✎해설 ○ 소화는 우리 몸에 필요한 영양소가 들어있는 음식물을 잘게 쪼개고 영양소가 우리 몸에 흡수될 수 있도록 분해하는 과정이며, 음식물의 소화에 관여하는 몸속 기관을 소화 기관이라고 한다.

초등학교 졸업학력 검정고시 대비

도 덕

2025년 2회 시행

01 다음 중 ⑦에 들어갈 내용으로 적절한 것은?

도덕 공부란?

도덕 공부는
나쁜 버릇을
좋은 버릇으로
바꾸는 공부이다.

내가 실천했던 도덕 생활

1. 나는 매일 인사를 열심히 하였다.
2. 나는 친구들과 사이 좋게 놀았다.
3. 나는 (⑦)

① 친구들의 별명을 부르며 놀렸다.
② 빨아야 할 옷을 아무 데나 벗어 두었다.
③ 내 방 청소를 하기 싫어서 동생에게 시켰다.
④ 나의 잘못을 변명하지 않고 솔직하게 인정했다.

✏️해 설 ── 문제에서 말하는 도덕 공부는 나쁜 버릇을 고치고 좋은 버릇을 기르는 것이다. 잘못을 변명하지 않고 솔직하게 인정하는 행동은 정직한 태도이자 좋은 버릇에 해당하므로 ④가 적절하다.

02 다음 중 일상생활에서 지켜야 할 예절로 옳지 않은 것은?

① 복도에서 친구와 부딪치면 사과한다.
② 동생이 상을 받으면 진심으로 칭찬해 준다.
③ 집에서 외출할 때 부모님께 인사를 드린다.
④ 식사할 때 입에 음식을 가득 넣은 채 대화한다.

✏️해 설 ── 예절은 다른 사람을 배려하고 올바른 생활 습관을 갖추는 것이다. 식사할 때 입에 음식을 가득 넣고 말하는 것은 위생상 좋지 않고, 상대에게 불쾌감을 줄 수 있어 예절에 맞지 않는다.

03 문제를 긍정적으로 해결하는 방법을 〈보기〉에서 고른 것은?

┤ 보 기 ├

ㄱ. 나의 처지를 계속 불평하며 지내기
ㄴ. 목표를 잊지 않고 꾸준히 실천하기
ㄷ. 자신을 믿고 스스로 해결하려고 노력하기
ㄹ. 어차피 못 하니까 포기해야겠다고 생각하기

① ㄱ, ㄴ   ② ㄱ, ㄹ   ③ ㄴ, ㄷ   ④ ㄷ, ㄹ

✏️해 설 ○ 문제를 긍정적으로 해결하려면 목표를 잊지 않고 꾸준히 실천하고, 자신을 믿고 스스로 해결하려는 노력이 필요하다. 이 두 가지가 긍정적인 해결 방법에 해당한다.
ㄱ. 불평하기 : 문제 해결에 전혀 도움 안 됨
ㄹ. 포기하기 : 문제를 해결하려는 시도조차 하지 않음

04 다음 중 남북 분단으로 인해 겪는 어려움이 <u>아닌</u> 것은?

① 가 보고 싶은 금강산에 갈 수 없다.
② 기차를 타고 유럽에도 가 볼 수 있다.
③ 분단 후 전쟁의 위협 속에 살고 있다.
④ 이산가족이 고향을 그리워해도 갈 수 없다.

✏️해 설 ○ 남북 분단으로 인해 금강산에 마음대로 갈 수 없고, 전쟁 위협 속에 살며, 이산가족이 고향에 가지 못하는 어려움이 생겼다. 하지만 기차를 타고 유럽까지 갈 수 있다는 것은 남북 분단과 상관없는 내용이다.
① 금강산 갈 수 없음 : 실제 분단으로 인한 제약
③ 전쟁 위협 : 분단으로 인해 지속된 문제
④ 이산가족 고향 못 감 : 분단의 대표적 아픔

🔒정답   03. ③   04. ②

05 다음 내용을 나타내는 말로 가장 적절한 것은?

> 누구나 화를 내기는 쉽다. 그러나 적절한 대상에게, 적절한 때어, 적절한 목적으로, 적절한 만큼만, 적절한 방식으로 화를 내기란 쉽지 않다.
>
> -아리스토텔러스(Aristoteles)-

① 감정 조절 ② 소비 생활

③ 재능 나눔 ④ 환경 보호

✎해설 ━○ 아리스토텔레스의 말은 화 같은 감정을 아무 때나 드러내는 것이 아니라 적절하게 조절해야 한다는 의미이다. 자신의 감정을 상황에 맞게 다스리는 것을 감정 조절이라고 한다.

06 다음 중 ㉠에 해당하는 것은?

> • (㉠)은/는 서로 얽혀 있어 풀기 힘든 것을 의미함.
> • 사람들은 보통 (㉠)을/를 피하고 싶어 하지만 (㉠)을/를 잘 해결하면 전보다 좋은 결과를 얻기도 함.

① 갈등 ② 긍정 ③ 배려 ④ 준법

✎해설 ━○ 서로 얽혀 있어 풀기 힘든 상황을 갈등이라고 한다. 갈등은 피하고 싶지만 잘 해결하면 서로를 더 이해하고 관계가 좋아지는 계기가 될 수 있다.
② 긍정 : 희망적이고 좋은 마음가짐
③ 배려 : 다른 사람을 생각하는 행동
④ 준법 : 법을 지키는 태도

07 다음 중 자신을 이해하고 존중하는 자세가 <u>아닌</u> 것은?

① 나를 아끼고 소중하게 여긴다.

② 나의 단점을 극복하기 위해 노력한다.

③ 나의 꿈을 이루기 위해 열심히 공부한다.

④ 항상 친구들보다 비싼 옷을 입기 위해 애쓴다.

해설 자신을 이해하고 존중한다는 것은 자기 자신을 있는 그대로 인정하고 성장하려는 태도이다. 하지만 친구들보다 비싼 옷을 입기 위해 애쓰는 것은 외적 비교와 허영심에 치우친 행동으로, 진정한 자기 존중과는 거리가 멀다.
① 나를 아끼기 : 자기 존중의 기본 태도
② 단점 극복 노력 : 자기 발전으로 이어짐
③ 꿈을 위해 공부 : 자기 성장에 긍정적

08 다음 중 행복한 사이버 세상을 만들기 위한 피노키오의 노력으로 옳은 것은?

①

인터넷 게시판을 올바르게 이용하는 방법을 알리는 피노키오

②

친구가 올린 게시 글에 악성 댓글을 다는 피노키오

③

허락 없이 다른 사람의 사진을 찍어 인터넷에 올리는 피노키오

④

사이버 공간에서 욕설을 하며 대화하는 피노키오

해설 행복한 사이버 세상을 만들려면 올바른 인터넷 사용법, 즉 네티켓을 지키고 다른 사람에게도 알려야 한다. 피노키오가 인터넷 게시판 올바른 이용 방법을 알리는 것은 바람직한 행동이다.
② 악성 댓글 : 상대에게 상처를 주는 사이버 폭력
③ 사진 무단 업로드 : 초상권 · 개인정보 침해
④ 욕설 : 대화 분위기 해치고 불쾌감 조성

09 다음 중 ㉠에 들어갈 내용으로 적절한 것은?

나를 소중히 여기는 방법

●스스로에게 상 주기   ●남과 나를 비교하지 않기
●(㉠   )

① 남 탓하기   ② 나의 장점 찾기
③ 모든 일에 불평하기   ④ 항상 남을 미워하기

✎해설 ─o 나를 소중히 여기려면 자기 자신을 긍정적으로 바라보는 것이 중요하다. 나의 장점
찾기는 자신감을 높이고 자존감을 지키는 좋은 방법이다.
① 남 탓하기 : 문제 해결 회피, 자기 성장 방해
③ 불평하기 : 부정적 감정만 커짐
④ 미워하기 : 마음이 더 불편해지고 관계 악화

10 다음에서 카네기(Carnegie, A.)가 추구한 삶의 가치는?

카네기는 화가 나는 일이 있을 때마다 늘 하루가 지난 다음, 다시 생각해 보는 습
관을 가지고 있었다.

① 성찰   ② 소외   ③ 차별   ④ 혐오

✎해설 ─o 화가 나는 일을 하루 지난 후 다시 생각하는 것은 스스로의 감정과 행동을 돌아보는
성찰의 태도이다. 성찰은 감정을 조절하고 올바른 판단을 내리는 데 도움이 된다.
② 소외 : 관계에서 멀어지는 상태
③ 차별 : 사람을 불공평하게 대우하는 것
④ 혐오 : 미워하고 싫어하는 감정

11 다음 대화에 나타난 덕목은?

나는 어려움을 스스로 헤쳐 나갈 거야.

나는 내가 할 일을 미루지 않을 거야.

① 모방   ② 무시   ③ 자주   ④ 예절

해 설 ─○ 어려움을 스스로 해결하고 할 일을 미루지 않는 것은 자주적인 태도를 보여준다. 자주란 스스로 판단하고 행동하며 책임지는 덕목이다.
① 모방 : 남을 그대로 따라 하는 것
② 무시 : 다른 사람을 존중하지 않는 태도
④ 예절 : 인사, 질서 지키기 등 바른 생활 태도

12 다음 중 친구의 인권을 존중하지 <u>않는</u> 것은?

① 친구를 괴롭히거나 때리지 않는다.

② 친구의 물건을 허락 없이 사용한다.

③ 친구를 차별하지 않고 같이 잘 논다.

④ 친구의 외모를 함부로 평가하지 않는다.

해 설 ─○ 친구의 물건을 허락 없이 사용하는 것은 친구의 소유권을 무시하는 행동으로 인권을 존중하지 않는 것이다.
① 괴롭히지 않기 : 친구 인권 존중
③ 차별하지 않기 : 평등권 보장
④ 외모 평가 안 하기 : 친구의 인격 존중

정답   **11.** ③   **12.** ②

13 다음 중 ㉠, ㉡에 들어갈 말로 옳게 짝 지어진 것은?

> • (㉠)(이)란 남을 속이지 않는 것일 뿐만 아니라 자신을 속이지 않는 것입니다.
> • (㉠)한/하는 사람은 사실대로 말할 수 있는 (㉡)이/가 있는 사람입니다.

	㉠	㉡		㉠	㉡
①	배려	공정	②	배려	우정
③	정직	용기	④	정직	차별

✏️ 해설 ➔ 남을 속이지 않고 사실대로 말하는 태도는 정직이며, 정직하게 말하려면 자신의 잘못을 숨기지 않고 말할 용기가 필요하다. 그래서 정답은 '정직 – 용기'의 조합이다.

14 다음 중 공정한 생활을 하기 위해 지녀야 할 태도로 적절하지 <u>않은</u> 것은?

① 다른 사람의 말을 주의 깊게 듣는다.
② 각자가 자기 몫을 정당하게 요구한다.
③ 항상 나의 권리와 이익만을 생각한다.
④ 상대방의 입장에서 생각하고 행동한다.

✏️ 해설 ➔ 공정한 생활은 자기 권리만 주장하는 것이 아니라 다른 사람의 권리도 함께 고려하는 태도가 필요하다. '항상 나의 권리와 이익만 생각한다'는 것은 이기적인 태도로 공정과 거리가 멀다.
① 주의 깊게 듣기 : 공정한 의사소통 방법
② 자기 몫 정당하게 요구 : 공정한 권리 주장
④ 상대 입장에서 생각하기 : 공감과 공정 실천

15 다음 중 '마음 나누기 4단계' 활동을 실천할 때 ㉠에 들어갈 내용으로 가장 적절한 것은?

상황	누군가가 복도에 물을 엎질렀다.
1단계: 관심 기울이기	친구들이 지나가면 미끄러울 것 같다.
2단계: 공감하기	누군가 미끄러져 넘어지면 다칠 수도 있지 않을까?
3단계: 준비하기	친구들이 다치지 않게 물을 닦아야겠어.
4단계: 실천하기	㉠

① 교실을 깨끗이 청소했다.

② 복도에 있는 모든 창문을 열었다.

③ 복도 벽에 전시되어 있는 게시물을 정리했다.

④ 걸레를 가지고 와서 복도에 있는 물을 닦았다.

✏해설 ○ 마음 나누기 4단계는 관심 → 공감 → 준비 → 실천으로 이어진다. 문제의 상황에서 물을 닦아야겠다고 생각한 뒤, 실제로 걸레를 가지고 와서 물을 닦는 행동이 마지막 단계의 '실천'이다.

16 그림에서 배울 수 있는 덕목은?

두레 활동: 모내기

같이 들어

-「같이의 가치」-

① 교만   ② 낭비   ③ 태만   ④ 협동

✏해설 ○ 두레 활동은 마을 사람들이 힘을 모아 모내기, 벼 베기 같은 농사일을 함께 하는 공동체 활동으로, 여기에서 배울 수 있는 덕목은 협동이다.

① 교만 : 잘난 체하는 태도, 협동과 반대

② 낭비 : 자원을 아끼지 않는 태도

③ 태만 : 게으름, 공동 작업에 해로움

 정답   15. ④   16. ④

17 다음 중 통일 후 예상되는 어려움을 극복하기 위한 노력으로 적절하지 <u>않은</u> 것은?

① 서로 경계하는 마음 없애기

② 서로의 언어 표현에 대한 편견 가지기

③ 서로 다른 생활 방식을 이해하고 존중하기

④ 갈등을 평화적으로 해결하려는 마음 지니기

✎해설 ┌ 통일 후에는 남북한의 문화·언어·경제 차이 때문에 갈등이 생길 수 있다. 이를 극복하려면 서로를 이해하고 존중하며 평화적으로 갈등을 해결해야 한다. 그러나 '서로의 언어 표현에 대한 편견 가지기'는 오히려 갈등을 심화시키므로 적절하지 않은 태도이다.
① 경계심 없애기 : 서로의 신뢰 형성에 도움
③ 생활 방식 존중하기 : 화합을 위한 필수 조건
④ 평화적 해결 태도 : 갈등을 줄이는 긍정적 방법

18 다음 중 ㉠에 들어갈 내용으로 적절하지 <u>않은</u> 것은?

<'어려움을 겪고 있는 지구촌 이웃 돕기' 활동 계획>

• 내가 일주일 동안 용돈을 아껴서 기부하면, 어려움을 겪는 지구촌 친구에게
(㉠)

---

① 아무런 도움을 줄 수 없다.

② 점심 한 끼를 사 줄 수 있다.

③ 꿈을 키우는 책 한 권을 선물할 수 있다.

④ 그림을 그리는 데 쓰는 색연필을 선물할 수 있다.

✎해설 ┌ 용돈을 아껴 기부하면 작은 돈이라도 도움이 된다. 점심 한 끼, 책, 색연필 등 실질적인 도움을 줄 수 있다. '아무런 도움을 줄 수 없다'는 생각은 잘못된 태도로, 기부의 가치를 부정하는 말이다.

19 다음 중 ㉠에 들어갈 말로 적절한 것은?

마음 신호등 3단계

1단계	멈추기	감정과 욕구를 일단 가라앉히고 (㉠)
2단계	생각하기	감정과 욕구대로 행동하면 어떤 일이 벌어질지 생각하기
3단계	표현하기	상대방의 입장을 존중하며 내 입장을 성숙하게 표현하기

① 대들기　　　② 싸움하기　　　③ 진정하기　　　④ 욕설하기

🖋해 설 ➝ 마음 신호등 1단계는 감정과 욕구가 폭발하지 않도록 일단 멈추고 진정하는 것이다. 진정해야 다음 단계에서 상황을 객관적으로 생각하고 올바른 선택을 할 수 있다.
① 대들기 : 갈등만 심해짐
② 싸움하기 : 문제 해결이 아닌 더 큰 문제 유발
④ 욕설하기 : 상대방에게 상처 주고 상황 악화

20 다음 중 ㉠에 들어갈 수 있는 내용으로 적절하지 않은 것은?

지구촌 문제
• 빈곤　　　　　　　　　　　　• 인종 차별 • (㉠)　　　　　　　　　　• 환경 파괴

① 전쟁　　　　　　　　　　② 굶주림
③ 기후 위기　　　　　　　　④ 에너지 풍족

🖋해 설 ➝ 지구촌 문제에는 전쟁, 빈곤, 기후 위기, 환경 파괴 등이 있다. 하지만 에너지 풍족은 문제라기보다 긍정적인 상태이므로 '적절하지 않은 것'이다.
① 전쟁 : 많은 인명 피해와 난민 발생
② 굶주림 : 식량 부족, 영양실조 문제
③ 기후 위기 : 폭염·홍수·가뭄 등 환경 문제 악화

정답　19. ③　20. ④

초등학교 졸업학력 검정고시 대비

실 과

2025년 2회 시행

01 다음 중 ㉠에 들어갈 말로 가장 적절한 것은?

> 아동기에는 키가 크고 몸무게가 늘어나며, 운동 능력이 발달한다. 이를 (㉠) 발달이라고 한다.

① 논리적　　　② 사회적　　　③ 신체적　　　④ 심리적

✎ 해 설 ⌐ 아동기에 키가 크고 몸무게가 늘어나며, 운동 능력이 발달하는 것은 신체적 발달에
해당한다. 이 시기에 근육과 뼈가 자라면서 균형 잡힌 신체로 성장한다.
① 논리적 발달 : 생각·추리 능력 발달
② 사회적 발달 : 친구 관계, 규칙 이해 발달
④ 심리적 발달 : 정서·감정 조절 발달

02 다음 설명에 해당하는 간식 만들기 단계는?

설거지를 하고, 조리 기구를 정리한다.

① 계획하기　　　② 상 차리기　　　③ 식사하기　　　④ 뒷정리하기

✎ 해 설 ⌐ 조리 기구를 정리하고, 설거지를 하는 단계는 간식 만들기의 마지막 단계인 '뒷정리
하기'이며, 위생과 안전을 위해 꼭 필요한 과정이다.
① 계획하기 : 재료·메뉴 정하는 단계
② 상 차리기 : 식사 준비 단계
③ 식사하기 : 만든 음식을 먹는 단계

03 다음 설명에 해당하는 옷으로 가장 적절한 것은?

> 화재로부터 신체를 보호해 주는 기능이 있다.

① 교복   ② 우비   ③ 한복   ④ 소방복

✎해설 ─○ 화재로부터 신체를 보호하는 옷은 소방복이다. 소방복은 불에 잘 타지 않는 특수한
소재로 만들어져 화재 현장에서 소방관의 생명을 지켜준다.
① 교복 : 학생이 학교에서 입는 옷
② 우비 : 비에 젖지 않도록 막아주는 비옷
③ 한복 : 우리나라 전통 의복

04 그림과 같은 장소에서 할 수 있는 안전사고 예방 방법으로 적절한 것은?

① 전자레인지용 그릇만 사용한다.
② 바닥에 미끄럼 방지 패드를 부착한다.
③ 자전거를 탈 때는 안전모를 착용한다.
④ 칼을 사용할 때는 식품을 잡은 손가락을 구부린다.

✎해설 ─○ 화장실 바닥은 미끄럽기 쉬워서 미끄럼 방지 패드를 붙이면 안전사고를 예방할 수
있다.

05 다음 중 합리적인 소비를 위한 행동으로 적절하지 <u>않은</u> 것은?

① 계획을 세워 꼭 필요한 물건을 산다.

② 용돈 기입장을 써서 용돈을 관리한다.

③ 충동적으로 광고에 나온 장난감을 산다.

④ 안전하고 친환경적인 제품인지 확인하고 산다.

해 설 ─○ 합리적인 소비란 계획적으로 필요한 것을 사고, 안전성과 환경을 고려하는 소비이다. 광고를 보고 충동적으로 장난감을 사는 것은 계획적이지 않아 합리적 소비가 아니다.
① 계획 세워 구매 : 합리적 소비 습관
② 용돈 기입장 작성 : 지출 관리에 도움
④ 안전 · 친환경 제품 확인 : 책임 있는 소비

06 다음 설명에 해당하는 것은?

물기를 최대한 제거하고 분류하여 배출하면
사료나 퇴비로 재활용되는 쓰레기

① 의류 쓰레기   ② 음식물 쓰레기

③ 폐건전지 쓰레기   ④ 폐형광등 쓰레기

해 설 ─○ 음식물 쓰레기는 물기를 빼고 분리 배출하면 사료나 퇴비로 재활용되는데, 올바른 분리배출은 환경 보호와 자원 재활용에 꼭 필요하다.
① 의류 쓰레기 : 헌옷 수거함으로 배출
③ 폐건전지 쓰레기 : 전용 수거함에 따로 배출
④ 폐형광등 쓰레기 : 깨지지 않게 모아 전용 수거함에 배출

07 다음 설명에 해당하는 식물 관리 방법은?

- 원줄기 곁에서 돋아나는 필요하지 않은 순을 잘라 낸다.
- 원줄기가 양분을 잘 공급 받을 수 있도록 해 준다.

① 물 주기　　　　　　　　　② 거름주기
③ 씨뿌리기　　　　　　　　　④ 곁순 따기

해설 ─○ 원줄기 곁에서 나온 필요 없는 순을 잘라내어 원줄기에 양분이 집중되도록 하는 관리 방법은 곁순 따기이다. 이렇게 하면 열매가 더 크고 건강하게 자란다.
① 물 주기 : 식물이 마르지 않게 유지
② 거름 주기 : 식물 성장에 필요한 영양 공급
③ 씨뿌리기 : 식물 심는 초기 과정

08 다음 설명에 해당하는 것은?

- 자동차의 조향 장치에 해당한다.
- 자동차의 이동 방향을 바꾸어 준다.

① 거울　　　　② 핸들　　　　③ 스피커　　　　④ 프레임

해설 ─○ 자동차의 이동 방향을 바꿔 주는 장치는 핸들(조향 장치)이며, 운전자가 핸들을 돌려 전륜의 방향을 바꿔 차를 조종한다.
① 거울 : 뒤나 옆을 볼 때 사용
③ 스피커 : 소리 출력 장치
④ 프레임 : 자동차의 뼈대 역할

정답　07. ④　08. ②

09 다음 중 자전거 안전 관리 방법으로 옳지 <u>않은</u> 것은?

① 체인이 빠졌는지 살펴본다.

② 브레이크의 작동을 확인한다.

③ 타이어의 공기압을 확인한다.

④ 안장 높이는 무조건 높게 한다.

✎해 설 ┌─○ 자전거를 탈 때는 자신의 키에 맞게 안장 높이를 조절해야 안전하다. 무조건 높게 하면 발이 땅에 닿지 않아 넘어질 위험이 커진다.
① 체인 확인 : 주행 중 문제 예방
② 브레이크 확인 : 제동 장치 점검 필수
③ 타이어 공기압 확인 : 주행 안정성 확보

10 다음 중 ㉠에 공통으로 들어갈 말로 적절한 것은?

> • (㉠)은/는 경제적 보상을 받으며 일정 기간 지속적으로 하는 일을 말한다.
> • (㉠)의 종류에는 교사, 경찰관 등이 있다.

① 성격   ② 적성   ③ 직업   ④ 흥미

✎해 설 ┌─○ 경제적 보상을 받으며 일정 기간 지속적으로 하는 일을 직업이라고 한다. 교사, 경찰관, 소방관 등은 모두 직업의 예이다.
① 성격 : 개인의 성질
② 적성 : 잘할 수 있는 소질
④ 흥미 : 좋아하는 관심사

11 배려하고 돌보는 가족이 되기 위해 필요한 노력으로 가장 적절한 것은?

① 가족 간에 예의를 지킨다.

② 가정일을 서로에게 미룬다.

③ 짜증 나는 말투로 대화한다.

④ 가족의 부족한 점을 찾아 비난한다.

🖌해 설 ┌─○ 배려하고 돌보는 가족이 되려면 서로 존중하고 예의를 지키는 태도가 필요하다. 예
의를 지키면 갈등이 줄고 가족 관계가 더 돈독해진다.
② 가정일 미루기 : 가족 갈등의 원인
③ 짜증 나는 말투 : 관계 악화
④ 부족한 점 비난 : 상처 주는 행동

12 친환경 농업의 실천 방안으로 옳은 것만을 〈보기〉에서 모두 고른 것은?

┤ 보 기 ├

ㄱ. 가축 배설물로 퇴비를 만든다.

ㄴ. 화학 비료를 많이 사용하여 농작물을 기른다.

ㄷ. 오리, 우렁이를 이용해 잡초나 해충을 없앤다.

① ㄴ   ② ㄷ   ③ ㄱ, ㄴ   ④ ㄱ, ㄷ

🖌해 설 ┌─○ 친환경 농업은 자연을 해치지 않고 농작물을 기르는 방식이다. 가축 배설물로 퇴비
만들기, 오리·우렁이를 이용해 잡초·해충 없애기가 대표적 실천 방법이다.
ㄴ. 화학 비료 많이 사용 : 토양 오염, 친환경 농업과 반대

13 다음 중 소프트웨어가 적용된 사례와 설명이 적절하게 연결되지 <u>않은</u> 것은?

① 내비게이션 – 식물에게 물을 준다.

② 스마트 시계 – 건강 상태를 점검한다.

③ 로봇 청소기 – <u>스스로 방 곳곳을 청소한다.</u>

④ 스마트 냉장고 – 냉장고 안의 음식 정보를 알려준다.

🖌️해 설 ⟶ 내비게이션은 길을 안내하는 소프트웨어이다.
　　　② 스마트 시계 : 심박수 · 운동량 측정 등 건강 점검 기능
　　　③ 로봇 청소기 : 스스로 청소, 장애물을 피하는 기능
　　　④ 스마트 냉장고 : 음식 보관 상태, 유통기한 알림 기능

14 다음 중 ㉠에 들어갈 로봇으로 적절한 것은?

① 반려 로봇　　　　　② 의료 로봇

③ 우주 탐사 로봇　　　④ 화재 진압 로봇

🖌️해 설 ⟶ 의료 로봇은 사람 손보다 정교하게 움직이며 수술 성공률을 높이는 데 쓰인다.
　　　① 반려 로봇 : 대화 · 교감 기능
　　　③ 우주 탐사 로봇 : 우주 환경 탐사
　　　④ 화재 진압 로봇 : 화재 현장에서 진압 · 탐색

15 다음은 세탁 과정의 절차적 사고이다. ㉠에 가장 적절한 것은?

| 세탁기에 옷과 세제를 넣는다. |
| ↓ |
| ㉠ |
| ↓ |
| 세탁을 마치면 세탁물을 꺼낸다. |

① 세탁물을 갠다.

② 세탁기를 작동시킨다.

③ 건조대에 세탁물을 넌다.

④ 세탁기 내부를 청소한다.

해설 ─○ 세탁 과정은 옷·세제 넣기 → 세탁기 작동 → 세탁물 꺼내기 순서이다.
① 세탁물 개기 : 세탁이 끝난 뒤 해야 하는 일
③ 건조대에 널기 : 세탁물을 꺼낸 후 건조 단계에서 하는 일
④ 세탁기 청소 : 세탁 과정이 끝난 후 관리 단계

16 다음 설명에 해당하는 바느질 도구는?

실을 자를 때 사용한다.

① 단추　　　② 바늘　　　③ 쪽가위　　　④ 바늘꽂이

해설 ─○ 실을 자를 때 쓰는 작은 가위 모양의 바느질 도구는 쪽가위이다. 작은 힘으로도 쉽게 실을 자를 수 있어 바느질 필수 도구이다.
① 단추 : 옷 여밈에 사용
② 바늘 : 실로 옷을 꿰매는 도구
④ 바늘꽂이 : 바늘을 보관하는 도구

17 다음 중 ㉠에 해당하는 것은?

> (㉠) : 쌀(국산) 95%, 자색 고구마 분말(국산)
> 3.45%, 당근 분말(국산) 0.1%, 탄산 칼슘, 비타민 C
>
> 재료의 이름, 원산지, 함량을 나타낸 것

① 보관 방법　　　　　　② 제조 일자

③ 원재료명 및 함량　　　④ 식품 인증 표시

✎해설　식품 포장지에 재료 이름, 원산지, 함량 등을 표시한 것은 원재료명 및 함량이다. 소
비자가 식품의 성분을 확인하고 선택할 수 있도록 법으로 표시하게 되어 있다.
① 보관 방법 : 식품을 어떻게 보관해야 하는지 안내
② 제조 일자 : 생산된 날짜 표시
④ 식품 인증 표시 : HACCP, 유기농 등 안전 인증 마크

18 다음 중 가정 경제 관리와 가장 관련 있는 것은?

① 요리하기　　　　　　② 청소하기

③ 다림질하기　　　　　④ 가계부 쓰기

✎해설　가정 경제 관리는 가계부 쓰기와 직접적으로 관련 있다. 가계부를 쓰면 수입·지출
을 파악하고 계획적으로 돈을 쓸 수 있다.
① 요리하기 : 식생활 관리
② 청소하기 : 주거 환경 관리
③ 다림질하기 : 의생활 관리

19 그림에 해당하는 발명 기법은?

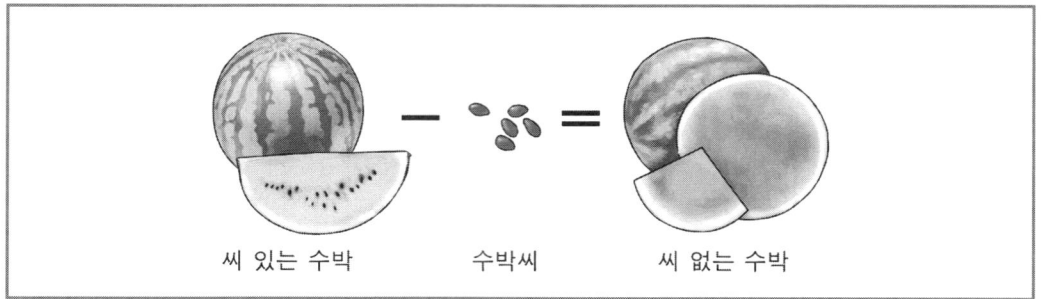

씨 있는 수박　　　　수박씨　　　　씨 없는 수박

① 빼기 기법　　　　　　　　　② 더하기 기법
③ 반대로 하기 기법　　　　　　④ 용도 바꾸기 기법

해설 ○─○ 씨 있는 수박에서 씨를 없애 만든 씨 없는 수박은 '빼기 기법'을 활용한 발명 사례
이다. 기존 물건에서 불편하거나 필요 없는 요소를 없애 새로운 제품을 만드는 방
식이다.
② 더하기 기법 : 두 가지 기능이나 요소를 합침
③ 반대로 하기 기법 : 방향·형태를 거꾸로 바꿈
④ 용도 바꾸기 기법 : 기존 물건의 새로운 용도 개발

20 다음은 소리 센서에 대한 설명이다. 소리 센서와 가장 관련 있는 사람의 기관은?

- 주변의 소리를 감지하는 센서다.
- 소리 센서를 이용하면 박수로 강아지 로봇을 움직일 수 있다.

① 귀　　　　　　② 눈　　　　　　③ 입　　　　　　④ 코

해설 ○─○ 소리 센서는 소리를 감지하는 장치로, 사람의 귀 역할을 한다. 귀처럼 주변 소리를
듣고 그에 맞춰 반응할 수 있도록 신호를 보낸다.
② 눈 : 빛 감지, 시각 센서와 유사
③ 입 : 소리 내는 기관, 센서 역할 아님
④ 코 : 냄새 맡는 기관, 가스 센서와 유사

2025년 **1회**

초등학교 졸업학력 검정고시 대비 기출문제

2025년 4월 시행

똑같은 기출 똑똑한 해설

초등학교 졸업학력 검정고시 대비

국 어

2025년 1회 시행

01 다음 중 ㉠에 들어갈 사과의 말로 가장 적절한 것은?

30분이나 지났어. 왜 이렇게 늦었니?

㉠

① 너도 약속에 늦은 적 있잖아.
② 일부러 늦게 온 건 아니잖아.
③ 따지는 거야? 늦을 수도 있지.
④ 정말 미안해! 내가 늦잠을 잤어.

✎해 설 ─ 사과할 때는 변명하지 않고 진심을 담아 사과하는 것이 중요하다. "정말 미안해! 내가 늦잠을 잤어."는 잘못을 인정하고 이유를 솔직히 말하는 적절한 사과의 말이다.

02 다음 중 ㉠과 같은 의미로 사용된 것은?

> 나는 친구와 함께 그네를 ㉠ 타고 놀았다.

① 여름 땡볕에 얼굴이 타서 따가웠다.
② 선우는 놀이터에서 미끄럼틀을 탔다.
③ 연서는 글짓기대회에서 최우수상을 탔다.
④ 어머니께서 나에게 미숫가루를 타서 주셨다.

✎해 설 ─ '그네를 타다'의 '타다'는 '놀이 기구를 이용하다'라는 뜻이다. "미끄럼틀을 탔다" 역시 놀이 기구를 이용한 행동이므로 같은 의미이다.
① 얼굴이 타다 : 햇볕에 그을리다
③ 상을 타다 : 상을 받다
④ 미숫가루를 타다 : 가루를 물에 섞다

03 다음 글을 읽을 때 도움이 되는 지식으로 알맞은 것은?

> ### 조선의 냉장고 '석빙고'
> 석빙고의 천장은 반원형으로 기둥 다섯 개에 장대석이 걸쳐 있고, 장대석을 걸친 곳에는 밖으로 통하는 공기 구멍이 세 개 있다. 이 구멍은 아래쪽이 넓고 위쪽은 좁은 사각형 모양이어서 바깥에서 바람이 불 때 석빙고 안의 공기가 잘 빠져 나온다.

① 책에서 읽은 미래 교통수단
② 미술 체험에서 알게 된 염색법
③ 보건소에서 익힌 손 씻기 방법
④ 수업 시간에 배운 기체 이동 원리

✎해설 ┌─◦ 석빙고의 공기 구멍 구조와 내부 공기 이동을 이해하려면 기체 이동 원리를 알아야 한다. 바람이 불면 내부 공기가 빠져나가면서 시원함을 유지하는 원리를 알 수 있기 때문이다.

04 다음 중 이야기를 읽고 사건의 흐름을 파악하는 방법으로 알맞지 <u>않은</u> 것은?

① 책을 읽은 장소를 떠올린다.
② 일이 일어난 차례를 살핀다.
③ 이야기에 나타난 인물과 배경을 살핀다.
④ 이야기에서 일어난 중요한 일을 찾는다.

✎해설 ┌─◦ 이야기의 사건 흐름을 파악하려면 사건의 순서, 인물, 배경, 중요한 일 등을 살펴야 한다. 책을 읽은 장소를 떠올리는 것은 사건 흐름 이해와는 상관이 없다.
② 일어난 차례 살피기 : 사건 흐름 이해의 기본
③ 인물·배경 살피기 : 이야기 맥락 이해에 필요
④ 중요한 일 찾기 : 핵심 사건 파악에 도움

05 다음 상황에 어울리는 관용 표현으로 가장 적절한 것은?

> 중요한 일을 함께 의논해서 결정해야 하는 상황

① 눈에 띄다.

② 손이 작다.

③ 입맛대로 하다.

④ 머리를 맞대다.

✎ 해 설 ─○ 중요한 일을 의논할 때는 서로 머리를 맞대고 진지하게 이야기하며 해결책을 찾는다
는 표현을 쓴다. '머리를 맞대다'는 함께 모여 생각을 모은다는 뜻의 관용 표현이다.
① 눈에 띄다 : 남보다 두드러져 보이다
② 손이 작다 : 인심이 박하다
③ 입맛대로 하다 : 자기 마음대로 하다

06 다음 중 마음을 나누는 글을 쓸 때 고려할 점이 <u>아닌</u> 것은?

① 나누려는 마음이 드러나게 쓴다.

② 읽을 사람과의 관계를 고려한다.

③ 전하려는 내용을 미흡하게 쓴다.

④ 글을 쓰는 상황과 목적을 생각한다.

✎ 해 설 ─○ 마음을 나누는 글은 전하려는 내용을 충분히 담아야 한다. 미흡하게 쓰는 것은 글의
목적을 달성하지 못하게 한다.
① 마음 드러내기 : 진정성 있는 글쓰기
② 관계 고려 : 읽는 사람의 입장을 생각
④ 상황·목적 고려 : 글이 알맞게 전달되도록 하는 필수 조건

07 다음 중 (   ) 안에 들어갈 말로 가장 알맞은 것은?

> 주장하는 글을 읽을 때는 글쓴이의 주장을 뒷받침 하는 (   )이/가 알맞은지 생각하며 읽습니다.

① 근거   ② 변형   ③ 분류   ④ 취미

✎해설 — 주장하는 글은 글쓴이의 주장과 그 주장을 뒷받침하는 근거로 이루어진다. 따라서 글을 읽을 때는 근거가 알맞은지 생각하면서 읽어야 글쓴이의 주장이 타당한지 판단할 수 있다.

08 다음 기행문에서 감상이 나타난 부분은?

> 우리 가족은 ㉠ 불국사에 다녀왔다. 불국사로 들어가는 길은 숲이 잘 가꾸어져 있고 바닥이 평탄하였다. 절에 들어 가니 ㉡ 다보탑과 석가탑이 있었다. 다보탑과 석가탑은 탑에 대하여 아무것도 모르는 내가 보아도 ㉢ 매우 아름답게 느껴졌다. 다보탑은 동쪽에 있었고, ㉣ 석가탑은 서쪽에 있었다.

① ㉠   ② ㉡   ③ ㉢   ④ ㉣

✎해설 — 기행문에서 감상은 느낌이나 생각을 표현한 부분으로, "매우 아름답게 느껴졌다."는 문장이 바로 글쓴이의 감정을 드러낸 부분이다.
① ㉠ 불국사에 다녀왔다 : 사실 전달
② ㉡ 다보탑과 석가탑이 있었다 : 사실 묘사
④ ㉣ 석가탑은 서쪽에 있었다 : 위치 설명

정답   07. ①   08. ③

09 다음 공익 광고에서 전하려는 내용으로 가장 적절한 것은?

딱! 먹을 만큼만
남기지 말고

① 질서를 잘 지키자.
② 바른 말을 사용하자.
③ 예의 바르게 행동하자.
④ 음식물 쓰레기를 줄이자.

해설 ─○ "딱! 먹을 만큼만 남기지 말고"라는 광고 문구는 필요한 만큼만 덜어 먹어 음식물 쓰레기를 줄이자는 메시지를 전하고 있다.

10 다음 중 회의할 때 지켜야 할 규칙으로 알맞지 않은 것은?

① 다른 사람의 의견을 존중해야 한다.
② 사회자에게 발언권을 얻고 말해야 한다.
③ 회의 주제에 맞는 의견을 제시해야 한다.
④ 다른 사람이 말할 때마다 끼어들어야 한다.

해설 ─○ 회의할 때는 다른 사람의 발언을 방해하지 않고 끝까지 들어야 한다. 말하는 중간에 끼어드는 것은 회의 질서를 깨뜨리는 행동이므로 규칙에 어긋난다.
① 의견 존중 : 회의 기본 예절
② 발언권 얻고 말하기 : 질서 있는 회의 진행을 위한 규칙
③ 주제에 맞는 의견 제시 : 효율적인 회의를 위해 필요

11 다음 ⑦~② 중 사실에 해당하는 것은?

나라마다 전통적인 가옥은 특색이 있어. 중국 집의 지붕 선은 ⑦ 가운데가 직선이야. 그런데 한옥의 지붕 선은 전체가 곡선이어서 ⓒ 좀 더 부드러워 보여. 그리고 ⓒ 산뜻한 느낌을 줘. 한옥의 지붕 선이 곡선을 이루는 데에는 자연환경이 ② 큰 영향을 끼친 게 아닐까?

① ⑦   ② ⓒ   ③ ⓒ   ④ ②

해설 ━○ 사실은 객관적으로 확인할 수 있는 내용이다. "가운데가 직선이다"는 실제로 확인할 수 있는 건축 양식의 특징이므로 사실에 해당한다.
② ⓒ 좀 더 부드러워 보여 : 느낌·감상
③ ⓒ 산뜻한 느낌을 줘 : 주관적 표현
④ ② 큰 영향을 끼친 게 아닐까 : 추측, 사실 아님

[12~13] 다음 글을 보고 물음에 답하시오.

봄비

심후섭

해님만큼이나
큰 은혜로
내리는 교향악

이 세상
모든 것이 다
악기가 된다.

⑦ 달빛 내리던 지붕은
두둑 두드둑
큰북이 되고

아기 손 씻던
세숫대야 바닥은

도당도당 도당당
작은북이 된다.

정답 **11.** ①

12 윗글에서 대상과 비유하는 표현이 바르게 연결되지 <u>않은</u> 것은?

① 봄비 – 교향악

② 지붕 – 큰북

③ 해님 – 아기 손

④ 세숫대야 바다 – 작은북

✎해설 ┈◦ 시에서 '봄비'는 '교향악', '지붕'은 '큰북', '세숫대야 바다'는 '작은북'으로 비유되고 있다. 그러나 '해님'을 '아기 손'으로 비유한 표현은 시에 등장하지 않으므로 잘못 연결된 것이다.

13 다음 중 ㉠과 낱말의 짜임이 <u>다른</u> 것은?

① 강물   ② 바다

③ 미역국   ④ 밥그릇

✎해설 ┈◦ '달빛', '강물', '미역국', '밥그릇'은 모두 합성어지만 '바다'는 어근 하나로 이루어진 단일어이므로 다른 보기들과 짜임이 다르다.
① 강물 : '강+물' 합성어
③ 미역국 : '미역+국' 합성어
④ 밥그릇 : '밥+그릇' 합성어

14 다음 글에 대한 설명으로 알맞은 것은?

버들잎 편지

주평

- 때 : 이른 봄
- 곳 : 서울 영이의 집
- 나오는 사람들 : 영이, 할아버지, 복순

  막이 열리면 복순이 콧노래를 부르며 방을 청소하고 있다. 조금 뒤, 창가로 가서 밖을 향하여 소리친다.

복순 : 할아버지!

할아버지 : (소리만) 오냐.

복순 : 다 됐어요?

---

① 대상을 설명하는 설명문이다.

② 연극을 공연하려고 쓴 극본이다.

③ 여행을 다녀와서 쓴 기행문이다.

④ 자신의 의견을 주장하는 논설문이다.

✎ 해설 ╶╶○ 글에 '때', '곳', '나오는 사람들'이 제시되어 있고, 인물의 대사와 행동이 괄호로 묘사되어 있는 점으로 보아 이 글은 연극을 공연하려고 쓴 극본이다.
  ① 설명문 : 대상을 소개하거나 설명하는 글
  ③ 기행문 : 여행 경험과 느낌을 적은 글
  ④ 논설문 : 주장과 근거를 제시해 독자를 설득하는 글

정답 14. ②

15 다음에서 글쓴이의 마음이 드러난 부분이 아닌 것은?

> 친구들아, 안녕?
>
> 나 연우야. 오늘 운동회에서 ㉠ 달리기를 했잖아.
>
> 운동회 날이 되면 나는 ㉡ 기쁘면서도 두려웠어. 달리기 경기를 하는 게 늘 걱정이 되었거든. 달리기를 할 때면 나는 ㉢ 넘어질까 봐 무서웠어. 잔뜩 긴장해서 달리다가 오늘도 그만 넘어지고 말았지. 그런데 그때 너희가 달리다가 돌아와서 나를 일으켜 주어 ㉣ 정말 고마웠어.

① ㉠   ② ㉡   ③ ㉢   ④ ㉣

✏해 설 ┌╴ 글쓴이의 마음은 기쁘고 두려운 마음(㉡), 무서운 마음(㉢), 고마운 마음(㉣)으로 드러난다. ㉠은 단순히 '달리기를 했다'는 사실만 말한 부분으로 마음이 드러난 부분이 아니다.

16 다음 중 문장의 호응 관계가 바른 것은?

① 나는 내일 가족여행을 갔다.

② 엄마는 전혀 칭찬을 해 주신다.

③ 동생은 독서를 별로 좋아하지 않는다.

④ 거짓말 하는 것은 결코 바른 행동이다.

✏해 설 ┌╴ 문장의 호응 관계란 주어, 서술어, 부사어 등이 서로 알맞게 연결되는 것으로, "동생은 독서를 별로 좋아하지 않는다."는 부정 표현과 호응이 잘 맞는다.
① 갔다 : 과거 시제, '내일'과 호응하지 않음
② 전혀 칭찬을 해 주신다 : '전혀'는 부정어와 어울려야 함
④ 결코 바른 행동이다 : '결코'는 부정어와 함께 써야 자연스러움

17 다음 글에서 말하고자 하는 것으로 가장 적절한 것은?

> ### 훈민가
>
> 정철
>
> 어버이 살아 계실 때 섬기기를 다 하여라
> 지나간 후면 애달프다 어이하리
> 평생에 다시 못 할 일이 이뿐인가 하노라

① 정직하게 살자.　　　　② 질서를 지키자.
③ 부모님께 효도하자.　　④ 고운 말을 사용하자.

✎ 해 설 ─○ 훈민가는 부모님이 살아 계실 때 잘 섬기라는 내용으로, 효도의 중요성을 강조하는 시이다. '지나간 후면 애달프다 어이하리'라는 구절에서 효도를 제때 하지 못한 후회의 마음이 드러난다.

[18~19] 다음 그림을 보고 물음에 답하시오.

18 뉴스의 타당성을 판단하는 방법이 아닌 것은?

① 실제 사실에 바탕을 두고 있는지 살피기
② 뉴스를 보여 주는 텔레비전의 품질 살피기
③ 뉴스의 관점과 보도 내용이 서로 관련 있는지 살피기
④ 활용한 자료들이 뉴스의 관점을 뒷받침하는지 살피기

✎ 해 설 ─○ 뉴스의 타당성을 판단하려면 사실 여부, 보도 내용과 관점의 관련성, 자료의 신뢰성을 살펴야 한다.
① 사실에 바탕 : 타당성 판단의 핵심
③ 관점·내용 관련성 : 왜곡 보도 여부 확인
④ 자료가 관점을 뒷받침하는지 확인 : 신뢰성 판단 방법

 정답　17. ③　18. ②

19 뉴스에서 통계 자료를 보여 주는 까닭이 <u>아닌</u> 것은?

① 사람들의 이해를 돕기 위해서

② 뉴스 내용의 객관성을 높여 주기 위해서

③ 뉴스 내용의 신뢰성을 높여 주기 위해서

④ 핵심 내용을 부족하게 보여 주기 위해서

✎해설 ─○ 뉴스에서 통계 자료를 제시하는 이유는 내용을 더 풍부하고 신뢰성 있게 전달하기
위해서이다.
① 이해 돕기 : 숫자·그래프로 쉽게 이해
② 객관성 높이기 : 사실에 근거했음을 보여줌
③ 신뢰성 높이기 : 뉴스의 설득력 강화

20 다음 글의 제목으로 가장 적절한 것은?

> 우리는 책을 통해 다양한 지식을 얻을 수 있다. 책을 읽으면 간접적으로 여러 가지 경험을 할 수 있고, 이를 통해 많은 것을 알 수 있다. 또 책을 읽으면 다른 사람들의 생각과 주장을 알 수 있어 생각이 깊어진다. 책을 많이 읽으면 상식이 풍부해지고 어휘력이 높아진다.

① 책을 많이 읽자.　　　　　② 책을 잘 정리하자.

③ 책을 깨끗이 보자.　　　　④ 책을 나누어 주자.

✎해설 ─○ 글에서는 책을 읽으면 지식이 늘고, 간접 경험을 하고, 생각이 깊어지고, 어휘력이
높아진다고 설명하며 책 읽기의 중요성을 강조하고 있다. 따라서 제목은 "책을 많이
읽자."가 가장 알맞다.

초등학교 졸업학력 검정고시 대비

수 학

2025년 1회 시행

01 밑줄 친 숫자 6이 나타내는 값이 가장 큰 것은?

① 50<u>6</u>240   ② <u>6</u>24320   ③ 7531<u>6</u>0   ④ 984<u>6</u>10

✎해 설 ○ 밑줄 친 숫자 6이 나타내는 값은 ①이 6000, ②가 600000, ③이 60, ④가 600이 므로 ②가 가장 크다.

02 다음은 일정한 규칙에 따라 수를 배열한 것이다. ㉠에 알맞은 수는?

1550	1560	㉠	1580

① 1562   ② 1566   ③ 1570   ④ 1574

✎해 설 ○ 10씩 뛰어서 세면 십의 자리 숫자가 1씩 커지므로 ㉠에 알맞은 수는 1570이다.

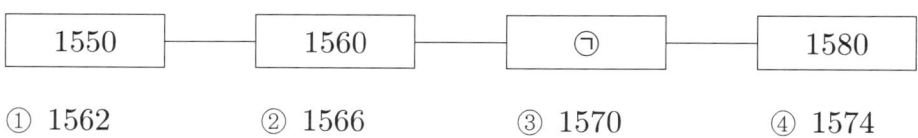

정답   01. ②   02. ③

03 다음은 학생들이 좋아하는 계절을 조사하여 나타낸 막대그래프이다. 학생들이 가장 많이 좋아하는 계절은?

① 봄　　　　② 여름　　　　③ 가을　　　　④ 겨울

🖌해 설 ─○ 막대그래프는 조사한 자료를 막대 모양으로 나타낸 그래프이다. 여름의 막대가 가장 길기 때문에 학생들이 가장 많이 좋아하는 계절은 여름이다.

04 다음 식에서 가장 먼저 계산해야 할 것은?

$$24+12 \div (3-2) \times 4$$

① $24+12$　　　② $12 \div 3$　　　③ $3-2$　　　④ 2×4

🖌해 설 ─○ (　　)가 있는 식은 (　　) 안을 가장 먼저 계산해야 하므로 가장 먼저 계산해야 하는 것은 $3-2$이다.

05 쌓기나무 3개로 만든 다음 모양에 쌓기나무 1개를 더 붙여서 만들 때, 나올 수 <u>없는</u> 모양은?

①

②

③

④

✏️해설 ╱─◦ 주어진 쌓기나무 3개로 만든 모양이 일직선으로 놓여 있는 모양이 아니므로 쌓기나무 1개를 더 붙여서 만들 때 ③은 나올 수 없는 모양이다.

06 설탕 $\frac{1}{4}$ kg과 소금 $\frac{1}{5}$ kg이 있다. 이 설탕과 소금의 무게의 합은?

① $\frac{1}{20}$ kg

② $\frac{3}{20}$ kg

③ $\frac{7}{20}$ kg

④ $\frac{9}{20}$ kg

✏️해설 ╱─◦ 분모가 다른 분수의 덧셈은 두 분수를 통분한 후 통분한 분모는 그대로 쓰고, 분자는 분자끼리 더한다.

$$\frac{1}{4}+\frac{1}{5}=\frac{1\times5}{4\times5}+\frac{1\times4}{5\times4}=\frac{5}{20}+\frac{4}{20}=\frac{9}{20} \text{ kg}$$

정답 05. ③ 06. ④

07 막대 3.6m를 똑같이 3도막으로 나누었다. ㉠에 알맞은 수는?

① 1.2　　　　② 1.6　　　　③ 2　　　　④ 2.4

🖋 해 설 ⌐◦ 막대 3.6m를 똑같이 3도막으로 나누었으므로 전체 길이 3.6을 3으로 나누어 구하
면 ㉠은 1.2이다.

08 다음은 수의 범위를 수직선에 나타낸 것이다. 바르게 읽은 것은?

① 13 초과 17 미만인 수　　　　② 13 초과 17 이하인 수
③ 13 이상 17 미만인 수　　　　④ 13 이상 17 이하인 수

🖋 해 설 ⌐◦ • 이상과 이하 : 점 ●을 사용하여 주어진 값이 들어가도록 한다.
　　　　• 초과와 미만 : 점 ○을 사용하여 주어진 값이 들어가지 않도록 한다.
따라서 주어진 수직선에 나타낸 수의 범위는 13 초과 17 이하인 수이다.

09 다음은 간격이 일정한 모눈종이에 그린 선대칭도형이다. 이 도형의 대칭축의 개수는?

① 1개
② 2개
③ 3개
④ 4개

✏️해 설 ┌o 선대칭도형은 한 직선을 따라 접었을 때 완전히 겹치는 도형을 말하며, 이때의 직선을 대칭축이라고 한다. 주어진 도형은 등변사다리꼴로, 대칭축의 개수는 1개이다.

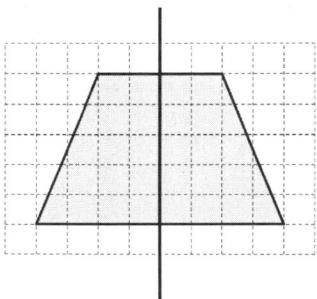

10 다음 입체도형의 색칠된 부분은 사각뿔의 밑면이다. 이 밑면과 만나는 면의 개수는?

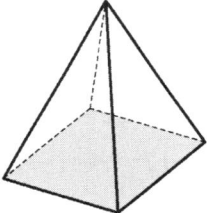

① 1개
② 2개
③ 3개
④ 4개

✏️해 설 ┌o 밑면과 만나는 면은 옆면으로, 사각뿔의 밑면과 만나는 면의 개수는 4개이다.

11 다음과 같이 전개도를 접어서 원기둥을 만들 때, ㉠에 알맞은 수는?

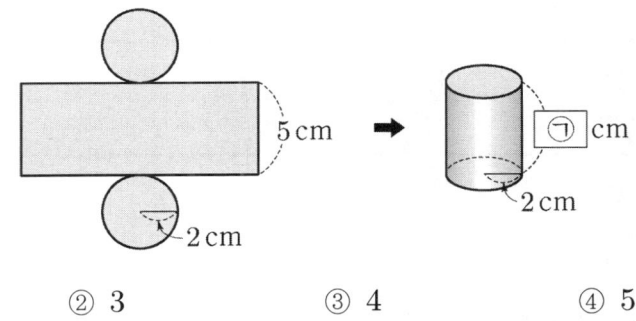

① 2   ② 3   ③ 4   ④ 5

✎해설　원기둥을 잘라서 펼쳐 놓은 그림을 원기둥의 전개도라고 한다. 원기둥에서 두 밑면
　　　　에 수직인 선분의 길이인 원기둥의 높이는 전개도에서 옆면의 세로 길이와 같으므로
　　　　㉠에 알맞은 수는 5이다.

12 그림은 사각형의 네 각의 크기의 합을 구하는 과정이다. 이 사각형의 네 각의 크기의 합은?

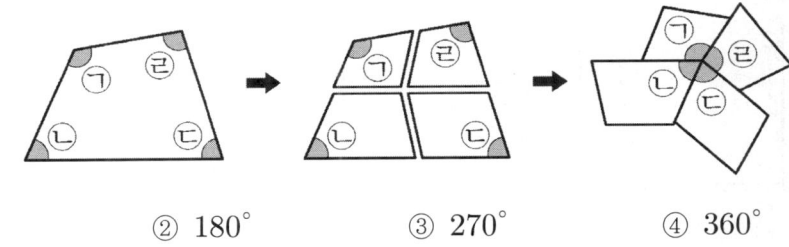

① 90°   ② 180°   ③ 270°   ④ 360°

✎해설　사각형을 그림과 같이 잘라서 네 꼭짓점이 한 점에 모이도록 이어 붙이면 모두 만나
　　　　서 바닥을 채운다. 한 점을 중심으로 한 바퀴 돌린 각의 크기는 360°이므로 사각형
　　　　의 네 각의 크기의 합은 360°이다.

13 $\dfrac{3}{5} \div 4$를 계산하는 과정이다. ㉠에 알맞은 수는?

$$\dfrac{3}{5} \div 4 = \dfrac{3}{5} \times \boxed{㉠} = \dfrac{3}{20}$$

① $\dfrac{1}{6}$ ② $\dfrac{1}{5}$ ③ $\dfrac{1}{4}$ ④ $\dfrac{1}{3}$

✎해설 ─○ 나눗셈을 곱셈으로 나타내려면, 나누는 수의 분모와 분자를 바꾼다.

$$\dfrac{3}{5} \div 4 = \dfrac{3}{5} \times \dfrac{1}{4} = \dfrac{3}{20}$$

따라서 ㉠에 알맞은 수는 $\dfrac{1}{4}$ 이다.

14 다음은 한 변의 길이가 3cm인 정사각형이다. 이 정사각형의 넓이는?

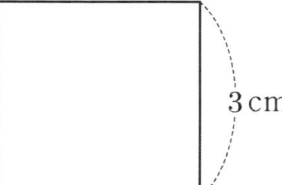
3 cm

① 9cm^2
② 16cm^2
③ 25cm^2
④ 36cm^2

✎해설 ─○ (정사각형의 넓이)=(가로)×(세로)

한 변의 길이가 3cm로 모든 변의 길이가 같으므로 정사각형의 넓이는 $3 \times 3 = 9\text{cm}^2$ 이다.

15 원 (나)의 원주는 원 (가)의 원주의 2배이다. ㉠에 알맞은 수는?

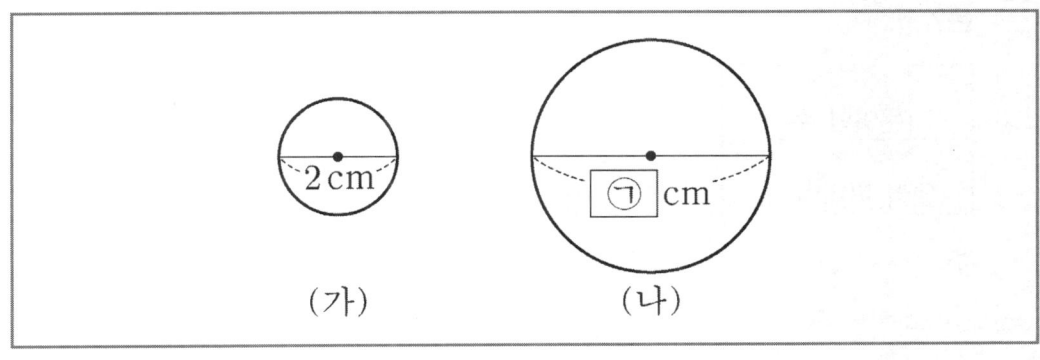

(가)   (나)

① 3   ② 4   ③ 5   ④ 6

✏️해설 ─○ 원주는 원의 지름의 약 3.14배(원주율)이므로 원의 지름이 2배가 되면 원주는 2배 가 된다. 원 (나)의 원주가 원 (가)의 원주의 2배이므로 지름도 2배이다. 따라서 ㉠에 알맞은 수는 4이다.

16 다음은 부피가 50cm^3인 직육면체이다. 색칠된 밑면의 넓이가 10cm^2일 때, 이 직육면체의 높이는?

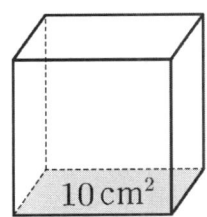

① 2cm

② 3cm

③ 4cm

④ 5cm

✏️해설 ─○ (직육면체의 부피)=(가로)×(세로)×(높이)=(밑면의 넓이)×(높이)
부피가 50cm^3이고, 밑면의 넓이가 10cm^2이므로 높이는 5cm이다.

17 표는 문어의 수와 문어 다리의 수와의 관계를 □와 △로 나타낸 것이다. 올바른 관계식은?

□ (문어의 수)	1	2	3	4	⋯
△ (문어 다리의 수)	8	16	24	32	⋯

① □+8=△   ② □−8=△

③ □×8=△   ④ □÷8=△

✏해설○ $1 \times 8 = 8$, $2 \times 8 = 16$, $3 \times 8 = 24$, $4 \times 8 = 32$ ⋯
∴ □×8=△

18 형과 동생이 사과 9개를 2 : 1로 비례배분하는 과정이다. ㉠에 공통으로 들어갈 알맞은 수는?

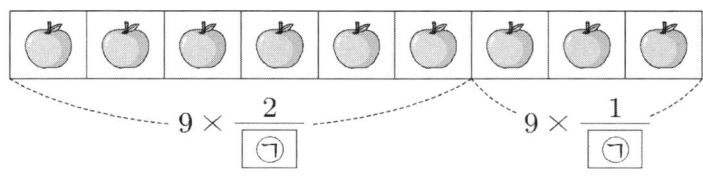

$$9 \times \frac{2}{\boxed{㉠}} \qquad 9 \times \frac{1}{\boxed{㉠}}$$

① 2   ② 3   ③ 4   ④ 5

✏해설○ 사과 9개를 2 : 1로 나누면 $9 \times \dfrac{2}{2+1} = 6$개, $9 \times \dfrac{1}{2+1} = 3$개를 가진다.

따라서 ㉠에 공통으로 들어갈 알맞은 수는 3이다.

정답   17. ③   18. ②

19 표는 어느 학생의 전통 활쏘기 대회의 점수를 기록한 것이다. 이 학생의 평균 점수는?

횟수	1회	2회	3회	4회
점수(점)	8	10	6	8

① 5점   ② 6점   ③ 7점   ④ 8점

🖌️해설 ○ (평균)=(자료의 합계)÷(자료의 개수)이므로 평균을 구하는 식은 $(8+10+6+8)÷$
4=8(점)이다.

20 다음은 학생들이 좋아하는 과일을 조사한 띠그래프이다. 사과를 좋아하는 학생의 수가
60명일 때, 포도를 좋아하는 학생의 수는?

학생들이 좋아하는 과일

① 15명   ② 25명   ③ 35명   ④ 45명

🖌️해설 ○ 띠그래프는 전체에 대한 각 부분의 비율을 띠 모양으로 나타낸 그래프로, 띠 전체의
길이를 100%로 하고, 각 항목들이 차지하는 백분율만큼 띠를 나눈다. 사과를 좋아
하는 학생의 수가 60명일 때 띠그래프에서 60%를 차지하므로, 15%를 차지하는 포
도를 좋아하는 학생의 수는 15명이다.

초등학교 졸업학력 검정고시 대비

영어

2025년 1회 시행

01 다음 중 빈칸에 공통으로 들어갈 철자로 알맞은 것은?

| h_t | c_ke | w_tch |

① a   ② e   ③ f   ④ g

✎해설 ─○ 빈칸에 공통으로 들어갈 철자는 'a'이다.
• hat : 모자   • cake : 케이크   • watch : 손목시계

02 다음 중 그림과 낱말이 일치하지 않는 것은?

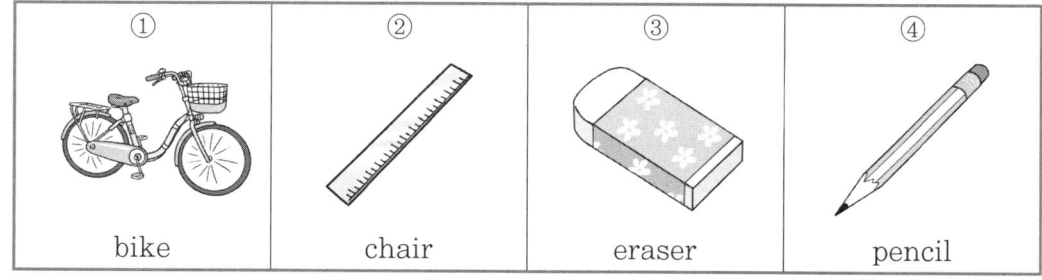

| ① bike | ② chair | ③ eraser | ④ pencil |

✎해설 ─○ 그림과 낱말이 일치하지 않는 것은 ②이다. 'chair'는 '의자', '자'는 'ruler'이다.
① 자전거 : bike   ③ 지우개 : eraser   ④ 연필 : pencil

정답   01. ①   02. ②

03 다음 표지판이 지시하는 내용을 바르게 표현한 것은?

만지지 마세요.

① Don't run.
② Don't jump.
③ Don't touch.
④ Don't dance.

해설 ─○ 표지판이 지시하는 내용을 바르게 표현한 것은 ③이다.
① 달리지 마세요.
② 뛰지 마세요.
③ 만지지 마세요.
④ 춤추지 마세요.

04 그림을 설명한 문장으로 가장 적절한 것은?

① I can ski.
② I'm a pilot.
③ I have a dog.
④ I'm on the bed.

해설 ─○ 그림에서 남자아이가 강아지를 안고 있다. 그림을 설명한 문장으로 가장 적절한 것은 ③이다.
① 나는 스키를 탈 수 있다.
② 나는 조종사이다.
③ 나는 개를 가지고 있다.
④ 나는 침대 위에 있다.

05 다음 대화의 빈칸에 들어갈 말로 알맞게 짝 지어진 것은?

A : Where is the school?
B : Go straight one block and turn _____ⓐ_____.
It's on your _____ⓑ_____.

	ⓐ	ⓑ			ⓐ	ⓑ
①	left	right		②	left	left
③	right	left		④	right	right

✎ 해설 ○ A : 학교가 어디에 있나요?
B : 한 블록 직진하고 <u>왼쪽</u>으로 도세요.
그것은 당신의 <u>오른쪽</u>에 있어요.

학교는 한 블록 직진해서 왼쪽으로 돌면 오른쪽에 있다. 따라서 ⓐ에는 'left', ⓑ에는 'right'가 들어가야 한다.
• go straight : 직진하다
• on your left/right : 당신의 왼쪽에/오른쪽에

정답 05. ①

06 다음 대화에서 A가 사려는 물건과 가격을 바르게 나타낸 것은?

> A : How much is this cap?
> B : It is five thousand won.
> A : Good, I'll take it.

①
②
③
④

해설 ─○ A : 이 모자 얼마예요?
B : 5,000원이에요.
A : 좋아요, 이걸로 살게요.
② 양말(socks) : three thousand won
③ 바지(pants) : nine thousand won
④ 젓가락(chopsticks) : two thousand won

대화에서 A가 사려는 물건은 모자이고, 모자의 가격은 5,000원이다.

07 다음 대화의 내용과 일치하는 것은?

> A : Why are you sad?
> B : Because I lost my bag.

① A는 날씨를 묻는다.
② B는 지금 매우 행복하다.
③ A는 왜 기쁜지 묻는다.
④ B는 가방을 잃어버렸다.

해설 ─○ A : 너 왜 슬퍼?
B : 내가 가방을 잃어버렸기 때문이야.

대화에서 B가 슬픈 이유는 가방을 잃어버렸기 때문이다. 대화의 내용과 일치하는 것은 ④이다.
• sad : 슬픈   • lose : 잃어버리다

08 다음 빈칸에 들어갈 말로 알맞은 것은?

_____?   It's Tina's.

① What's wrong   ② What time is it
③ How is the weather   ④ Whose book is this

🖊해 설 ┈○ 남자아이 : <u>이것은 누구의 책이야?</u>
　　　　여자아이 : 티나의 책이야.
　　　　① 무슨 일이야?
　　　　② 몇 시야?
　　　　③ 날씨는 어때?

　　　　남자아이가 책을 들고 질문을 하자, 여자아이가 티나의 것이라고 대답하는 상황이다.
　　　　빈칸에 들어갈 말로 알맞은 것은 ④이다.

09 다음 대화에서 B가 원하는 음식으로 알맞은 것은?

A : What would you like?
B : I'd like a pizza.

①   ②   ③   ④
　국수　　　　　　피자　　　　　　샐러드　　　　　　김밥

🖊해 설 ┈○ A : 무엇을 원하세요?
　　　　B : 나는 피자를 원해요.

　　　　대화에서 B가 원하는 음식은 피자이다.

정답　08. ④　09. ②

10 그림으로 보아 빈칸에 들어갈 말로 가장 적절한 것은?

Minsu, how do you spell your name?

① M–I–N–S–U
② I wash my hands
③ There are many books
④ We should save energy

🖊해설 ◦ 선생님 : 민수야, 네 이름의 철자를 어떻게 쓰니?
민수 : M–I–N–S–U.
② 나는 손을 씻는다.
③ 많은 책이 있다.
④ 우리는 에너지를 절약해야 한다.

선생님이 민수에게 이름 철자를 물어보고, 민수가 자신의 이름을 철자로 말하고 있다. 빈칸에 들어갈 말로 적절한 것은 ①이다.
• spell : 철자를 말하다   • save : 절약하다

11 다음 대화에서 B의 대답으로 가장 적절한 것은?

A : What are you doing?
B : _____.

① It's 9 o'clock
② Yes, I'm hungry
③ I'm from Australia
④ I'm drawing a picture

🖊해설 ◦ A : 너는 무엇을 하고 있어?
B : 나는 그림을 그리고 있어.
① 9시야.
② 응, 나는 배고파.
③ 나는 호주에서 왔어.

"What are you doing?"은 상대방이 현재 하고 있는 행동이 무엇인지 물어보는 질문이다. B의 대답으로 가장 적절한 것은 ④이다.

12 다음 대화에서 B가 가장 좋아하는 과목은?

> A : What's your favorite subject?
> B : My favorite subject is music.

① 국어   ② 사회
③ 수학   ④ 음악

해설 ○ A : 네가 가장 좋아하는 과목이 무엇이야?
B : 내가 가장 좋아하는 과목은 음악이야.

대화에서 B가 가장 좋아하는 과목은 음악이다.
• favorite : 가장 좋아하는
• subject : 과목
• music : 음악

13 그림을 설명한 문장으로 가장 적절한 것은?

Suho
키 150cm

Hamin
키 130cm

① Hamin is taller than Suho.
② Suho is taller than Hamin.
③ Hamin is faster than Suho.
④ Suho is faster than Hamin.

해설 ○ 수호는 키 150cm이고, 하민이는 키 130cm이다. 수호가 하민이보다 키가 더 크다.
따라서 그림을 설명한 문장으로 적절한 것은 ②이다.
① 하민이는 수호보다 키가 더 크다.
② 수호는 하민이보다 키가 더 크다.
③ 하민이는 수호보다 더 빠르다.
④ 수호는 하민이보다 더 빠르다.
• taller than : ~보다 키가 더 큰
• faster than : ~보다 더 빠른

14 다음 대화에서 B가 내일 하려고 하는 것은?

> A : What are you going to do tomorrow?
> B : I'm going to go camping with my family.

① 친구와 숙제하기　　　　　② 가족과 캠핑하기
③ 박물관 견학하기　　　　　④ 뮤지컬 관람하기

 해 설
　　A : 너는 내일 무엇을 할 거야?
　　B : 나는 나의 가족과 함께 캠핑하러 갈 거야.

A가 B에게 내일 무엇을 할 거냐고 물어보자, B는 가족과 캠핑하러 갈 것이라고 대답했다. 따라서 B가 내일 하려고 하는 것은 ② '가족과 캠핑하기'이다. 'be going to'는 미래의 계획이나 예정을 나타낼 때 사용하는 표현이다.
• go camping : 캠핑하러 가다

15 다음 글에서 Jinho의 장래 희망으로 가장 적절한 것은?

> I'm Jinho. I'm good at singing songs. I want to be a singer.

① 가수　　　　② 화가　　　　③ 경찰관　　　　④ 소방관

해 설
　　나는 진호입니다. 나는 노래 부르는 것을 잘해요. 나는 가수가 되고 싶어요.

제시된 글에서 진호는 노래를 잘하고, 가수가 되고 싶다고 하였다.
• good at : ~을 잘하는
• singing songs : 노래 부르기
• want to be : ~가 되고 싶다
• singer : 가수

16 다음 글에 나타난 생활 습관으로 가장 적절한 것은?

> I have breakfast five times a week.
> I exercise four times a week.

① 아침 식사를 주 4회 한다.　　② 아침 식사를 주 5회 한다.

③ 운동을 하루에 4회 한다.　　④ 운동을 하루에 5회 한다.

 해설

> 나는 일주일에 다섯 번 아침 식사를 한다.
> 나는 일주일에 네 번 운동한다.

① 아침 식사를 주 4회 한다. → 5회
③ 운동을 하루에 4회 한다. → 일주일에 4회
④ 운동을 하루에 5회 한다. → 일주일에 4회
• five times a week : 일주일에 다섯 번
• exercise : 운동하다　　• four times a week : 일주일에 네 번

17 다음 대화의 주제로 가장 적절한 것은?

> A : How was your weekend?
> B : It was good. How about you?
> A : I watched a movie with my sister. What did you do?
> B : I cleaned my room.

① 주말에 한 일　　　　　　② 우리 학교 소개

③ 떡볶이 만드는 방법　　　　④ 도서관에서 지킬 약속

해설 A : 주말은 어땠어?
B : 좋았어. 너는 어땠어?
A : 나는 여동생과 영화를 봤어. 너는 뭐 했어?
B : 나는 내 방을 청소했어.

A와 B는 주말에 무엇을 했는지에 대해 이야기하고 있다. 따라서 대화의 주제로 적절한 것은 ① '주말에 한 일'이다.
• weekend : 주말　　• watch : 보다　　• clean : 청소하다

 정답　16. ②　17. ①

18 다음 대화에서 B의 대답으로 가장 적절한 것은?

A : What grade are you in?

B : _____.

① I like music
② I want some milk
③ I get up at 6
④ I'm in the third grade

 해설 ─ A : 몇 학년이에요?

B : 나는 3학년이에요.

① 나는 음악을 좋아해요.
② 나는 우유를 좀 원해요.
③ 나는 6시에 일어나요.

상대방의 학년을 묻고 대답하는 대화이다. B의 대답으로 적절한 것은 ④이다.
• grade : 학년   • get up : 일어나다

19 그림으로 보아 빈칸에 들어갈 말로 가장 적절한 것은?

이가 아파요.

I have a _____.

① fever
② headache
③ toothache
④ runny nose

 해설 ─ I have a toothache. 나는 이가 아파요.

① I have a fever. 나는 열이 있어요.
② I have a headache. 나는 머리가 아파요.
④ I have a runny nose. 나는 콧물이 나요.

20 그림으로 보아 빈칸에 들어갈 말로 알맞은 것은?

초대장

피아노 연주회

◦ 날짜 : 5월 2일
◦ 장소 : 예술 공원

A : When is your piano concert?
B : It's on _____.

① April 2nd
② May 2nd
③ June 2nd
④ October 2nd

✏ 해설 ─◦ A : 너의 피아노 연주회는 언제야?
　　　　 B : 5월 2일이야.
　　　　 ① 4월 2일　② 5월 2일
　　　　 ③ 6월 2일　④ 10월 2일

　　　 초대장을 보면 피아노 연주회 날짜는 5월 2일이다.

초등학교 졸업학력 검정고시 대비

사 회

2025년 1회 시행

01 다음에서 설명하는 것은?

- 지도에서 사용하는 기호임.
- 과실나무를 심은 밭을 표현함.
- 동그란 열매 모양을 본 따 만듦.

① 공항   ② 병원

③ 과수원   ④ 우체국

해 설 ┅○ 과수원은 사과, 배 같은 과실나무를 심어 재배하는 밭이다. 지도에서 과수원 기호는 작은 열매 모양으로 표시된다. 문제에서 '과실나무', '열매 모양'이라고 설명했으므로 과수원 기호가 정답이다.

① 공항 : ✈

② 병원 : ✚

④ 우체국 : ◀▨▶

02 ㉠에 들어갈 기관으로 알맞은 것은?

부모님께서 동생의 출생 신고를 하려고 해. 어떤 공공기관에 가는 것이 가장 좋을까?

질문에 해당하는 공공기관은 ㉠ 입니다. 이곳에서는 출생 신고를 비롯하여 주민등록증 발급 등 주민들의 생활에 필요한 것들을 처리합니다.

① 경찰서   ② 도서관
③ 소방서   ④ 행정복지센터

✎ 해설 ── 행정복지센터는 주민등록, 민원서류, 복지서비스 등을 담당하는 곳이다. 문제에서 주민들의 생활과 관련된 민원을 처리하는 기관을 묻고 있으므로 행정복지센터가 알맞다.
① 경찰서 : 치안과 범죄 예방 담당
② 도서관 : 책 대출, 자료 열람
③ 소방서 : 화재 진압, 구조

03 다음에서 설명하는 지역은?

• 바다를 이용하여 생산 활동을 한다.
• 어업에 도움을 주는 시설들이 많다.

① 농촌   ② 어촌   ③ 산지촌   ④ 탄광촌

✎ 해설 ── 어촌은 바닷가에 있는 마을로, 주민들이 물고기 잡기, 해산물 채취 등 어업에 종사한다. 문제에서 '바다 이용', '어업 시설 많음'이라는 단서가 있으므로 정답은 어촌이다.
① 농촌 : 농사짓는 마을
③ 산지촌 : 계단식 논 농사
④ 탄광촌 : 석탄 캐는 마을

정답   02. ④   03. ②

04 우리나라 경제 성장 과정에서 나타난 문제점이 <u>아닌</u> 것은?

① 수도권과 비수도권의 지역 격차가 커졌다.

② 사람들 간에 소득 차이로 빈부 격차가 커졌다.

③ 자연의 무분별한 개발로 환경 문제가 심각해졌다.

④ 농업 생산량 증가로 농촌 인구 집중 현상이 일어났다.

✎해설 ○ 경제 성장 과정에서 농촌 인구는 오히려 줄어 도시로 이동했다. 문제에서 '문제점이 아닌 것'을 찾으므로, 실제로 일어나지 않은 현상인 ④가 정답이다.

05 ㉠과 관련된 사회 현상으로 가장 적절한 것은?

> ㉠　　　　　문제를 해결하기 위해 정부에서는 노인 일자리와 아이를 돌볼 수 있는 시설을 늘리는 등 다양한 정책 마련에 힘쓰그 있습니다.

① 세계화 　　　　　　　　② 정보화

③ 약물 오남용 　　　　　　④ 저출산·고령화

✎해설 ○ 저출산은 출산율이 낮아 아이를 낳는 가정이 줄어드는 현상이고, 고령화는 노인 인구 비율이 높아지는 현상을 말한다. 이런 상황에서는 경제활동 인구가 줄어 사회 전체의 생산력이 약해지고, 복지 부담이 커진다. 그래서 정부가 노인 일자리 사업, 보육 시설 확충 같은 대책을 마련한다.
① 세계화 : 국가 간 교류와 무역, 인터넷으로 세계가 연결되는 현상
② 정보화 : 인터넷, 컴퓨터로 정보가 빠르게 전달되는 현상
③ 약물 오남용 : 약을 잘못 사용해 건강 문제가 생기는 것

06 다음에서 설명하는 지형은?

> • 삼림 자원을 얻을 수 있다.
> • 우리나라 북쪽과 동쪽에 대체로 많다.
> • 스키장이나 휴양 시설을 만들기도 한다.

① 갯벌   ② 산지   ③ 평야   ④ 해안

✎ 해 설 ─○ 산지는 침엽수·활엽수림이 넓게 분포해 삼림 자원을 얻기 좋고, 우리나라에서는 북쪽(북부 내륙)과 동쪽(태백산맥을 중심으로 한 동부 고지대)에 산지가 대체로 많다. 또한 경사가 있고 고도가 높은 지형 특성 때문에 스키장·산악형 휴양 시설이 주로 산지에 조성된다.
  ① 갯벌 : 서해·남해 연안에 넓게 분포하며 조개 채취, 염전 등 해안 습지 자원과 관련된다.
  ③ 평야 : 지대가 낮고 평탄하여 주로 농업(특히 벼농사)이 발달한다.
  ④ 해안 : 바다와 맞닿은 지형으로 어항·항만·해수욕장 같은 해양 관광·수산과 관련이 크다.

07 ㉠에 들어갈 정답으로 알맞은 것은?

사회 퀴즈 대회

고구려의 문화를 계승한 나라로 '해동성국'이라고 불렸다.

① 발해   ② 백제   ③ 신라   ④ 조선

✎ 해 설 ─○ '해동성국'은 동쪽의 번성한 나라라는 뜻으로, 발해를 가리키는 별칭이다. 발해는 고구려 멸망 후 대조영이 세운 나라로, 고구려의 문화를 계승하고 발전시켰다. 당나라와 교류하고 일본과도 외교 관계를 맺어 국제적으로도 위상을 인정받았다.
  ② 백제 : 한강 유역에서 발전한 삼국 중 하나로, 일본과 교류했다.
  ③ 신라 : 삼국 통일을 이룬 나라지만 고구려 계승국이 아니다.
  ④ 조선 : 고려 멸망 후 세워진 나라로, 발해보다 훨씬 뒤 시기의 국가이다.

08 ㉠에 공통으로 들어갈 문화유산으로 알맞은 것은?

나의 경주 체험 학습 보고서

가족들과 경주에 있는 ┌─㉠─┐에
갔다. ┌─㉠─┐은/는 신라 시대 천체의
움직임을 관측했던 곳이라고 한다.

① 광화문   ② 첨성대   ③ 해인사   ④ 남한산성

✐해설 ○ 신라 시대의 천문 관측대는 첨성대로, 경주에 있으며, 동양에서 가장 오래된 천문대 중 하나이다. 신라 사람들은 이곳에서 별과 달의 움직임을 관찰해 농사 시기를 정하고, 하늘의 변화를 살펴 국가 행사나 길흉을 점쳤다.
① 광화문 : 서울 경복궁의 정문으로 조선 시대 궁궐 입구이다.
③ 해인사 : 경상남도 합천에 있는 절로, 팔만대장경을 보관한 곳이다.
④ 남한산성 : 외적 침입 시 수도를 방어하기 위해 만든 산성으로, 병자호란 당시 왕이 피난했던 곳이다.

09 ㉠에 공통으로 들어갈 내용으로 알맞은 것은?

• 고려 사람들은 세계 최초로 ┌─㉠─┐을/를 만들었다.
• 청주 흥덕사에서 만든 『직지심체요절』은 세계에서 가장 오래된 ┌─㉠─┐ 인쇄본이다.

① 농사직설   ② 동의보감
③ 금속 활자   ④ 한글 소설

✐해설 ○ 고려 시대에는 세계 최초로 금속 활자가 발명되었다. 금속 활자를 이용해 만든 책 중 가장 오래된 것이 청주 흥덕사에서 인쇄한 직지심체요절이다. 이는 현존하는 세계에서 가장 오래된 금속 활자본으로, 인쇄술의 발전을 보여주는 중요한 문화유산이다.
① 농사직설 : 조선 세종 때 편찬한 농사 지침서이다.
② 동의보감 : 조선 광해군 때 허준이 집필한 의학서이다.
④ 한글 소설 : 조선 세종 때 한글 창제 이후 나타난 문학 형식이다.

10 다음에서 설명하는 인물은?

- 율곡 이이의 어머니이다.
- 5만 원권 지폐에 그려져 있다.
- 그림과 글씨 등에 뛰어난 재능을 보였다.

① 유관순　　　　　　　　　② 선덕여왕

③ 신사임당　　　　　　　　④ 명성 황후

해 설 ┌─○ 율곡 이이의 어머니이자 조선 시대 대표적인 여성 예술가가 신사임당이다. 신사임당
은 그림, 글씨, 자수 등 여러 예술 분야에서 뛰어났고, 자녀 교육에도 힘써 훌륭한
인재를 길러냈다.
① 유관순 : 일제강점기 독립운동가로 3·1 운동에 참여했다.
② 선덕여왕 : 신라 최초의 여왕으로 황룡사 9층 목탑을 세운 인물이다.
④ 명성 황후 : 조선 고종의 왕비로, 개화 정책을 추진했으나 을미사변 때 시해당했다.

11 다음 책에 들어갈 내용으로 알맞지 <u>않은</u> 것은?

조선 전쟁사
- 임진왜란 편 -

내 용

① 주요한 전투로 행주 대첩이 있다.

② 백성들이 일본에 포로로 끌려갔다.

③ 김유신이 황산벌에서 백제군을 무찔렀다.

④ 이순신이 이끄는 수군이 일본 수군을 무찔렀다.

해 설 ┌─○ 문제에서 다루는 책은 임진왜란에 관한 내용이다. 임진왜란은 조선 선조 때 일본이
침략해 일어난 전쟁으로, 행주대첩·한산도대첩 등이 대표 전투이다.
③ 김유신이 황산벌에서 백제군을 무찔렀다는 사건은 삼국 시대 신라와 백제의 전투
로, 임진왜란과는 전혀 관련이 없다.

12 다음에서 설명하는 문화유산은?

> • 조선 후기 실학자 김정호가 제작했다.
> • 우리나라의 산, 강, 길 등을 자세히 표시한 지도이다.

① 석굴암   ② 측우기

③ 목민심서   ④ 대동여지도

🖋해설 ─o 조선 후기 실학자 김정호가 만든 우리나라 지도는 대동여지도이다. 대동여지도는 목
판으로 인쇄해 배포했고, 전국의 산, 길, 강, 고을 이름까지 매우 자세히 기록되어 있다.
① 석굴암 : 통일신라 때 만든 석굴 사찰로, 불상을 모신 석굴이다.
② 측우기 : 세종 때 만든 세계 최초의 강우량 측정 도구이다.
③ 목민심서 : 정약용이 지방 관리가 백성을 다스릴 때 지켜야 할 일을 기록한 책이다.

13 수원 화성에 대한 설명으로 알맞지 <u>않은</u> 것은?

① 이성계가 설계하였다.
② 정조 시기에 건설하였다.
③ 유네스코 세계 문화유산이다.
④ 거중기를 동원하여 노동력을 절약하였다.

🖋해설 ─o 수원 화성은 조선 정조가 아버지 사도세자의 능을 옮기고, 새로운 정치·경제 중심
지로 발전시키기 위해 건설한 성곽이다. 정약용이 설계와 축성 기술에 참여했고, 현
재 유네스코 세계 문화유산으로 등재되어 있다.

14 다음에서 설명하는 인물은?

- 일제의 침략이 거세어지자 의병 부대를 조직하여 활동하였다.
- 하얼빈역에서 이토 히로부미에게 총을 쐈다.

① 신채호　　　　② 안중근　　　　③ 이승만　　　　④ 이완용

✎해 설 ┈┈o 하얼빈역에서 이토 히로부미를 사살한 인물은 안중근 의사이다. 그는 의병 활동에도
참여했고, 이토 히로부미를 처단한 후 옥중에서 동양 평화를 위한 글을 집필하다 순
국했다.
① 신채호 : 독립운동가이자 역사학자로 「독사신론」 등 민족사학을 전개
③ 이승만 : 대한민국 초대 대통령
④ 이완용 : 을사늑약 체결에 앞장선 친일파 정치인

15 다음에서 설명하는 제도는?

- 하나의 사건에 대해 급이 다른 법원에서 세 번까지 재판을 받을 수 있음.
- 공정한 재판이 이루어지도록 하여 국민의 기본권을 보장하기 위함.

① 국정 감사　　　　　　② 삼심 제도
③ 주민 자치　　　　　　④ 국민 신문고

✎해 설 ┈┈o 하나의 사건을 세 단계의 법원에서 재판받을 수 있도록 한 제도를 삼심 제도라고 한
다. 1심(지방 법원) → 2심(고등 법원) → 3심(대법원) 순으로 진행되며, 이는 잘못된
판결을 바로잡고 국민의 기본권을 보장하기 위한 장치이다.
① 국정 감사 : 국회가 정부나 행정기관 업무를 감시·비판하는 제도
③ 주민 자치 : 지방 주민이 지역 문제를 스스로 해결하는 제도
④ 국민 신문고 : 국민이 억울한 일을 직접 왕에게 알리던 조선 시대 제도

16 ㉠에 들어갈 지역으로 알맞은 것은?

생태계의 보고, ㉠

휴전선을 중심으로 남쪽과 북쪽으로 각각 2km까지 가리키는 이곳은 사람들의 발길이 오랫동안 닿지 않아 생태계가 잘 보존되어 그 가치를 인정받고 있다.

① 순천만　　　　　　　　② 해운대
③ 비무장 지대　　　　　　④ 새만금 간척지

✎해설 ─○ 휴전선을 중심으로 남북 2km씩 지정된 지역은 비무장지대(DMZ)이다. 1953년 정전 협정으로 설정되었으며 군대와 무기가 배치되지 않아 사람이 거의 출입하지 않는다. 덕분에 오랫동안 자연이 훼손되지 않아 다양한 동식물의 서식지가 잘 보존된 생태계 보고로 불린다.
① 순천만 : 전남 순천에 있는 갯벌·습지로 철새 도래지로 유명하다.
② 해운대 : 부산의 대표적인 해수욕장으로 관광지이다.
④ 새만금 간척지 : 서해안에 방조제를 세워 만든 간척지로, 농지·산업단지 개발 지역이다.

17 다음에서 설명하는 나라는?

'다섯 고개' 문제를 내겠습니다.
[첫째 고개] 유럽에 위치한 국가입니다.
[둘째 고개] 수도는 파리입니다.
　　　　　… 중략 …
[다섯째 고개] 에펠탑, 베르사유 궁전 등이 유명합니다.

① 독일　　　　② 브라질　　　　③ 프랑스　　　　④ 아르헨티나

✎해설 ─○ 수도 파리, 에펠탑·베르사유 궁전 등으로 유명한 유럽의 나라는 프랑스이다. 프랑스는 유럽 서부에 위치하며 예술·문화·역사적으로 중요한 나라이다.

18 냉대 기후와 관련된 설명으로 알맞은 것은?

① 겨울은 몹시 춥고 여름이 짧다.

② 열대작물을 대규모로 재배한다.

③ 일 년 내내 기온이 높고 비가 많이 내린다.

④ 주로 적도 주변의 저위도 지역에 나타난다.

✎해 설 ─○ 냉대 기후는 북반구의 고위도 지역(시베리아, 캐나다 등)에 나타나며, 겨울이 길고 매우 춥고, 여름은 짧다. 침엽수림이 넓게 분포하는 것이 특징이다.
② 고온 다습한 열대 기후에서 주로 가능
③ 열대우림 기후 특징
④ 열대·사바나 기후, 냉대 기후와 반대

19 나라와 특징이 바르게 연결된 것은?

	나라	특징
①	미국	아시아 대륙에 위치함.
②	일본	베를린이 수도임.
③	중국	세계에서 가장 인구가 적은 나라임.
④	사우디아라비아	원유 생산 국가임.

✎해 설 ─○ 사우디아라비아는 중동에 위치한 나라로, 세계 주요 원유 생산국이다. 석유 산업이 국가 경제의 중심이며, 세계 원유 수출 비중도 높다.
① 미국 : 북아메리카 대륙에 위치한다.
② 일본 : 수도는 도쿄, 베를린은 독일 수도이다.
③ 중국 : 세계에서 가장 인구가 많은 나라이다.

정답 18. ① 19. ④

20 ㉠에 공통으로 들어갈 섬으로 알맞은 것은?

-   ㉠   는 우리나라 영토의 동쪽 끝에 있음.
-   ㉠   는 동도, 서도 등 바위섬들로 이루어짐.
- 「   ㉠   는 우리땅」 이라는 노래가 있음.

---

① 독도   ② 진도

③ 거제도   ④ 제주도

✎해 설 ─○ 우리나라 영토의 가장 동쪽 끝에 있는 섬은 독도이다. 독도는 동도와 서도, 그리고
주변 작은 바위섬들로 이루어져 있으며, 독도를 주제로 한 노래 「독도는 우리땅」도
유명하다. 독도는 역사적 · 지리적 · 국제법적으로 명백히 우리나라 영토이다.

초등학교 졸업학력 검정고시 대비

과 학

2025년 1회 시행

01 그림은 볼록 렌즈를 이용하여 글자를 크게 볼 수 있는 도구이다. 이 도구의 이름은?

① 돋보기

② 고무마개

③ 나무집게

④ 평면거울

✎해 설 ─○ 돋보기는 가까이 있는 물체를 실제보다 크게 보이게 하는 볼록 렌즈의 성질을 이용하여 만든 것이다.

02 다음 설명에 해당하는 생물은?

포자

• 포자로 번식한다.
• 따뜻하고 축축한 환경에서 잘 자란다.

① 버섯   ② 장미

③ 선인장   ④ 부레옥잠

✎해 설 ─○ 버섯은 따뜻한 때에 비가 온 뒤의 썩은 나무 밑동의 축축한 환경에서 잘 자라고, 가늘고 긴 균사로 이루어져 있으며 포자로 번식한다.

정답   01. ①   02. ①

03 다음 중 액체인 물이 고체인 얼음으로 변한 것은?

① 안개   ② 연기   ③ 이슬   ④ 고드름

✎해설 ┌─○ 액체인 물이 온도가 0℃ 이하로 떨어질 때 고체인 얼음(고드름)으로 변한다.

04 그림은 학생 (가)~(라)가 출발선에서 동시에 출발하여 같은 시간 동안 이동한 거리를 나타낸 것이다. 가장 빠르게 이동한 학생은?

① (가)   ② (나)   ③ (다)   ④ (라)

✎해설 ┌─○ 일정한 시간을 기준으로 비교하였을 때 이동한 거리가 멀수록 빠르므로, 같은 시간 동안 이동한 거리가 20m인 (가)가 가장 빠르게 이동한 학생이다.

05 다음 대화에서 설명하는 기체는?

① 산소   ② 수소   ③ 헬륨   ④ 이산화 탄소

✎해설 ┌─○ 이산화 탄소는 물질이 타는 것을 막을 수 있어 소화기에 이용하며, 석회수를 뿌옇게 흐리게 한다(이때의 흰색 침전은 탄산칼슘이다).

06 다음은 같은 저울을 사용하여 여러 채소의 무게를 측정한 것이다. 가장 무거운 것은?

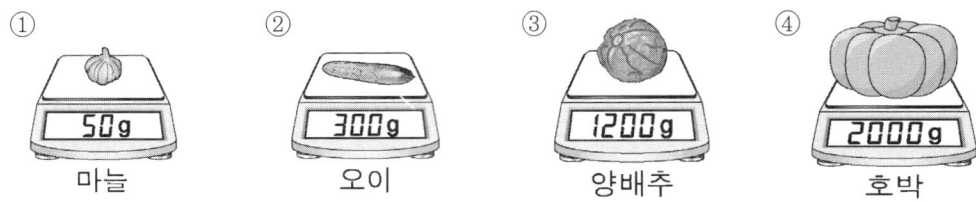

① 마늘 50g ② 오이 300g ③ 양배추 1200g ④ 호박 2000g

🔖해설 ─○ 저울에 나타난 숫자가 클수록 무게가 무거우므로 가장 무거운 것은 호박이다.

07 그림에 해당하는 화석은?

옛날에 살았던 물고기의 몸체가 지층 속에 남아 있다.

① 조개 화석
② 공룡알 화석
③ 물고기 화석
④ 잠자리 화석

🔖해설 ─○ 화석은 과거에 살았던 생물의 몸체나 흔적이 암석이나 지층 속에 남아 있는 것으로, 물고기의 몸체가 지층 속에 남아 있는 것은 물고기 화석이다.

08 다음 중 습도가 우리 생활에 미치는 영향으로 옳지 <u>않은</u> 것은?

① 습도가 낮으면 빨래가 잘 마르지 않는다.
② 습도가 낮으면 피부가 쉽게 건조해진다.
③ 습도가 높으면 곰팡이가 자라기 쉽다.
④ 습도가 높으면 음식물이 쉽게 상한다.

🔖해설 ─○ 습도가 높으면 빨래가 잘 마르지 않고 음식이 상하기 쉬우며, 습도가 낮으면 빨래가 잘 마르고 화재의 위험성이 높다.

 정답 06. ④ 07. ③ 08. ①

09 그림은 우리 몸의 일부를 나타낸 것이다. 혈액에 있는 노폐물을 걸러 내어 오줌을 만드는 기관은?

① 간
② 위
③ 콩팥
④ 작은창자

해 설 ┌ㅇ 콩팥은 강낭콩 모양으로, 등쪽 허리의 양쪽에 2개가 있으며, 아래쪽으로 오줌관을 통해 방광과 연결되어 있다.

10 다음 설명에 해당하는 것은?

지구가 태양을 중심으로 일 년에 한 바퀴씩 서쪽에서 동쪽으로 회전한다.

① 달의 자전
② 지구의 공전
③ 지구의 자전
④ 태양의 공전

해 설 ┌ㅇ 지구가 태양을 중심으로 일 년에 한 바퀴씩 서쪽에서 동쪽으로 회전하는 운동은 지구의 공전으로, 이 과정에서 계절 변화가 나타난다.

11 그림의 전기 회로에서 전구의 연결 방법은?

① 전자석

② 병렬연결

③ 직렬연결

④ 영구 자석

✐해 설 ─○ 그림과 같이 전구 여러 개를 2개 이상의 길로 연결하는 방법은 병렬연결이다.

12 다음 설명에서 ㉠에 해당하는 것은?

기공

식물의 잎에서 물이 기공을 통해 수증기 상태로 빠져 나가는 것을 (㉠)이라고 한다.

① 번식 작용

② 저장 작용

③ 증산 작용

④ 지지 작용

✐해 설 ─○ 뿌리에서 흡수된 물이 줄기의 물관을 통해 잎까지 이동하여 식물의 각 부분에서 이
용되고, 일부분은 잎의 기공을 통해 수증기 상태로 빠져나가는 현상을 증산 작용이
라고 한다.

정답 **11.** ② **12.** ③

13 그림은 공기 중에서 직진하던 빛이 물의 경계를 통과할 때 꺾여 나아가는 모습이다. 이 현상을 나타내는 말은?

① 굴절
② 속력
③ 정지
④ 증발

✎해설 ○─ 빛이 공기 중에서 물속으로 들어갈 때 공기와 물의 경계면에서 빛의 진행 방향이 꺾여 들어가게 되는 현상을 굴절이라고 한다.

14 다음 설명에 해당하는 것은?

설탕   물   설탕물

설탕이 물에 녹아 설탕물이 되는 현상을 말한다.

① 용매   ② 용질   ③ 용품   ④ 용해

✎해설 ○─ 설탕(용질)이 물(용매)에 녹아 설탕물(용액)이 되는 현상은 용해라고 한다.

15 그림의 ㉠에 해당하는 것은?

① 혜성   ② 명왕성   ③ 북극성   ④ 소행성

✏해 설 ┈o 북극성(㉠)은 북쪽 밤하늘에 고정되어 움직이지 않아 일 년 내내 북쪽 하늘에서 볼 수 있으며, 북두칠성을 이용하여 찾을 수 있다.

16 그림과 같이 열매껍질이 터지면서 씨앗이 퍼지는 생물은?

① 세균
② 해캄
③ 봉선화
④ 호랑이

✏해 설 ┈o 봉선화의 열매는 속이 여러 칸으로 나뉘고 그 안에 많은 씨가 들어있으며, 익으면 열매껍질이 터지면서 씨앗이 퍼진다.

17 다음은 페놀프탈레인 용액으로 용액을 분류하는 실험 중 일부이다. 실험 결과로 색이 붉게 변한 용액은?

> **활동하기**
>
> 1. 시험관 네 개에 같은 양의 식초, 레몬즙, 묽은 염산, 빨랫비누 물을 각각 넣는다.
> 2. 스포이트로 페놀프탈레인 용액을 두세 방울씩 떨어뜨린다.
> 3. 색이 변한 용액을 관찰한다.

① 식초   ② 레몬즙

③ 묽은 염산   ④ 빨랫비누 물

✎해설 ─○ 페놀프탈레인 용액을 넣었을 때 색깔이 붉게 변하는 용액은 염기성 용액이므로 실험 결과로 색이 붉게 변한 용액은 빨랫비누 물이다.

18 그림은 우리나라의 계절에 따른 태양의 남중 고도를 나타낸 것이다. 다음 설명에 해당하는 우리나라의 계절은?

• 태양의 남중 고도가 가장 높다.
• 낮의 길이가 가장 길고, 기온이 높다.

① 봄   ② 여름   ③ 가을   ④ 겨울

✎해설 ─○ 태양의 남중 고도는 여름에 가장 높고, 겨울에 가장 낮다. 여름은 낮의 길이가 가장 길고, 기온이 높다.

19 그림의 먹이 사슬에서 ㉠에 해당하는 생물은?

① 뱀　　　　　② 벼　　　　　③ 참새　　　　　④ 독수리

✏ 해설 ⟶o 먹이 사슬에서 ㉠은 생산자로, 살아가는 데 필요한 양분을 스스로 만드는 식물이 해당한다. 따라서 ㉠에 해당하는 생물은 벼이다.

20 다음 설명에 해당하는 것은?

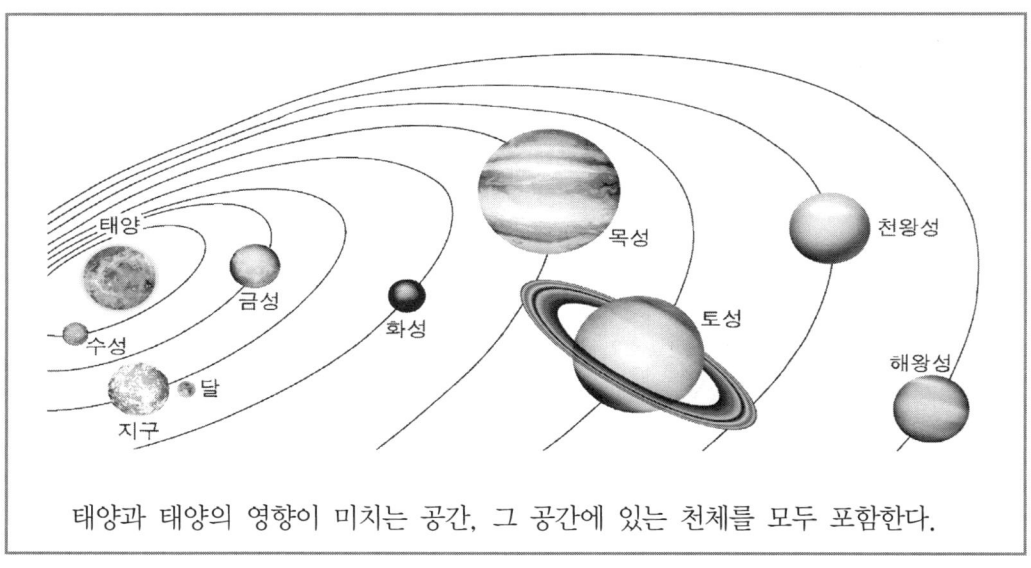

태양과 태양의 영향이 미치는 공간, 그 공간에 있는 천체를 모두 포함한다.

① 위성　　　　② 행성　　　　③ 별자리　　　④ 태양계

✏ 해설 ⟶o 태양계는 태양과 태양 주위에 있는 것들이 운동하는 공간으로, 태양계의 중심에는 태양이 있고, 태양 주위에는 행성들이 있다.

정답　19. ②　20. ④

초등학교 졸업학력 검정고시 대비

도 덕

2025년 1회 시행

01 다음 중 학교에서 지켜야 할 예절로 옳지 <u>않은</u> 것은?

① 급식실에서 차례를 지킨다.

② 선생님을 만나면 인사를 한다.

③ 도서관에서 큰 소리로 이야기한다.

④ 복도에서 친구와 부딪히면 사과한다.

✎해 설 ○ 학교에서 지켜야 할 예절은 다른 사람을 배려하고 질서를 지키는 행동이다. 도서관은 책을 읽거나 공부하는 공간이므로 조용히 해야 하고, 큰 소리로 이야기하는 것은 다른 사람에게 방해가 된다. 따라서 ③은 옳지 않은 행동이다.

02 다음 조상들의 두레 활동에서 배울 수 있는 덕목은?

모내기	벼 베기	타작하기

① 교만   ② 낭비   ③ 무시   ④ 협동

✎해 설 ○ 두레는 마을 사람들이 힘든 농사일을 함께 돕기 위해 만든 공동 노동 조직이다. 모내기, 벼 베기, 타작하기 등 공동으로 일하며 서로 도와야 하기 때문에 협동심을 기를 수 있다.

03 다음 중 도덕 공부를 위한 바람직한 방법이 <u>아닌</u> 것은?

① 나의 이익만을 생각하는 힘 기르기

② 스스로 깨우치면서 아는 힘 기르기

③ 자신을 돌아보며 마음의 힘 기르기

④ 직접 실천하며 행동하는 힘 기르기

✎해설 ─○ 도덕 공부는 올바른 생각을 하고, 마음을 다스리며, 실천하는 힘을 기르는 공부이다.
'나의 이익만 생각하는 힘'을 기르는 것은 도덕 공부와 반대되는 이기적인 태도로 바람직하지 않은 방법이다.
② 스스로 깨우치기 : 도덕 공부의 핵심, 자기 성찰 능력
③ 자신을 돌아보기 : 자신의 행동과 마음을 반성하는 과정
④ 직접 실천하기 : 배운 내용을 행동으로 옮기는 것

04 다음 중 정직한 행동으로 옳은 것은?

① 부모님께 거짓말하기

② 친구 과제 몰래 베끼기

③ 길에서 주운 돈 내가 갖기

④ 내가 한 실수 사실대로 말하기

✎해설 ─○ 정직한 행동은 사실대로 말하고 거짓말을 하지 않는 것으로, 내가 한 실수를 사실대로 말하는 것은 책임을 지고 정직하게 행동하는 올바른 태도이다.
① 부모님께 거짓말하기 : 정직과 반대
② 친구 과제 베끼기 : 부정행위, 정직하지 않음
③ 주운 돈 가지기 : 절도와 비슷한 부정행위

05 다음 상황에 맞는 감정과 욕구를 조절하는 태도로 가장 적절한 것은?

① 다른 친구들에게 험담을 해야겠어.

② 나도 그 친구에게 똑같이 해야겠어.

③ 화를 멈추고 다시 생각해 봐야겠어.

④ 왜 그랬는지 따지면서 화를 내야겠어.

✏️해설 ○ 감정과 욕구를 조절하는 바람직한 태도는 순간의 감정을 바로 행동으로 옮기지 않고
한 번 멈추고 생각해 보는 것이다.
① 험담하기 : 문제를 더 크게 만들고 관계를 악화시킴
② 똑같이 행동하기 : 감정적 보복으로 갈등 심화
④ 따지며 화내기 : 상대 상황을 확인하지 않는 공격적 태도

06 다음 중 자주적인 생활 태도로 옳은 것은?

① 어려움을 스스로 헤쳐 나간다.

② 내가 해야 할 일을 항상 미룬다.

③ 남이 하는 것을 무조건 따라한다.

④ 항상 남이 시켜야 마지못해 한다.

✏️해설 ○ 자주적인 생활 태도는 스스로 판단하고, 책임지며, 어려움을 해결하려는 자세이다.
'어려움을 스스로 헤쳐 나간다'는 것이 자주적 생활의 핵심이다.
② 할 일 미루기 : 책임 회피, 자주적이지 않음
③ 무조건 따라하기 : 자기 판단 없이 행동
④ 시켜야만 하기 : 스스로 하지 않는 태도

07 ㉠에 들어갈 내용으로 적절한 것은?

나를 소중히 여기는 방법
• 스스로에게 상 주기
• 반성하는 마음 지니기
• (㉠   )

① 남 탓만 하기   ② 나의 장점 찾기
③ 모든 일에 불평하기   ④ 항상 남을 미워하기

🖌해설 ○ 나를 소중히 여기는 방법 중 하나는 나의 장점을 찾고 인정하는 것이다. 스스로 장점을 찾으면 자신감이 생기고 자존감이 높아져 긍정적인 마음을 가질 수 있다.
　① 남 탓만 하기 : 책임 회피, 자기 성장에 도움 안 됨
　③ 모든 일에 불평하기 : 부정적 감정만 커지고 관계도 나빠짐
　④ 항상 남을 미워하기 : 마음을 더 불편하게 만듦

08 다음 중 행복한 사이버 세상을 만들기 위한 노력에 해당하는 것은?

① 친구들에게 네티켓을 알린다.
② 욕설을 사용하여 친구들을 비방한다.
③ 친구가 올린 게시글에 악성 댓글을 단다.
④ 친구의 사진을 몰래 찍어 인터넷에 올린다.

🖌해설 ○ 행복한 사이버 세상을 만들기 위해서는 올바른 인터넷 예절, 즉 네티켓을 지키고 다른 사람에게도 알려야 한다. 이를 통해 모두가 안전하고 즐겁게 인터넷을 이용할 수 있다.
　② 욕설 사용 : 다른 사람에게 상처 주는 사이버 폭력이다.
　③ 악성 댓글 : 피해자에게 큰 상처를 주며, 법적으로 문제 될 가능성도 있다.
　④ 사진 무단 게시 : 사생활 및 초상권 침해이다.

정답   07. ②   08. ①

09 다음 중 도덕적 성찰 방법으로 적절하지 <u>않은</u> 것은?

① 일기 쓰기　　　　　　　② 친구 따돌리기

③ 격언 따라 쓰기　　　　　④ 좌우명 실천하기

✎ 해설 ┐ ○ 도덕적 성찰 방법은 자신의 생각과 행동을 돌아보고 바른 길을 찾기 위해 노력하는 방법으로 친구를 따돌리는 것은 성찰이 아니라 타인을 해치는 부도덕한 행동이다.
① 일기 쓰기 : 자신의 하루를 돌아보며 반성할 수 있는 성찰 방법
③ 격언 따라 쓰기 : 옛사람들의 지혜를 배우고 다짐하는 방법
④ 좌우명 실천하기 : 삶의 기준을 행동으로 실천하는 성찰 방법

10 ㉠에 들어갈 말로 가장 적절한 것은?

① 모두가 경기 결과에 만족할 거야.

② 심판의 판정을 신뢰하지 않게 될 거야.

③ 경기를 보는 모든 사람들이 좋아할 거야.

④ 모든 선수들이 즐겁게 경기를 할 수 있을 거야.

✎ 해설 ┐ ○ 심판이 한쪽 편만 든다면 경기의 공정성이 무너지고, 경기 결과에 대한 불신이 생기기 때문에 '심판의 판정을 신뢰하지 않게 된다'가 가장 알맞다.

11 다음 중 아름다운 사람이 되기 위한 방법이 <u>아닌</u> 것은?

① 어려운 친구 도와 주기

② 쓰레기 함부로 버리기

③ 책 읽고 깊이 생각하기

④ 고운 말 쓰며 다른 사람 존중하기

✏해 설 ─○ 아름다운 사람이 되려면 마음과 행동이 깨끗하고, 다른 사람과 환경을 배려해야 한다. 하지만 쓰레기를 함부로 버리는 것은 자연을 오염시키고 다른 사람에게 불쾌감을 주는 행동으로, 아름다운 사람이 되는 방법이 아니다.

① 어려운 친구 도와주기 → 배려와 나눔 실천

③ 책 읽고 깊이 생각하기 → 올바른 생각 기르기

④ 고운 말 쓰기 → 타인 존중과 관계 개선

12 다음 '지구촌 이웃을 도우려는 마음가짐' 상자에 담기에 적절한 것은?

① 증오

② 편견

③ 인류애

④ 혐오감

✏해 설 ─○ '지구촌 이웃을 돕기 위한 마음가짐'은 인종, 문화, 국가의 차이를 넘어 모든 사람을 소중히 여기는 인류애이다. 인류애는 국경과 차별 없이 사람을 사랑하고 돕는 태도를 뜻한다.

① 증오 : 다른 사람을 미워하는 마음, 갈등 심화

② 편견 : 차별과 배제를 일으키는 생각

④ 혐오감 : 타인을 싫어하고 배척하는 감정

13 통일 후 예상되는 어려움을 극복하기 위한 노력을 〈보기〉에서 고른 것은?

| 보 기 |

ㄱ. 남북한 경제적 격차 키우기
ㄴ. 서로의 언어 표현에 대한 편견 가지기
ㄷ. 서로 다른 생활 방식을 이해하고 존중하기
ㄹ. 갈등을 평화적으로 해결하려는 마음 지니기

① ㄱ, ㄴ   ② ㄱ, ㄹ   ③ ㄴ, ㄷ   ④ ㄷ, ㄹ

해설 ○─ 통일 후에는 남북한의 생활 방식, 문화, 경제 수준 차이로 갈등이 생길 수 있다. 이를 극복하려면 서로 다른 생활 방식을 이해하고 존중하고, 갈등을 평화적으로 해결하려는 마음이 필요하다. 격차를 키우거나 편견을 가지는 태도는 문제를 더 악화시킨다.

14 다음에서 노벨(Nobel, A.)이 추구한 삶의 가치는?

자신의 발명품이 많은 사람의 목숨을 빼앗아 간 현실을 돌아보며 죄책감을 느끼고, 인류를 위해 할 수 있는 일이 무엇인지 생각했다.

① 비난   ② 성찰   ③ 소외   ④ 차별

해설 ○─ 노벨은 다이너마이트를 발명한 뒤 그것이 전쟁에 사용돼 사람을 죽게 만든 것을 후회하고, 인류를 위한 일을 고민했다. 자신의 행동과 결과를 돌아보고 더 나은 길을 찾으려 한 태도는 성찰이다.

15 다음 중 저작물의 올바른 사용 방법이 <u>아닌</u> 것은?

① 음원료를 지불하고 음악을 들었어.

② 검색한 자료를 이용할 때 출처를 밝혔어.

③ 새로 나온 온라인 게임 정품을 구입했어.

④ 불법으로 받은 파일을 인터넷 공유 게시판에 올렸어.

해설 ─○ 저작물은 만든 사람의 권리가 있는 창작물로, 올바르게 사용하려면 저작권을 존중해야 한다. 불법으로 받은 파일을 인터넷에 올리는 것은 저작권 침해이자 범법 행위이다.
① 음원료 지불, ② 출처 밝히기, ③ 정품 구입은 저작물의 올바른 사용 방법이다.

16 다음 중 나눔과 봉사를 실천하기 위한 방법이 <u>아닌</u> 것은?

① 학급 도서 정리하기
② 동전 모아 어려운 이웃돕기
③ 봉사 활동의 대가로 돈을 요구하기
④ 내가 가진 재능을 친구들과 나누기

해설 ─○ 나눔과 봉사는 대가를 바라지 않고 기쁜 마음으로 돕는 것이 핵심이다. 봉사 활동의 대가로 돈을 요구하는 것은 나눔의 정신과 맞지 않는다.
① 학급 도서 정리 : 공동체를 위한 봉사
② 동전 모아 기부 : 어려운 이웃 돕기
④ 재능 나누기 : 친구와 도움 주고받기

정답   15. ④   16. ③

17 다음 중 문제를 긍정적으로 해결하는 방법으로 가장 적절한 것은?

① 나의 처지를 계속 불평하며 지낸다.

② 자신을 믿고 스스로 해결하려고 노력한다.

③ 어차피 못하니까 포기해야겠다고 생각한다.

④ 항상 다른 사람에게 해결해 달라고 부탁한다.

✏ 해 설 → 문제를 긍정적으로 해결하려면 자신을 믿고 적극적으로 노력하는 태도가 필요하다. 스스로 해결하려고 시도하면 문제 해결 능력도 커지고 자신감도 생긴다.

18 ㉠에 들어갈 공감하는 말로 가장 적절한 것은?

친구와 함께 집에 가기로 약속했는데 친구가 그냥 가버렸어.

㉠

① 그게 뭐 어때서?

② 나랑 상관없는 일이잖아.

③ 친구가 너를 무시하는 거야.

④ 친구가 그냥 가버려서 속상하겠구나.

✏ 해 설 → 공감하는 말은 상대의 감정을 이해하고 인정해 주는 표현이다. "친구가 그냥 가버려서 속상하겠구나."라는 말은 친구가 느낀 감정을 이해하고 있음을 표현하는 것이다.
① 상대 감정을 무시
② 대화 단절, 공감 부족
③ 오히려 감정을 더 상하게 함

19 다음 중 학급 인권 규칙의 내용으로 적절하지 <u>않은</u> 것은?

① 욕설이나 별명으로 친구를 놀린다.

② 친구의 외모를 함부로 평가하지 않는다.

③ 친구들끼리 서로 괴롭히거나 때리지 않는다.

④ 남자 또는 여자라는 이유로 차별하지 않는다.

해설 ─○ 학급 인권 규칙은 모든 학생이 존중받고 안전하게 생활할 수 있도록 만드는 약속이
다. 욕설이나 별명으로 친구를 놀리는 것은 학교폭력이나 언어폭력에 해당하며 인권
을 침해하는 행동이므로 규칙에 포함될 수 없다.
② 친구를 존중하는 올바른 규칙
③ 폭력 방지, 인권 보호
④ 평등권 보장

20 다음 대화와 관련된 지구촌 문제에 해당하는 것은?

온실 가스를 배출하는 것이 문제의 원인 중의 하나야.

이 문제를 해결하기 위해서는 일회용품 사용을 줄여야겠어.

① 전쟁   ② 굶주림

③ 인종 차별   ④ 환경 파괴

해설 ─○ 온실가스 배출과 일회용품 사용은 지구 온난화, 기후 변화를 일으켜 환경 문제를 악
화시킨다. 따라서 이 대화는 지구촌의 환경 파괴 문제와 관련이 있다.
① 전쟁 : 무력 충돌과 관련
② 굶주림 : 식량 부족 문제
③ 인종 차별 : 인종·피부색으로 차별하는 사회 문제

초등학교 졸업학력 검정고시 대비
실 과

2025년 1회 시행

01 서로를 배려하는 식사 예절로 적절한 것을 〈보기〉에서 고른 것은?

┤ 보 기 ├
ㄱ. 식탁 주변을 뛰어다니기
ㄴ. 음식을 만든 분께 감사하며 먹기
ㄷ. 음식이 입에서 튀어나오지 않게 조심하기
ㄹ. 음악을 크게 틀어놓고 큰 소리로 말하며 먹기

① ㄱ, ㄷ   ② ㄱ, ㄹ
③ ㄴ, ㄷ   ④ ㄴ, ㄹ

✎해설 ─○ 식사 예절은 다른 사람을 배려하며 즐겁고 위생적으로 식사하는 습관이다.
ㄴ. 예절 바른 태도
ㄷ. 위생과 배려 모두 지키는 행동
ㄱ. 위험하고 다른 사람 방해
ㄹ. 식사 분위기 해침

정답   01. ③

02 다음 설명에 해당하는 옷의 기능으로 가장 적절한 것은?

추운 날씨에 목도리, 장갑을 착용한다.

① 신분을 나타낸다.　　　　② 직업을 나타낸다.
③ 체온을 유지한다.　　　　④ 피부를 청결하게 유지한다.

해설 ─○ 목도리와 장갑을 착용하는 이유는 체온을 유지하고 몸을 따뜻하게 하기 위해서이다.
옷은 신체를 보호하고 체온을 조절하는 중요한 기능을 한다.
① 신분 나타내기 : 왕족·군인 등 특정 계급 표시
② 직업 나타내기 : 경찰복·간호사복처럼 직업 표시
④ 피부 청결 유지 : 속옷은 피부에서 분비되는 땀과 피지 등을 흡수하여 피부를 청
결하게 유지하고, 겉옷은 대기 중에 있는 먼지, 매연, 미생물 등의 오염 물질로부
터 피부를 보호해 줌

03 다음 중 옷 보관 방법으로 적절하지 않은 것은?

① 모자는 모양이 변하지 않도록 보관한다.
② 더러워진 옷을 세탁하지 않고 그대로 보관한다.
③ 방충제를 넣어서 옷이 상하지 않도록 보관한다.
④ 자주 입는 옷은 손이 닿기 쉬운 곳에 보관한다.

해설 ─○ 옷은 깨끗이 세탁한 후 통풍이 잘 되는 곳에 보관해야 위생적이고 오래 입을 수 있
다. 세탁하지 않고 그대로 보관하면 세균·곰팡이가 생기고 냄새가 나므로 잘못된
방법이다.
① 모자 모양 유지 : 적절한 보관 방법
③ 방충제 넣기 : 벌레 피해 예방
④ 자주 입는 옷 손 닿기 쉬운 곳에 두기 : 편리하고 적절

정답　02. ③　03. ②

04 다음 설명에 해당하는 동물 돌보기 방법은?

 정기적으로 예방 접종을 한다.

① 산책하기　　　　　　② 먹이 주기

③ 배변 훈련　　　　　　④ 질병 관리

해설 ○ 정기적으로 예방 접종을 하는 것은 전염병을 막고 동물이 아프지 않도록 돌보는 질병 관리에 해당한다.
① 산책하기 : 운동과 스트레스 해소를 위한 관리
② 먹이 주기 : 기본적인 급식 관리
③ 배변 훈련 : 생활 습관 형성을 위한 훈련

05 다음 중 ㉠에 들어갈 말로 옳은 것은?

사람의 두뇌와 같이 로봇은 (㉠)을/를 통해 정보를 확인하고 동작을 명령한다.

① 건전지　　　　　　　② 케이블

③ 구동 장치　　　　　　④ 제어 장치

해설 ○ 제어 장치는 사람의 두뇌 역할을 하며 센서에서 들어온 정보를 확인하고, 구동 장치에 명령을 내려 로봇이 움직이도록 한다.
① 건전지 : 전원을 공급하는 장치
② 케이블 : 전기 신호나 전력을 전달하는 연결선
③ 구동 장치 : 실제로 로봇을 움직이는 모터 · 기어 등

06 다음 중 생활 속 발명 기법과 적용된 사례의 연결이 적절하지 <u>않은</u> 것은?

① 더하기

연필 + 지우개 → 지우개 달린 연필

② 빼기

선풍기 - 날개 → 날개 없는 선풍기

③ 반대로 하기

화장품 용기 → 거꾸로 세우는 화장품 용기

④ 재료 바꾸기

일자형 플라스틱 빨대 → 구부러지는 플라스틱 빨대

해설 ○ 구부러지는 빨대는 재료를 바꾼 것이 아니라 모양(형태)을 바꾼 발명으로 '재료 바꾸기'에 해당하지 않는다.
① 더하기 : 두 기능을 합친 지우개 달린 연필
② 빼기 : 날개를 없애 바람을 내는 방식만 남긴 날개 없는 선풍기
③ 반대로 하기 : 용기를 거꾸로 세워 남은 내용물까지 쓰게 한 사례

정답   06. ④

07 다음의 도구를 활용하여 만들 수 있는 생활 소품으로 적절하지 <u>않은</u> 것은?

대바늘

① 가위

② 모자

③ 장갑

④ 목도리

✏️해설 ┈○ 대바늘은 실을 엮어서 모자, 장갑, 목도리 같은 편물 제품을 만드는 도구이다. 하지만 가위는 자르는 도구로 대바늘로 만들 수 있는 생활 소품이 아니다.

08 개인 정보를 보호하는 방법으로 적절한 것을 〈보기〉에서 고른 것은?

┤ 보 기 ├

ㄱ. 아이디와 비밀번호를 친구에게 알려 준다.
ㄴ. 출처가 분명하지 않은 자료는 내려 받지 않는다.
ㄷ. 검증되지 않은 사이트에 개인 정보를 올리지 않는다.
ㄹ. 한번 만든 비밀번호는 시간이 지나도 바꾸지 않는다.

① ㄱ, ㄴ   ② ㄱ, ㄹ   ③ ㄴ, ㄷ   ④ ㄷ, ㄹ

✏️해설 ┈○ 개인 정보 보호를 위해서는 출처가 불분명한 자료는 내려받지 않고, 검증되지 않은 사이트에 개인 정보를 올리지 않는 것이 중요하다.
ㄱ. 아이디·비밀번호 알리기 : 보안 위험
ㄹ. 비밀번호 오래 안 바꾸기 : 해킹 위험 커짐

09 다음에서 설명하는 자전거의 구성 요소는?

> 공기압이 적당한지 살펴보고, 부족하면 적절한 양의 공기를 넣는다.

① 체인

② 핸들

③ 타이어

④ 브레이크 패드

✎해 설 ──○ 타이어는 자전거가 안전하게 달릴 수 있도록 땅과 닿는 부분이며, 공기압이 적절해
야 주행이 부드럽고 사고 위험이 줄어든다.
① 체인 : 페달의 힘을 바퀴로 전달
② 핸들 : 방향을 조절
④ 브레이크 패드 : 자전거를 멈추게 하는 장치

10 다음 중 동식물 자원을 활용한 사례가 <u>아닌</u> 것은?

① 유리병을 모아 재활용한다.

② 식물을 활용하여 공기를 정화한다.

③ 동식물을 통해 다양한 먹거리를 얻는다.

④ 식물원을 통해 자연 학습의 기회를 얻는다.

✎해 설 ──○ 유리병 재활용은 무생물 자원(광물자원) 재활용이다. 동식물 자원 활용은 먹거리, 공
기 정화, 학습 자원으로 활용하는 것을 말한다.

11 다음 중 ㉠에 들어갈 말로 가장 적절한 것은?

 아이를 입양하여 구성된 가족을 (㉠) 가족이라고 한다.

① 1인   ② 입양   ③ 혈연   ④ 무자녀

해 설 ──○ 아이를 입양하여 이루어진 가족을 입양 가족이라고 하며, 혈연 관계가 없더라도 사랑과 책임으로 맺어진 가족이다.
① 1인 가족 : 혼자 사는 가족 형태
③ 혈연 가족 : 부모·자녀가 혈연으로 이어진 가족
④ 무자녀 가족 : 아이가 없는 부부로 이루어진 가족

12 다음 아동기의 발달 특징에 해당하는 것은?

• 남녀의 신체 차이가 나타난다.
• 키가 커지고 몸무게가 늘어난다

① 사회적 발달   ② 신체적 발달
③ 인지적 발달   ④ 정서적 발달

해 설 ──○ 키가 커지고 몸무게가 늘어나며, 남녀의 신체적 차이가 나타나는 것은 신체적 발달의 특징이며, 아동기에는 몸의 균형이 잡히고 운동 능력도 발달한다.
① 사회적 발달 : 친구 관계, 규칙 지키기 발달
③ 인지적 발달 : 생각하고 문제 해결하는 능력 발달
④ 정서적 발달 : 감정 조절, 공감 능력 발달

13 다음 중 안전사고 예방 방법으로 가장 적절한 것은?

① 가스 사용 후 밸브 잠그기

② 젖은 손으로 전기 제품 플러그 뽑기

③ 계단 손잡이를 이용하여 미끄럼 타기

④ 횡단보도를 건너며 휴대 전화로 메시지 보내기

> 해 설 ─ 가스를 사용한 뒤에는 밸브를 꼭 잠가야 가스 누출로 인한 폭발이나 화재 사고를 예
> 방할 수 있다.
> ② 젖은 손으로 전기 제품 플러그 뽑기 : 감전 위험 매우 높음
> ③ 계단 손잡이 미끄럼 타기 : 추락 사고 위험
> ④ 횡단보도 건너며 휴대폰 사용 : 교통사고 위험

14 다음 중 ㉠에 공통으로 들어갈 말로 가장 적절한 것은?

> • (㉠) 기입장에 반드시 적어야 하는 사항에는 날짜, 내용, 수입, 지출, 잔액 등이 있다.
> • (㉠)을/를 계획성 있게 사용한다.

① 가격   ② 낭비   ③ 습관   ④ 용돈

> 해 설 ─ 용돈 기입장에는 날짜·내용·수입·지출·잔액을 기록하는데, 이는 용돈을 계획성
> 있게 사용하면 절약 습관을 기르고 경제 감각을 키울 수 있다.

15 다음 중 ㉠에 들어갈 말로 알맞은 것은?

> 식품의 영양소에 따라 기능이 비슷한 것끼리 묶어 놓은 것을 식품군이라고 한다.
> 과일류 식품군에는 (㉠)가 포함된다.

① 두부   ② 딸기   ③ 치즈   ④ 고등어

> 해 설 ─ 과일류 식품군에는 사과, 배, 포도, 딸기 등 과일이 포함된다. 이들은 비타민과 무기
> 질을 많이 함유해 우리 몸의 건강을 유지하고 면역력을 높여 준다.
> ① 두부 : 단백질 식품군(콩·고기·생선 등)
> ③ 치즈 : 우유 및 유제품 식품군
> ④ 고등어 : 단백질 식품군, 특히 생선류

정답   **13.** ① **14.** ④ **15.** ②

6 다음 설명에 해당하는 것은?

> • 주로 식량으로 이용하기 위해 가꾸는 작물이다.
> • 벼, 밀, 옥수수, 감자 등이 대표적이다.

① 공예 작물
② 식용 작물
③ 약용 작물
④ 원예 작물

✎해설 ─○ 식용 작물은 벼, 밀, 옥수수, 감자처럼 주로 사람의 식량으로 이용하기 위해 가꾸는
작물로, 인류의 생존에 필요한 주식 자원이다.
① 공예 작물 : 목화, 고무나무 등 공업 원료로 쓰이는 작물
③ 약용 작물 : 인삼, 감초 등 약재로 쓰이는 작물
④ 원예 작물 : 화초, 관상식물, 채소 등 심미적·취미 목적

17 다음 중 ㉠에 공통으로 들어갈 말로 가장 적절한 것은?

> • 하드웨어 작동을 위한 명령을 내리는 데 (㉠)가 필요하다.
> • (㉠)는 프로그램이라고도 한다.

① 마우스
② 모니터
③ 스피커
④ 소프트웨어

✎해설 ─○ 하드웨어가 제대로 작동하려면 명령을 내려주는 소프트웨어가 필요하며, 컴퓨터나
로봇이 원하는 작업을 하도록 지시하는 역할을 한다.
① 마우스 : 입력 장치
② 모니터 : 출력 장치
③ 스피커 : 소리 출력 장치

18 다음 설명에 해당하는 말로 가장 적절한 것은?

정부나 공인 기관에서 안전하고 위생적으로 생산된 식품에 부여하는 표시

① 원재료명
② 보관 방법
③ 유통 기한
④ 식품 인증 표시

✎해 설 ⌐ 해썹(HACCP), 유기농 농림축산식품부 인증은 정부나 공인기관에서 안전하고 위생적으로 생산된 식품에 부여하는 식품 인증 표시로, 이 표시가 있으면 안심하고 구매할 수 있다.

19 다음 중 ㉠과 ㉡에 해당하는 직업이 옳게 짝 지어진 것은?

사람들이 ㉠ 입는 옷을 디자인해요.

자동차를 ㉡ 검사하고 정비해요.

　　　　㉠　　　　　㉡
① 사회 복지사　　자동차 정비사
② 사회 복지사　　항공기 조종사
③ 패션 디자이너　자동차 정비사
④ 패션 디자이너　항공기 조종사

✎해 설 ⌐ 사람들이 입는 옷을 디자인하는 직업은 패션 디자이너, 자동차를 검사하고 정비하는 직업은 자동차 정비사이다. 따라서 두 직업을 올바르게 연결한 것은 ③이다.
　　① 사회 복지사 : 어려운 사람을 돕는 직업
　　② 항공기 조종사 : 비행기를 운전하는 직업

정답　18. ④　19. ③

20 다음 설명에 해당하는 로봇을 만드는 데 필요한 센서로 가장 적합한 것은?

큰 소리가 나면 꼬리를 흔드는 로봇 강아지

① 빛 센서   ② 소리 센서
③ 기울기 센서   ④ 적외선 센서

🖊️해 설 ⟋─○ 큰 소리에 반응해 꼬리를 흔드는 로봇 강아지에는 소리 센서가 필요하다. 이 센서는
주변의 박수, 말소리 등 소리를 감지해 로봇이 특정 동작을 하도록 신호를 보낸다.
① 빛 센서 : 밝기·어두움 감지, 조명 자동 켜기 등에 사용
③ 기울기 센서 : 기울기나 방향 변화를 감지
④ 적외선 센서 : 물체 감지, 장애물 회피 등에 사용

2024년 **2회**

초등학교 졸업학력 검정고시 대비 기출문제

2024년 8월 시행

초등학교 졸업학력 검정고시 대비

국 어

2024년 2회 시행

01 다음 대화에서 재원이가 고쳐야 할 점으로 알맞은 것은?

어제 왜 화가 났다고 했지? / 방금 전에 이야기했는데…….

재원 / 민지

어, 잠깐 딴생각하느라 잘 못 들었어. / 어제 어떤 일이 있었느냐 하면…….

재원 / 민지

① 책을 읽으면서 이야기를 들은 것
② 외국어를 지나치게 많이 사용한 것
③ 나와 다른 의견을 존중하지 않은 것
④ 친구의 말을 귀 기울여 듣지 않은 것

✎해설 ○ ④ 다른 사람의 이야기를 들을 때는 말하는 사람을 보면서 주의를 집중해서 귀 기울여 들어야 한다.

02 밑줄 친 부분의 의미로 가장 적절한 것은?

> 기다리던 올림픽이 드디어 <u>막을 열었다</u>.

① 행사를 시작하다.　　② 사이가 벌어지다.
③ 아는 사람이 많다.　　④ 기뻐하고 만족하다.

✎해설 ○ ① 막을 열다[올리다] : 무대의 공연이나 어떤 행사를 시작하다.

[3~4] 다음 글을 읽고 물음에 답하시오.

> 민성이는 여름 방학이 되어 가족들과 함께 해수욕장으로 휴가를 떠났다. 가족들과 신나게 물놀이를 하고 나왔는데 민성이가 가져온 가방이 보이지 않았다.

03 윗글 다음에 이어질 내용으로 가장 적절한 것은?

① 가족들이 함께 민성이의 가방을 찾았다.
② 가족들이 여행을 위해 공항으로 출발하였다.
③ 민성이가 물놀이를 위해 준비 운동을 하였다.
④ 소방대원들이 출동하여 산불이 번지는 것을 막았다.

✏️해 설 ━ 제시된 글에서 민성이는 가족들과 함께 휴가를 떠났고, 마지막 문장에 민성이가 가져온 가방이 보이지 않았다고 했으므로 가족과 함께 민성이의 가방을 찾는 것이 다음에 이어질 내용으로 가장 적절하다.

04 윗글의 공간적 배경으로 알맞은 것은?

① 일요일   ② 해수욕장
③ 여름 방학   ④ 할머니 댁

✏️해 설 ━ 공간적 배경은 이야기가 펼쳐지는 장소를 말한다. 해당 지문의 공간적 배경은 '해수욕장'이다.

05 다음 상황에서 활용 가능한 매체 자료는?

> 우리 동네 음식점을 조사하여 소개하는 글을 쓰려는 상황

① 직업 선호도 그래프   ② 우리 동네 음식점 지도
③ 우리 반 학예회 동영상   ④ 우리 학교의 옛날 사진

✏️해 설 ━ ② 해당 지문에서는 우리 동네 음식점을 조사하여 소개하는 글을 쓰려는 상황으로, 우리 동네 음식점 지도를 활용하는 것이 알맞다.
　　　　※ 매체 자료 : 사실이나 정보, 의견을 담아 전하려고 할 때 동영상, 표, 지도, 사진, 그림, 도표, 음악, 소리 등을 활용한다.

정답　03. ①　04. ②　05. ②

06 자료의 적절성을 판단하는 방법으로 알맞은 것은?

① 인터넷 자료는 모두 신뢰한다.　② 자료의 출처는 확인하지 않는다.
③ 글의 내용과 관련 있는지 살펴본다.　④ 전문가보다는 친구의 의견을 더 믿는다.

해설 ① 가짜뉴스나 자료가 있을 수 있으므로 인터넷 자료를 모두 신뢰해서는 안 된다.
② 자료의 출처는 반드시 밝혀야 한다.
④ 전문가보다 친구의 의견을 더 믿는 것은 자료의 적절성을 판단하는 방법으로 옳지 않다.

07 다음 낱말들을 모두 포함하는 것은?

> 떡볶이, 만두, 비빔밥, 갈비탕

① 동물　② 운동
③ 음식　④ 학용품

해설 ③ 해당 지문의 낱말들은 모두 음식에 포함된다.
※ 포함 관계에 있는 낱말 : 한 낱말이 다른 낱말을 포함하는 관계에 있는 낱말

08 ㄱ~ㄹ 중 사실만 나타낸 문장은?

> ㄱ 상설 전시실 바로 위에는 '한글 놀이터'와 '한글 배움터'가 있었다. ㄴ 체험과 놀이를 하면서 한글을 이해하도록 만들어 졌다는 점이 흥미로웠다. ㄷ 박물관을 관람하면서 책과 화면으로만 봤던 한글 유물을 직접 볼 수 있어서 신기했다. ㄹ 이번 관람으로 국어 시간에 배웠던 한글을 더 생생하게 배우는 소중한 기회를 얻어서 무척 뿌듯했다.

① ㄱ　② ㄴ　③ ㄷ　④ ㄹ

해설 ㄱ 사실 : 실제로 있었던 일을 말한다. 사실을 나타내는 부분에는 한 일, 본 일, 들은 일 등이 나타나 있다.
ㄴ, ㄷ, ㄹ은 의견이다.

09 다음 글을 요약한 내용으로 가장 적절한 것은?

> 동물들이 소리를 내는 방식은 다양하다. 개나 닭은 사람처럼 성대를 울려 소리를 낸다. 귀뚜라미는 날개를 비벼 소리를 낸다. 방울뱀은 꼬리를 흔들어 소리를 낸다. 이처럼 동물들은 저마다의 방식으로 소리를 낸다.

① 사람들은 다양한 반려 동물을 기른다.

② 동물들이 소리를 내는 방식은 다양하다.

③ 동물들은 서로 다른 모양의 집을 짓는다.

④ 물고기는 몸속에 있는 부레로 소리를 낸다.

✎해설 ╶○ ② 제시된 글에서는 동물들이 소리를 내는 다양한 방식을 소개하고 있다.

10 다음 중 친구와 대화할 때의 태도로 가장 바람직한 것은?

① 친구의 표정을 살피지 않는다.

② 친구가 처한 상황을 고려하여 말한다.

③ 어떤 상황에서도 커다란 목소리로 말한다.

④ 할 말이 있으면 친구가 말하는 중에 끼어든다.

✎해설 ╶○ ① 친구의 표정을 살핀다.
③ 친구와 대화할 때는 알맞은 목소리로 말한다.
④ 할 말이 있어도 친구가 말할 때에는 끼어들지 않는다.

정답 **09.** ② **10.** ②

11 다음과 같은 글에 대한 설명으로 가장 적절한 것은?

> 나는 제주도에 도착해 택시를 타고 맨 처음 성산 일출봉으로 향했다. 멀리 보이는 성산 일출봉은 가파른 절벽이 바다와 맞닿아 있었다. 일출봉의 서쪽으로는 돌기둥이 보였다. 택시 기사님의 실감 나는 설명이 곁들여지니 성산 일출봉이 더욱 신비롭게 느껴졌다.

① 상상한 것을 표현한 글
② 운율을 살려 짧게 쓴 글
③ 여행하면서 체험한 것을 쓴 글
④ 글을 읽고 자신의 생각이나 느낌을 쓴 글

✎ 해설 ○ ③ 해당 지문은 여행을 하면서 보고 듣고 생각하거나 느낀 것을 적은 기행문이다.

[12~13] 다음 글을 읽고 물음에 답하시오.

> 우리는 [㉠] 첫째, 숲이 없으면 홍수와 산사태가 발생하기 쉽다. 둘째, 숲이 파괴되면 동물들은 삶의 터전을 잃게 된다. 셋째, [㉡]

12 ㉠에 들어갈 말로 알맞은 것은?

① 숲을 보호해야 한다.
② 고운 말을 써야 한다.
③ 관광지를 개발해야 한다.
④ 교통 규칙을 지켜야 한다.

✎ 해설 ○ 제시된 글은 숲이 파괴되었을 때 문제점을 이야기하고 있으므로, '숲을 보호해야 한다.'는 ①의 내용이 알맞다.

13 ㉡에 들어갈 근거로 알맞은 것은?

① 독서는 공부에 도움을 준다.

② 달리기는 건강에 도움이 된다.

③ 숲은 공기를 깨끗하게 해 준다.

④ 음식을 골고루 먹으면 건강해진다.

✎해설 ╾ 주장을 뒷받침하는 근거는 그 주장에 관련된 내용이어야 한다. '숲을 보호해야 한다.'
라는 주장의 근거로 ③이 적절하다.

14 다음 광고에서 전하려는 내용으로 알맞은 것은?

먹는 데 10분
소화시키는 데 100년?

일회용 용기,
썩는 데는 **100년 이상** 걸립니다.
일회용품 사용을 줄이는 것이
환경을 살리는 길입니다.

① 마스크를 잘 쓰자.

② 손을 깨끗하게 씻자.

③ 음식을 남기지 말자.

④ 일회용품 사용을 줄이자.

✎해설 ╾ ④ 제시된 광고는 '일회용품 사용을 줄이는 것이 환경을 살리는 길'이라는 내용을 전
달하려는 것이다.
※ 광고에서 전하고자 하는 내용은 광고의 글과 그림을 살펴보고 광고에서 무엇을
전하려고 하는지 생각하면 파악할 수 있다.

정답 **13.** ③ **14.** ④

15 다음 시에서 '뻥튀기가 날리는 모습'을 표현한 것으로 알맞지 **않은** 것은?

뻥튀기

고일

"뻥이요, 뻥!"

봄날 꽃잎이 흩날리는 것처럼 아름답게 보였습니다.
아니야, 아니야, 나비가 날아갑니다.
아니야, 아니야, 함박눈이 내리는 거야.

맞아요, 맞아요, 폭죽입니다.

하얀 연기 고소하고요.

가을날 메밀꽃 냄새가 납니다.
아니야, 아니야, 새우 냄새가 납니다.
아니야, 아니야, 멍멍이 냄새가 납니다.

맞아요, 맞아요, 옥수수 냄새입니다.

---

① 나비가 날아가는 모습
② 낙엽이 떨어지는 모습
③ 함박눈이 내리는 모습
④ 봄날 꽃잎이 흩날리는 모습

✎**해 설** ─○ 제시된 지문은 뻥튀기의 현장을 생동감 있게 그려낸 창작 동화이다.
※ 비유하는 표현 : 어떤 현상이나 사물을 비슷한 현상이나 사물에 빗대어 표현하는
것으로, '뻥튀기가 사방으로 날리는 모습'을 표현한 것은 '봄날 꽃잎, 나비, 함박
눈, 폭죽' 등이다.

16 ⊙~ㄹ 중 문장 성분의 호응 관계가 바르지 <u>않은</u> 것은?

> ⊙ <u>나는 어제 가족들과 함께 놀이터에 갔다.</u> 나는 동생과 공놀이를 했다. 내가 장난으로 던진 공이 동생 쪽으로 날아 갔다. ⓒ <u>동생이 공에 맞았다.</u> 하마터면 동생이 크게 다칠 뻔 했다. ⓒ <u>아버지께서 나를 꾸짖으셨다.</u> 앞으로는 ㄹ <u>절대 위험하게 놀아야겠다.</u>

① ⊙   ② ⓒ   ③ ⓒ   ④ ㄹ

✎해설 ┈○ ㄹ 절대로 + ~지 않다 : 절대 위험하게 놀아야겠다. → 절대 위험하게 놀지 않아야겠다.

17 밑줄 친 낱말 중 의미가 <u>다른</u> 것은?

① 수건을 반으로 <u>접어</u> 정리했다.   ② 읽던 페이지를 <u>접고</u> 책을 덮었다.
③ 신문을 <u>접어</u> 책상 위에 올려 두었다.   ④ 이겨야겠다는 마음을 <u>접고</u> 최선을 다했다.

✎해설 ┈○ ①, ②, ③ 접다 : (사람이 천이나 종이를) 휘거나 꺾어서 겹치다.
④ 접다 : (사람이 일이나 주장을) 다음으로 미루어 두다.

18 다음 대화에서 의사소통이 잘 이루어지지 <u>않은</u> 까닭은?

① 높임말을 사용해서   ② 비속어를 사용해서
③ 외국어를 사용해서   ④ 줄임말을 사용해서

✎해설 ┈○ 대화를 할 때는 듣는 사람과 듣는 상황에 어울리는 적절한 표정, 몸짓, 말투를 사용하여 말해야 한다. 일상생활에서 비속어나 줄임말 보다는 바른 말을 사용하려는 노력이 필요하다.

정답   16. ④   17. ④   18. ④

19 다음 글에서 '마타이'가 가장 중요하게 생각한 것은?

> 황폐해진 케냐의 마을 풍경을 보고 깜짝 놀란 마타이는 나무 심기 운동을 벌였다. 나무 심기에만 열중하는 마타이에게 주위 사람들이 나무 심기를 그만두라고 했다. 하지만 마타이는 나무를 심고 키우는 것이 환경을 보호하는 가장 좋은 방법이라고 생각했다. 그래서 마타이는 노년에도 나무 심기 운동에 앞장섰다.

① 돈　　　　　　② 건강　　　　　　③ 환경　　　　　　④ 자존심

✎ 해설 ○ '황폐해진 마을 풍경을 보고 나무를 심고 키우는 것이 환경을 보호하는 가장 좋은 방법'이라는 지문의 내용으로 보아 마타이는 '환경'을 가장 중요하게 생각하였다.

20 ㉠~㉣ 중 해설에 해당하지 <u>않는</u> 것은?

> ### 토끼의 재판
>
> ○ ㉠ 때 : 옛날 옛적, 호랑이 담배 피우던 때
> ○ 곳 : 산속
> ○ ㉡ 등장인물 : 호랑이, 사냥꾼 1, 사냥꾼 2, 나그네
>
> 　㉢ 막이 열리면 산속 외딴길에 나무가 한 그루 서 있다.
> 커다란 호랑이를 넣은 궤짝이 놓여 있고, 나무 밑에서 사냥꾼들이 땀을 씻으며 이야기를 하고 있다.
> 사냥꾼 1 : ㉣ 여보게, 목이 마른데 근처에 샘이 없을까?
> 사냥꾼 2 : 나도 목이 마른데 같이 찾아볼까?

① ㉠　　　　　　② ㉡　　　　　　③ ㉢　　　　　　④ ㉣

✎ 해설 ○ 극본의 3요소
　• 해설 : 때, 곳, 나오는 사람(등장인물), 무대와 무대가 바뀌는 장면 등을 설명하는 부분
　• 대사 : 등장인물이 직접 하는 말
　• 지문 : 등장인물의 행동이나 표정, 음향 효과 등을 설명하는 부분으로, (　　) 안에 써서 표현함

초등학교 졸업학력 검정고시 대비

수 학

2024년 2회 시행

01 밑줄 친 숫자 3이 나타내는 값은?

57<u>3</u>20

① 3

② 30

③ 300

④ 3000

✎해 설 ○ 3은 백의 자리 수로 300을 나타낸다.

02 그림의 모양을 시계 방향으로 90°만큼 돌린 것은?

①

②

③

④

✎해 설 ○ 시계 방향으로 90°만큼 돌리면 위쪽 부분이 오른쪽으로 이동한다.

정답 **01.** ③ **02.** ①

03 그래프는 필통 안에 들어 있는 학용품의 수를 나타낸 것이다. 이에 대한 설명으로 옳지 않은 것은?

① 연필은 3개이다.

② 지우개는 2개이다.

③ 지우개와 가위의 개수는 같다.

④ 색연필의 개수는 지우개의 개수보다 많다.

🖊해 설 ┈o 지우개의 개수는 2개, 가위의 개수는 1개로, 지우개의 개수와 가위의 개수는 같지 않다.

04 두 소수의 크기를 비교한 것으로 옳지 않은 것은?

① $1.2 > 0.6$

② $1.2 > 1.1$

③ $0.98 > 0.9$

④ $1.58 > 1.85$

🖊해 설 ┈o 자연수 부분이 같으면 소수 첫째 자리 수의 크기를 비교한다. 소수 첫째 자리 수는 $5 < 8$이므로 $1.58 < 1.85$이다.

05 다음 식에서 가장 먼저 계산해야 하는 것은?

$$7 + (18 - 9) \div 3 - 2$$

① $7 + 18$

② $18 - 9$

③ $9 \div 3$

④ $3 - 2$

🖊해 설 ┈o ( )가 있는 식은 ( ) 안을 가장 먼저 계산해야 하므로 가장 먼저 계산해야 하는 것은 $18 - 9$이다.

06 표의 대응 관계를 식으로 알맞게 나타낸 것은?

□	1	2	3	4	5	⋯
△	3	4	5	6	7	⋯

① □ + 2 = △

② □ + 3 = △

③ □ + 4 = △

④ □ + 5 = △

✏해설 ○ $1 + 2 = 3$, $2 + 2 = 4$, $3 + 2 = 5$, $4 + 2 = 6$, $5 + 2 = 7$⋯이므로 □ + 2 = △이다.

07 다음은 $\dfrac{4}{5} - \dfrac{3}{7}$ 을 계산하는 과정이다. □에 공통으로 들어갈 수는?

$$\frac{4}{5} - \frac{3}{7} = \frac{4 \times 7}{5 \times 7} - \frac{3 \times □}{7 \times □} = \frac{28}{35} - \frac{15}{35} = \frac{13}{35}$$

① 2

② 3

③ 4

④ 5

✏해설 ○ 분모의 최소공배수를 공통분모로 하여 통분하여 계산하는 과정으로 5와 7의 최소공배수인 35를 공통분모로 하여 계산하기 위해서 □에 공통으로 들어갈 수는 5이다.

08 다음 중 직사각형의 넓이가 다른 것은?

① ㉠

② ㉡

③ ㉢

④ ㉣

✏해설 ○ 직사각형의 넓이는 ㉠ $3 \times 4 = 12(\text{cm}^2)$, ㉡ $4 \times 3 = 12(\text{cm}^2)$, ㉢ $6 \times 2 = 12(\text{cm}^2)$, ㉣ $6 \times 3 = 18(\text{cm}^2)$로 ㉣의 넓이는 다른 직사각형의 넓이와 다르다.

정답 **06.** ① **07.** ④ **08.** ④

09 678을 반올림하여 십의 자리까지 나타낸 수는?

① 600

② 670

③ 680

④ 700

✎해설 ○ 반올림은 구하려는 자리 아래 자리의 숫자가 0, 1, 2, 3, 4이면 버리고, 5, 6, 7, 8, 9이면 올려서 나타내는 방법으로, 678을 반올림하여 십의 자리까지 나타내면 일의 자리 수인 8을 올려 680이 된다.

10 다음 선대칭도형의 대칭축으로 알맞은 것은?

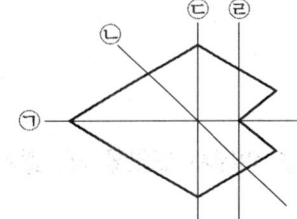

① ㉠

② ㉡

③ ㉢

④ ㉣

✎해설 ○ 한 직선을 따라 접었을 때 완전히 겹치는 도형을 '선대칭 도형'이라고 하며, 이때 그 직선을 '대칭축'이라고 한다. 따라서 직선 ㉠을 따라 접었을 때 대칭축을 기준으로 위, 아래의 도형이 겹친다.

11 직육면체에 대한 설명으로 옳지 <u>않은</u> 것은?

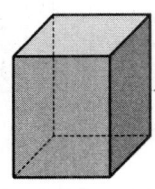

① 면의 수는 6개이다.

② 꼭짓점의 수는 8개이다.

③ 모서리의 수는 11개이다.

④ 마주 보는 면은 모두 3쌍이다.

✎해설 ○ 직육면체의 모서리의 수는 12개이다.

12 회전판의 화살을 돌렸을 때, 화살이 색칠한 부분에 멈출 가능성은?

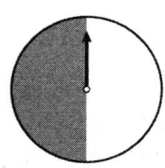

① 불가능하다
② ~아닐 것 같다
③ 반반이다
④ 확실하다

✎해 설 ─○ 색칠된 부분의 넓이는 원의 넓이의 $\frac{1}{2}$이므로 화살을 돌렸을 때, 화살이 색칠한 부분
에 멈출 가능성은 반반이다.

13 다음은 9개의 쌓기나무로 만든 모양이다. 이 모양을 위에서 보았을 때, 쌓기나무 개수를 바르게 나타낸 것은?

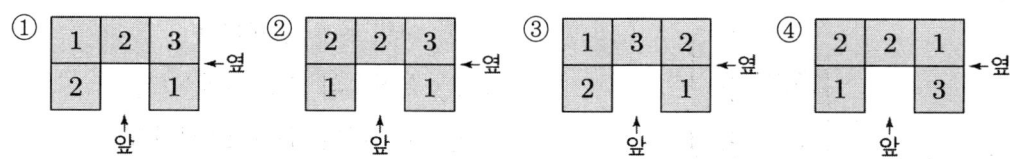

✎해 설 ─○ 각 칸에 있는 숫자는 그 칸 위에 쌓아 올린 쌓기나무의 개수로, 바르게 나타낸 것은
②이다.

정답 **12.** ③ **13.** ②

14 다음 식에서 ㉠에 알맞은 수는?

$$4.5 \div 3 = ㉠$$

① 1.5
② 2.5
③ 3.5
④ 4.5

✎해 설 ─○ 분수의 나눗셈으로 바꾸어 계산하면, $\dfrac{45}{10} \div 3 = \dfrac{45 \div 3}{10} = \dfrac{15}{10} = 1.5$이다.

15 다음 직육면체의 부피를 구하는 식으로 옳은 것은?

① $2 \times 3 \times 4 (\text{cm}^3)$
② $2 \times 3 \times 5 (\text{cm}^3)$
③ $3 \times 4 \times 5 (\text{cm}^3)$
④ $3 \times 4 \times 6 (\text{cm}^3)$

✎해 설 ─○ (직육면체의 부피)＝(가로)×(세로)×(높이)이므로 직육면체의 부피는 $2 \times 3 \times 5 (\text{cm}^3)$ 이다.

16 다음은 $\dfrac{6}{7} \div \dfrac{2}{7}$의 계산 과정을 설명한 것이다. □에 공통으로 들어갈 수는?

$\dfrac{6}{7}$은 $\dfrac{1}{7}$이 6개이고, $\dfrac{2}{7}$는 $\dfrac{1}{7}$이 2개이다.

$6 \div 2 = □$이므로 $\dfrac{6}{7} \div \dfrac{2}{7} = □$이다.

① 1　　　　② 2　　　　③ 3　　　　④ 4

✎해 설 ─○ $\dfrac{6}{7} \div \dfrac{2}{7} = 6 \div 2 = 3$이므로 □에 공통으로 들어갈 수는 3이다.

17 다음 비를 바르게 읽은 것은?

2 : 3

① 3 대 2
② 2와 3의 비
③ 3의 2에 대한 비
④ 2에 대한 3의 비

✎해설 ○ ①, ③, ④는 모두 3 : 2이다.

18 용돈 1,000원을 누나와 동생이 3 : 7로 나누어 가질 때, 두 사람이 각각 가지게 되는 금액은?

	누나의 용돈	동생의 용돈			누나의 용돈	동생의 용돈
①	200원	800원		②	300원	700원
③	400원	600원		④	500원	500원

✎해설 ○ 1,000원을 3 : 7로 나누면 $1,000 \times \frac{3}{3+7} = 1,000 \times \frac{3}{10} = 300$(원), $1,000 \times \frac{7}{3+7}$

$= 1,000 \times \frac{7}{10} = 700$(원)으로 누나의 용돈은 300원, 동생의 용돈은 700원이다.

19 원에 대한 설명으로 옳은 것만을 〈보기〉에서 모두 고른 것은?

┤ 보 기 ├

ㄱ. 원의 둘레를 원주라고 한다.
ㄴ. 원의 크기에 따라 원주율이 다르다.
ㄷ. 원의 지름에 대한 원주의 비율을 원주율이라고 한다.

① ㄱ   ② ㄴ   ③ ㄱ, ㄴ   ④ ㄱ, ㄷ

✎해설 ○ 원주율은 원의 지름에 대한 원주의 비율로, 모든 원이 3.14로 같다.

정답 17. ② 18. ② 19. ④

20 그림과 같이 한 직선을 중심으로 직사각형을 한 바퀴 돌려 만들 수 있는 입체도형은?

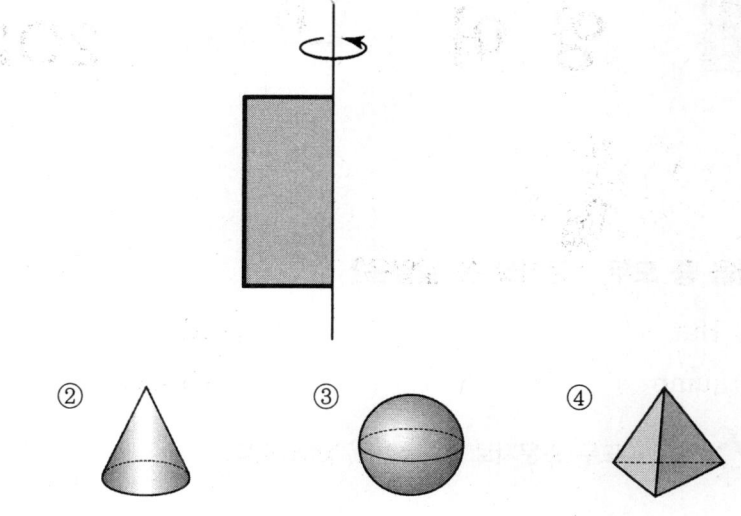

①   ②   ③   ④

✎ 해 설 ─○ 한 직선을 중심으로 직사각형을 한 바퀴 돌리면 원기둥을 만들 수 있다.

초등학교 졸업학력 검정고시 대비

영 어

2024년 2회 시행

01 다음 중 모두 소문자로 쓴 낱말은?

① Hat
② RED
③ jump
④ Grapes

✎해설 ○ 모두 소문자로 쓴 낱말은 'jump'이다.

02 ☐ 안에 공통으로 들어갈 철자로 알맞은 것은?

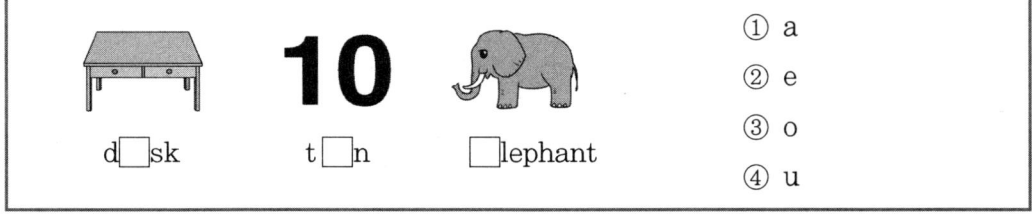

① a
② e
③ o
④ u

d☐sk   t☐n   ☐lephant

✎해설 ○ • desk : 책상
    • ten : 10
    • elephant : 코끼리
      ☐ 안에 공통으로 들어갈 철자는 'e'이다.

정답   01. ③ 02. ②

03 금지 표지판과 지시 내용이 바르게 연결된 것은?

① Don't run. ② Don't swim.
③ Don't push. ④ Don't eat.

✎ 해 설 ┈○ ① 달리지 마세요.
② 수영하지 마세요.
③ 밀지 마세요.
④ 먹지 마세요.
금지 표지판과 지시 내용이 바르게 연결된 것은 ④이다.

04 다음 대화에서 B가 갖고 있는 물건으로 알맞은 것은?

A : Do you have an eraser?
B : Yes, I do.

① 책　　　　　② 연필
③ 지우개　　　④ 크레용

✎ 해 설 ┈○ A : 지우개가 있나요?
B : 네, 있어요.
대화에서 B가 가지고 있는 것은 지우개이다.

05 다음 글의 내용과 일치하지 <u>않는</u> 것은?

> Hello, my name is Jina. I'm from Canada.
> I'm eleven years old. I'm in the fifth grade.

① 나의 이름은 Jina이다.

② 나는 중국에서 왔다.

③ 나는 11살이다.

④ 나는 5학년이다.

✎해설 ○ 안녕하세요, 내 이름은 지나입니다. 나는 캐나다에서 왔습니다.
　　　　나는 11살입니다. 나는 5학년입니다.
　　　　지나는 캐나다에서 왔다. 글의 내용과 일치하지 않는 것은 ②이다.
　　　　• grade : 학년

06 그림으로 보아 ⓐ에 들어갈 말로 가장 적절한 것은?

> I like music.
> I play the piano every day.
> I want to be a _____ⓐ_____.

① doctor　　　　　　② pianist

③ scientist　　　　　④ writer

✎해설 ○ 나는 음악을 좋아한다.
　　　　나는 매일 피아노를 친다.
　　　　나는 <u>피아니스트가</u> 되고 싶다.
　　　　① 의사
　　　　③ 과학자
　　　　④ 작가

07 그림으로 보아 빈칸에 들어갈 말로 가장 적절한 것은?

A : Let's go _____.

B : Okay.

① camping　　　　　② fishing

③ shopping　　　　　④ swimming

🖊해설 ┌─○ A : 쇼핑하러 가자.

　　　　B : 좋아.

　　　　① 캠핑　② 낚시

　　　　③ 쇼핑　④ 수영

　　　　그림으로 보아 빈칸에 들어갈 가장 적절한 것은 ③이다.

08 다음 대화에서 B가 어제 한 일은?

A : What did you do yesterday?

B : I visited the museum. It was interesting.

① 박물관을 방문했다.

② 야구 경기를 관람했다.

③ 친구들과 영화를 봤다.

④ 할머니 댁을 방문했다.

🖊해설 ┌─○ A : 어제 뭐 했어?

　　　　B : 나는 박물관을 방문했어. 재미있었어.

　　　　대화에서 B는 어제 박물관을 방문했다.

　　　　• visit : 방문하다

　　　　• interesting : 재미있는

09 그림에 대한 설명으로 알맞지 <u>않은</u> 것은?

① There is a cat.

② There is a ball.

③ There are two cups.

④ There are three books.

 ① 고양이가 한 마리 있다.　　② 공이 한 개 있다.
③ 컵이 두 개 있다.　　④ 책이 세 권 있다.
그림에 컵이 한 개 있다.

10 그림으로 보아 Minho의 생일로 알맞은 것은?

A : Minho, when is your birthday?
B : It's _____ 15th.

① February

② August

③ October

④ November

 A : 민호야, 너 생일이 언제야?
B : 11월 15일이야.
① 2월
② 8월
③ 10월

11 다음 대화에서 B의 응답으로 가장 적절한 것은?

> A : What's your favorite subject?
>
> B : _____. I like drawing pictures.

① I can sing and dance

② I'd like to have fried rice

③ My favorite subject is art

④ My bag is heavier than yours

✎해설 ─○ A : 네가 가장 좋아하는 과목은 무엇이니?
B : 내가 가장 좋아하는 과목은 미술이야. 나는 그림 그리는 것을 좋아해.
① 나는 노래하고 춤출 수 있어.
② 나는 볶음밥을 먹고 싶어.
④ 내 가방은 네 것보다 더 무거워.

12 그림으로 보아 ⓐ, ⓑ에 들어갈 말로 알맞은 것은?

> A : _____ⓐ_____ umbrella is this?
>
> B : It's ____ⓑ____.

	ⓐ	ⓑ		ⓐ	ⓑ
①	Where	me	②	Where	mine
③	Whose	me	④	Whose	mine

✎해설 ─○ A : 이거 누구 우산이니?
B : 내 것이야.
어떤 사물이 누구의 것인지 물어볼 때는 'Whose'를 쓴다. '나의 것'이라는 의미가 되어야 하므로 소유대명사 'mine'이 들어가야 한다.

13 그림에서 ⓐ에 들어갈 대답으로 가장 적절한 것은?

① I'm happy   ② Sounds great

③ Yes, it is   ④ Sorry, you can't

✏️**해 설** ○ 아이 : 이거 만져도 되나요?

남자 : <u>미안해요, 만질 수 없어요.</u>

① 나는 행복하다.

② 좋은 생각이다.

③ 네, 그렇습니다.

'Can I~?(제가 ~해도 될까요?)'는 상대방에게 허락을 구할 때 쓴다. 상대방의 요청을 허락한다면 'Yes, you can.'이라고 말하고, 허락하지 않는다면 'Sorry, you can't.' 라고 말한다.

14 다음 대화에서 B가 이번 주말에 하려고 하는 것은?

A : What are you going to do this weekend?

B : I'm going to join the science camp.

① 가족들과 등산하기   ② 도서관에서 독서하기

③ 과학 캠프에 참여하기   ④ 친구들과 음식 만들기

✏️**해 설** ○ A : 너는 이번 주말에 뭐 할 거니?

B : 나는 과학 캠프에 참여할 거야.

• be going to : ~할 예정이다(이미 확정된 미래의 일을 나타낼 때)

• join : 참여하다

 정답   **13.** ④   **14.** ③

15 표의 내용과 일치하는 것은?

〈우리 가족의 생활 습관〉

	아빠	엄마	나	남동생
매일 아침 식사하기		○		○
하루 3번 손 씻기	○			○
주 1회 운동하기		○	○	

① My dad has breakfast every day.

② My mom has breakfast every day.

③ I wash my hands three times a day.

④ My brother exercises once a week.

✎해 설 ○① 우리 아빠는 매일 아침 식사를 한다.
　② 우리 엄마는 매일 아침 식사를 한다.
　③ 나는 하루에 세 번 손을 씻는다.
　④ 내 남동생은 일주일에 한 번 운동을 한다.

16 다음 글이 설명하는 물건은?

Look at these socks. They look good.
They are three thousand won.

✎해 설 ○이 양말을 좀 보세요. 좋아 보여요.
　그것들은 3천 원입니다.

　① 4,000원 : four thousand won
　③ 40,000원 : forty thousand won
　④ 30,000원 : thirty thousand won

17 다음 대화를 순서대로 알맞게 배열한 것은?

: What's wrong?

: _____ .

: _____ .

: _____ .

ⓐ Thank you

ⓑ I have a headache

ⓒ Take some medicine and get some rest

---

① ⓐ — ⓑ — ⓒ   ② ⓐ — ⓒ — ⓑ

③ ⓑ — ⓐ — ⓒ   ④ ⓑ — ⓒ — ⓐ

해설 ─○ 의사 : 어디가 아프니?
아이 : 머리가 아파요.
의사 : 약 먹고 좀 쉬렴.
아이 : 감사합니다.

• have a headache : 머리가 아프다
• medicine : 약
• get some rest : 좀 쉬다

정답   17. ④

18 다음 대화에서 물건의 길이가 짧은 순서대로 나열한 것은?

> A : The pencil is shorter than the ruler.
> B : How about the eraser?
> A : The eraser is shorter than the pencil.

① eraser − pencil − ruler   ② eraser − ruler − pencil

③ pencil − eraser − ruler   ④ pencil − ruler − eraser

✎해설 ○ A : 연필은 자보다 더 짧아.
       B : 지우개는 어때?
       A : 지우개는 연필보다 더 짧아.

지우개가 가장 짧고, '연필 − 자' 순으로 길이가 길다.

19 다음 글의 내용과 일치하지 <u>않는</u> 것은?

> Dear Taemin,
> How's your summer vacation?
> I'm in Sydney now.
> Today I went to a zoo. I saw many animals.
> I'm enjoying my trip.
>   Your friend, Jenny

① Jenny가 Taemin에게 쓴 편지이다.

② Jenny는 겨울 방학에 대해 묻고 있다.

③ Jenny는 많은 동물을 봤다.

④ Jenny는 여행을 즐기고 있다.

✎해설 ○
> 태민에게
> 여름 방학은 어떻게 보내고 있어?
> 나는 지금 시드니에 있어.
> 오늘 나는 동물원에 갔어. 나는 많은 동물들을 봤어.
> 나는 여행을 즐기고 있어.
>   너의 친구, 제니

제니는 여름 방학에 대해 묻고 있다. 글의 내용과 일치하지 않는 것은 ②이다.

• enjoy : 즐기다   • trip : 여행

20 다음 글에서 ⓐ에 들어갈 말로 알맞은 것은?

> ### *The Earth is sick.*
>
> _____ⓐ_____
>
> What can we do for the Earth?
> • Use the stairs.
> • Turn off the lights.
> • Recycle bottles and cans.

① We should save the Earth

② We should help sick people

③ We should drink warm water

④ We should do English homework

 해 설

> **지구가 아파요.**
> 우리는 지구를 구해야 합니다.
> 우리는 지구를 위해 무엇을 할 수 있을까요?
> • 계단을 이용하세요.
> • 불을 꺼 주세요.
> • 병과 캔을 재활용하세요.

② 우리는 아픈 사람들을 도와야 한다.
③ 우리는 따뜻한 물을 마셔야 한다.
④ 우리는 영어 숙제를 해야 한다.

• recycle : 재활용하다

정답 20. ①

초등학교 졸업학력 검정고시 대비

사 회

2024년 2회 시행

01 다음에서 땅의 높이가 가장 높은 곳은?

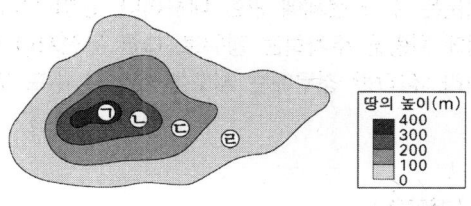

땅의 높이(m)
400
300
200
100
0

① ㉠   ② ㉡
③ ㉢   ④ ㉣

🖌️**해 설** ┌•○ 등고선의 바깥쪽에서 안쪽으로 갈수록 높은 곳을 나타내는데, 등고선의 간격이 좁을
수록 경사가 급하고, 간격이 넓을수록 경사가 완만하다.

02 다음에서 설명하는 공공 기관은?

책을 빌려주고 공부할 수
있는 장소를 제공해요.

① 도서관   ② 보건소
③ 소방서   ④ 시·도청

🖌️**해 설** ┌•○ 도서관 : 책을 읽고 공부하는 공간을 제공하고, 책 대여도 가능하며 책과 관련 있는
강좌도 개설한다.

03 **다음 대화와 관련 있는 사회 문제는?**

얼마 전에 아이가 차에 치이는 사고가 났대. 그것이 불법 주차된 차 때문이었대.

나도 주차장이 부족해서 주민들이 다투는 것을 본 적이 있어. 이 문제가 해결되면 좋을 텐데.

① 주차 문제
② 환경 문제
③ 주택 부족 문제
④ 층간 소음 문제

✎ 해 설 ↝ 해당 지문은 주차 문제에 관한 내용이다. 불법주차란 법적으로 주차가 허용되지 않는 구역에 차량을 주차하는 행위로, 다른 운전자나 보행자에게 큰 불편을 초래할 뿐만 아니라, 심각한 경우에는 사고를 유발할 수도 있다.

04 **다음에서 설명하는 것은?**

○ 지식과 정보가 사회의 중요한 자원이 되는 현상이다.
○ 휴대 전화나 인터넷 등을 이용하여 언제 어디서나 쉽고 빠르게 정보를 얻고, 다른 사람들과 소통할 수 있다.

① 고령화
② 다문화
③ 저출산
④ 정보화

✎ 해 설 ↝ 정보화 사회 : 인간의 모든 활동에 지식과 정보가 매우 중요한 역할을 하는 사회
• 긍정적인 면
– 유익한 정보를 적은 비용과 노력으로 어디서나 쉽고 빠르게 얻을 수 있다.
– 인간의 생활을 윤택하고 편리하게 한다.
• 부정적인 면
– 신뢰할 수 없는 정보를 접하게 된다.
– 인터넷 게임 중독, 크래킹, 개인 정보 유출 등으로 인해 많은 피해를 입는다.

정답 03. ① 04. ④

05 다음에서 설명하는 지형은?

> ○ 바다와 맞닿은 육지 부분이다.
> ○ 갯벌이 나타나거나 모래사장이 있는 곳도 있다.

① 논   ② 산지
③ 하천   ④ 해안

✎ 해 설 ○ 해안 : 바다와 맞닿은 육지 부분으로, 갯벌이 나타나거나 모래사장이 있는 곳도 있다.
※ 해안 지역을 이용하는 모습 : 고기잡이, 양식업(김 · 굴 · 조개 · 물고기 등), 항구
건설, 갯벌, 해수욕장, 소금 생산

06 ㉠에 들어갈 자연재해의 종류는?

자연재해 보고서	
종류	㉠
정의	비가 많이 내리면서 하천이 흘러넘쳐 도로나 건물 등이 잠기는 재해
발생 시기	주로 비가 많이 오는 여름철
원인	집중 호우나 지속되는 비로 인해 발생

① 가뭄   ② 한파
③ 홍수   ④ 황사

✎ 해 설 ○ 홍수의 영향
• 다리, 건물, 도로, 운하, 자동차 등의 구조물에 걸쳐 위험이 있을 수 있다.
• 사람과 가축에 피해를 주고, 전염병이나 질병으로 이어질 수 있다.

07 다음 대화에서 설명하는 의무는?

환경을 지키는 활동에 참여해요.

모든 국민, 기업, 국가는 환경을 보전하려고 노력해야 해요.

① 국방의 의무
② 근로의 의무
③ 납세의 의무
④ 환경 보전의 의무

✏️해설 ○ 환경 보전의 의무 : 환경 오염과 훼손을 막아 환경을 보호하고 건강하고 쾌적한 상태를 유지·조성하도록 노력해야 한다는 헌법상의 의무이다.

08 다음에서 설명하는 나라는?

> ○ 온조가 한강 유역에 세운 나라다.
> ○ 근초고왕 때 고구려를 공격하여 북쪽으로 영토를 넓혔다.

① 가야
② 백제
③ 신라
④ 조선

✏️해설 ○ 백제
• 온조가 한강 지역에 세운 나라이다.
• 한강 유역의 넓은 평야를 차지하고 있어 농사짓기에 좋았다.
• 황해를 통해 중국의 발전된 문물을 쉽게 받아들일 수 있었다.
• 근초고왕 때 고구려를 공격해 북쪽으로 영토를 넓혔다.
• 지금의 공주시, 부여군, 익산시가 옛 도읍지이다.

09 ㉠에 들어갈 문화유산은?

문화유산 검색 ㉠ 🔍

검색 결과

○ 명칭: ㉠
○ 소재지: 합천 해인사
○ 소개: 고려 시대에 부처의 힘으로 몽골의 침입을 이겨 내고자 만들었다.
　　　　 2007년 유네스코 세계 기록 유산으로 등재되었다.

① 난중일기　　　　　　　② 훈민정음
③ 팔만대장경판　　　　　④ 황룡사 구층 목탑

해설 ─○ 팔만대장경
- 몽골의 침입 때 위태로운 나라를 구할 수 있다는 믿음으로 부처님의 말씀을 새긴 팔만대장경을 만들었다.
- 십여 년간 목판 8만여 장에 불경을 새긴 것임에도, 모양이 뒤틀리거나 틀린 글자 없이 고르고 정교하여 고려의 발달된 기술을 보여 준다.
- 현재 유네스코 세계 기록 유산으로 등재되어 있으며, 이를 보관하는 장경판전도 유네스코 세계 기록 유산으로 등재되어 있다.

10 측우기에 대한 설명으로 옳은 것은?

① 비의 양을 측정하는 기구이다.
② 해와 달, 별을 관측하는 기구이다.
③ 스스로 종을 울려 시각을 알려 주는 기구이다.
④ 해의 그림자를 이용해 시각을 알려 주는 기구이다.

해설 ─○ 측우기
- 세종대왕 때 만들어진 비 오는 양을 측정한 기구로, 세계 최초로 만들어졌다.
- 조선 시대는 '관상감'이라는 부서에서 비가 온 양을 측정하는 기구인 측우기로 강수량을 측정해서 농사짓기에 이용했다.

11 다음에서 설명하는 조선 후기 서민 문화는?

○ 대체로 작가가 알려지지 않은 그림이다.
○ 장수, 성공 등 서민들의 소망을 담았다.

① 민화   ② 탈놀이
③ 판소리   ④ 한글 소설

✏️해 설 ┌○ 민화
- 조선 후기 서민들 사이에서 유행한 실용적인 그림으로 대체로 이름이 알려지지 않는 화가들이 많았다.
- 일상생활에서 쉽게 볼 수 있는 해와 달, 나무, 꽃, 동물, 물고기 등을 소재로 하여 행복하게 살고 싶은 서민들의 소망을 표현하였다.
- 작품은 〈작호도〉, 〈화조도〉, 〈백수백복도〉, 〈문자도(효)〉 등이 있다.

12 다음에서 설명하는 인물은?

○ 평민 출신 의병장이다.
○ 뛰어난 전술로 '태백산 호랑이'라고 불렸다.
○ 경상도와 강원도 일대에서 일본군을 무찔렀다.

① 김정호   ② 신돌석
③ 유관순   ④ 명성 황후

✏️해 설 ┌○ 신돌석
- 구한말 평민 출신 의병장으로 항일 무장투쟁을 이끌었다.
- 뛰어난 전술로 연전연승의 신화를 창조해 '태백산 호랑이'로 불렸다.
- 국권을 회복하고자 수만 명의 의병을 동원하여 강원도, 경상도 일대에 침범한 일본군을 무찔렀다.

정답   11. ① 12. ②

13 다음에서 설명하는 사건은?

○ 배경 : 전두환을 중심으로 일부 군인들이 정변을 일으켜 권력을 장악했다.

○ 과정 : 광주에서 대규모 민주화 시위가 일어났다.

○ 결과 : 계엄군에 의하여 강제 진압되었으나 우리나라 민주화 운동의 밑바탕이 되었다.

① 갑오개혁   ② 병자호란

③ 3 · 1 운동   ④ 5 · 18 민주화 운동

✎ 해 설 ─○ 5·18 민주화 운동

1980년 5월 광주에서 일어난 민주화 시위로, 민주주의를 지키기 위해 독재에 항거한 시민 운동이다. 계엄군에 의해 많은 시민이 죽거나 다치는 비극이 발생하였는데 이와 관련된 기록물은 2011년 유네스코 세계 기록 유산으로 등재되었다.

14 다음에서 설명하는 기관은?

○ 법률이 헌법에 어긋나지 않는지 판단하고 결정한다.

○ 국가 기관이 국민의 기본권을 침해했는지 판단한다.

① 국회   ② 경찰서

③ 행정부   ④ 헌법 재판소

✎ 해 설 ─○ 헌법 재판소

• 헌법에 관한 분쟁이나 의심스러운 부분을 사법적 절차에 따라 해결하는 특별 재판소로서 9명의 재판관으로 구성되어 있다.

• 법률이 헌법에 어긋나는지를 판단한다.

• 국가가 하는 일들이 국민의 권리를 침해하는지 판단한다.

• 목적이나 활동이 민주적 기본질서에 위배되는 정당을 해산시킨다.

• 국가 기관 간, 국가 기관과 지방 자치 단체 간, 지방 자치 단체 간에 다툼이 있을 때에 이를 해결해 준다.

15 빈부 격차 해결을 위한 노력으로 가장 적절한 것은?

① 기업에서 친환경 제품을 생산하도록 지원한다.

② 저소득층을 위한 다양한 제도와 정책을 마련한다.

③ 태양광 에너지 같은 신재생 에너지 사용을 권장한다.

④ 일회용품 사용을 줄이는 등 환경 보호 캠페인을 한다.

✏해설 ┌─○ 빈부 격차 문제 해결 노력
  - 시민 단체 : 무료 급식소 등 다양한 봉사 활동을 한다.
  - 국회 : 복지 정책을 위한 여러 법률을 제정한다.
  - 정부 : 양육비, 학비, 생계비 등을 지원한다.

16 ㉠에 들어갈 나라는?

〈우리나라의 나라별 수출액 비율〉

그래프에서 우리나라의 나라별 수출액 비율은 중국, ㉠ , 베트남 순으로 높다.

① 네팔

② 독일

③ 미국

④ 헝가리

✏해설 ┌─○ 그래프에서 우리나라의 나라별 수출액 비율은 중국(34.9), 미국(14.9), 베트남(8.8), 일본(4.7), 인도(2.4) 순으로 높다.

정답 **15.** ② **16.** ③

17 ㉠ 대륙에 위치하지 <u>않는</u> 나라는?

① 몽골　　　　　　　　　　　② 페루

③ 베트남　　　　　　　　　　④ 대한민국

📝해 설 ─○ ② 페루는 남아메리카에 위치해 있다.

　　　　※ 아시아
　　　　　• 6대륙 중 가장 크며, 세계 육지 넓이의 약 30%를 차지한다.
　　　　　• 대한민국, 중국, 몽골, 베트남, 인도, 필리핀, 일본 등이 위치한다.

18 ㉠에 해당하는 기후로 가장 적절한 것은?

> 주제 : ▢ ㉠ ▢ 의 특징
>
> ○ 얼음과 눈으로 덮인 곳이 많다.
> ○ 주로 남극과 북극 주변의 고위도 지역에 나타난다.
> ○ 기온이 계속 영하인 곳도 있고, 기온이 올라가면서 이끼가 자라는 곳도 있다.

① 건조 기후　　　　　　　　　② 열대 기후

③ 온대 기후　　　　　　　　　④ 한대 기후

📝해 설 ─○ 한대 기후
　　　　• 사람이 생활하기 어렵고, 1년 중 대부분이 눈과 얼음으로 덮여 있어 식물도 자랄
　　　　　수 없는 매우 추운 기후이다.
　　　　• 얼음이 녹는 짧은 여름 동안 이끼나 풀이 자라는 땅에서 순록을 기르는 유목 생활
　　　　　을 하기도 한다.
　　　　• 석유와 천연가스가 풍부해 자원 개발이 활발하다.

19 다음 편지에서 설명하는 나라는?

□□에게

□□야, 나는 가족과 함께 해외여행 중이야. 어제부터 베이징에 머물고 있는데 여기가 이 나라의 수도라고 해. 오늘은 자금성에 다녀왔어. 내일은 상하이에 가서 대한민국 임시 정부 청사를 방문할 예정이야. 사진 많이 보내 줄게. 그럼 안녕.

2024년 ○월 ○일
△△가

① 인도　　　　　　　　　② 일본
③ 중국　　　　　　　　　④ 러시아

해설 ─○ 중국
- 우리나라의 서쪽에 위치, 우리나라보다 영토가 훨씬 넓다.
- 동부 지역에 인구가 밀집해 있고, 수도는 베이징(북경)이다.
- 세계에서 인구가 가장 많고, 동부 지역 바닷가에 주요 항구와 대도시가 있다.

20 ㉠에 공통으로 들어갈 말은?

○ 　㉠　　은/는 지구촌의 여러 문제를 해결하기 위해 개인이나 민간단체 등이 모여 활동하는 기구이다.
○ 　㉠　　(으)로는 그린피스, 해비탯 등이 있고, 이들은 공공의 이익을 위해 활동한다.

① 비정부 기구　　　　　② 국제 노동 기구
③ 국제 원자력 기구　　　④ 한국 국제 협력단

해설 ─○ 비정부 기구(NGO)
- 정부와 관련 없는 민간이 설립하고 운영하며 지역·국가·국제적으로 조직된 자발적인 비영리 시민 단체이다.
- 정치, 인권, 빈곤 추방, 환경, 의료 사업, 성차별 철폐 등 다양한 목적을 위해 활동한다.
- 국경 없는 의사회, 그린피스, 유니세프, 세이브 더 칠드런, 국제 엠네스티, 핵무기 폐기 국제 운동, 해비탯, 지뢰 금지 국제 운동 등이 있다.

 정답　19. ③　20. ①

초등학교 졸업학력 검정고시 대비

과 학

2024년 2회 시행

01 다음 설명에 해당하는 것은?

오랜 옛날에 살았던 생물의 몸체나 흔적이
지층 속에 남아 있는 것이다.

① 공기
② 용암
③ 화석
④ 화산재

해설 ─○ 화석은 과거에 살았던 생물의 몸체나 흔적이 지층 속에 남아 있는 것으로, 화석을 통
해 과거에 살았던 다양한 생물의 모습을 알 수 있다.

02 다음 중 가장 가벼운 것은? (단, 같은 저울을 사용한다.)

①
150g
귤

②
500g
사과

③
1500g
메론

④
2500g
수박

해설 ─○ 전자저울에 나타난 숫자가 가장 작은 과일이 가장 가벼우므로 귤이 가장 가볍다.

03 다음 중 스크린에 비친 물체의 그림자에 해당하는 것은?

① ● ② ■ ③ ★ ④ ▲

✏해 설 ○ 빛은 직진하는 성질이 있기 때문에 구 모양에 손전등을 비추면, 스크린에 원 모양의 그림자가 생긴다.

04 그림에서 생수병에 들어 있는 물의 변화를 통해 알 수 있는 것은?

물이 얼기 전 → 물이 언 후

① 물이 얼면 무게가 늘어난다.
② 물이 얼면 무게가 줄어든다.
③ 물이 얼면 부피가 늘어난다.
④ 물이 얼면 부피가 줄어든다.

✏해 설 ○ 물이 얼면 무게는 변하지 않지만, 부피는 늘어난다.

정답 03. ① 04. ③

05 그림에서 열이 가장 빨리 전달되는 막대는? (단, 막대의 두께와 길이는 같다.)

구리
막대　나무
막대

고무
막대　플라스틱
막대

뜨거운 물이 담긴 비커에 고무 막대, 구리 막대, 나무막대, 플라스틱 막대를 동시에 넣는다.

① 고무 막대　　　　　　② 구리 막대
③ 나무 막대　　　　　　④ 플라스틱 막대

✏해 설 ─○ 전도는 고체에서 열이 전달될 때, 온도가 높은 곳에서 낮은 곳으로 열이 전달되는 방법으로, 은, 구리, 철과 같은 금속이 열이 잘 전달된다.

06 다음 설명에 해당하는 것은?

태양과 태양의 영향을 받는 천체들이 있는 공간입니다.

① 생태계　　　　　　② 온도계
③ 태양계　　　　　　④ 풍속계

✏해 설 ─○ 태양계는 태양과 태양 주위에 있는 것들이 운동하는 공간으로, 태양계의 중심에는 태양이 있으며, 8개의 행성, 위성, 소행성, 혜성이 태양 주위에 있다.

07 다음은 방울토마토를 띄워 설탕물의 진하기를 비교한 실험이다. 설탕물의 진하기가 가장 진한 것은? (단, 설탕의 양을 제외한 다른 조건은 모두 같다.)

① 　② 　③ 　④

✎ 해설 ┌─○ 용액의 진하기를 비교할 때, 백설탕 용액과 같이 색으로 진하기를 구분할 수 없는 경우 방울토마토와 같은 작은 물체를 넣어 물체가 뜨거나 가라앉는 것을 보고 용액의 진하기를 비교할 수 있다. 물체가 위로 떠오를수록 진한 용액이므로 설탕물의 진하기가 가장 진한 것은 ④이다.

08 다음 설명에 해당하는 원생생물은?

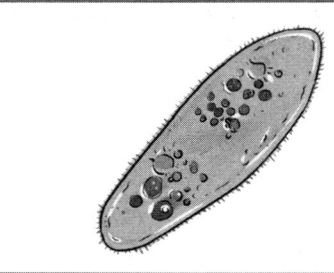

짚신 모양이며, 물이 고인 곳이나 물살이 느린 하천에 산다.

① 파리　　　　　　　　　② 다람쥐
③ 짚신벌레　　　　　　　④ 장수풍뎅이

✎ 해설 ┌─○ 짚신벌레는 맨눈으로 볼 수 없을 정도로 작으며, 짚신 모양이다. 광합성을 하지 못해 다른 생물을 먹고 살아가며, 스스로 헤엄치며 움직인다.

09 다음 중 양분을 얻는 방법이 나머지와 다른 생물은?

① 곰　　　　② 사자　　　　③ 소나무　　　　④ 호랑이

✎ 해설 ┌─○ 식물은 햇빛을 받아 광합성을 하여 영양분을 만들고, 동물들은 식물을 먹이로 하여 살아가므로 식물인 소나무는 양분을 얻는 방법이 동물인 곰, 사자, 호랑이와 다르다.

정답　**07. ④　08. ③　09. ③**

10 다음 중 ㉠에 들어갈 말은?

> (㉠) 차이로 인해 공기가 이동하는 것을 바람이라고 한다.

① 기압   ② 냄새   ③ 색깔   ④ 세균

🖊해 설 ─ 공기는 기압이 높은 곳에서 낮은 곳으로 이동하므로 바람은 고기압에서 저기압으로 분다.

11 그림에서 운동한 물체에 해당하는 것은?

① 우체통   ② 자전거   ③ 표지판   ④ 약국 건물

🖊해 설 ─ 운동은 시간에 따라 물체의 위치가 변하는 것으로, 위치가 변한 자전거가 운동한 물체에 해당한다.

12 다음 설명에 해당하는 것은?

- 공기를 차단하여 불을 끈다.
- 초기 화재 진압 단계에서 주로 사용한다.

① 소화기   ② 전열기   ③ 점화기   ④ 충전기

🖊해 설 ─ 소화기는 각종 소화제를 분사하여 화재를 진압하기 위해 사용하는 도구로, 공기(산소)를 차단하여 불을 끈다.

13 다음 대화에서 설명하고 있는 용액은?

> 이 용액은 붉은색 리트머스 종이를 푸른색으로 변하게 해.

> 페놀프탈레인 용액의 색깔을 붉은색으로 변하게 해.

① 식초   ② 레몬즙

③ 사이다   ④ 빨랫비누 물

✐해설┐○ 산성 용액은 푸른색 리트머스 종이를 붉게 변화시키고 페놀프탈레인 용액을 넣으면 색깔이 변하지 않지만, 염기성 용액은 붉은색 리트머스 종이를 푸르게 변화시키고 페놀프탈레인 용액을 넣으면 색깔이 붉게 변한다. 따라서 대화에서 설명하고 있는 용액은 염기성 용액인 빨랫비누 물이다.

14 다음 중 이산화 탄소의 성질에 해당하는 것은?

① 색깔이 있다.   ② 고소한 냄새가 난다.

③ 다른 물질을 잘 타게 돕는다.   ④ 석회수를 뿌옇게 변화시킨다.

✐해설┐○ 이산화 탄소는 색과 냄새가 없고, 불을 타지 못하게 하며, 자신도 타지 않는다. 또한 석회수를 뿌옇게 변화시킨다(석회수＋이산화 탄소 → 탄산칼슘＋물).

15 다음 중 ㉠에 공통으로 들어갈 말은?

> 지식 Q&A
>
> 질문   ㉠ 은 무엇입니까?
>
> 답변   ㉠ 은 잎에 도달한 물이 기공을 통해 식물 밖으로 빠져나가는 현상을 말합니다.

① 운반 작용   ② 증산 작용   ③ 침식 작용   ④ 퇴적 작용

✐해설┐○ 증산 작용은 식물의 잎에서 물이 수증기가 되어 빠져나가는 현상을 말한다.

정답   13. ④   14. ④   15. ②

16 그림에서 학생들이 보고 있는 달은?

달이 둥글고 환하네.

① 그믐달
② 보름달
③ 상현달
④ 하현달

✎해 설 ─○ 보름달은 음력 15일 무렵에 뜨는 둥그란 달이다.
① 그믐달 : 음력 27일경에 뜨는 왼쪽이 둥근 눈썹 모양의 달
③ 상현달 : 음력 8일 무렵에 뜨는 오른쪽이 둥근 반달
④ 하현달 : 음력 22~23일 무렵에 뜨는 왼쪽이 둥근 반달

17 다음 중 전구에 불이 켜지도록 연결한 것은?

①   ②   ③   ④

✎해 설 ─○ 전구에 불이 켜지려면 전지의 (+)극이 전구의 꼭지(꼭지쇠)에, 전지의 (−)극이 전구의 꼭지쇠(꼭지)에 연결되어야 한다.

18 다음 중 볼록 렌즈 역할을 할 수 있는 것은?

① 헝겊
② 종이컵
③ 나무 책상
④ 물이 담긴 투명한 둥근 어항

✎해 설 ─○ 물이 담긴 투명한 둥근 어항은 물체가 확대되어 보이는 볼록 렌즈의 특성이 있다.

19 다음 설명에 해당하는 기관은?

> • 숨을 들이마실 때 산소를 받아들인다.
> • 몸 안에서 생긴 이산화 탄소를 몸 밖으로 내보낸다.

① 간   ② 폐

③ 콩팥   ④ 큰창자

✏ 해 설 ─○ 폐는 가슴 속 좌우에 한 쌍이 있고 갈비뼈와 횡격막으로 둘러싸여 있으며, 공기 중의 산소를 흡수하고, 몸에서 생긴 이산화 탄소를 폐포로 배출하여 몸 밖으로 내보낸다.

20 다음 우리나라의 사계절 중 태양의 남중 고도가 높아 낮이 가장 긴 계절은?

① 봄   ② 여름

③ 가을   ④ 겨울

✏ 해 설 ─○ 태양의 남중 고도는 1월부터 점차 높아져서 6월(하지)에 가장 높고, 다시 점차 낮아져서 12월(동지)에 가장 낮으므로 여름에 가장 높고, 겨울에 가장 낮다.

정답 **19.** ② **20.** ②

초등학교 졸업학력 검정고시 대비

도 덕

2024년 2회 시행

01 다음 사례를 통해 알 수 있는 남북한의 노력은?

> * 남북 공동 만화 영화 제작
> * 평창 올림픽 남북한 선수 공동 입장

① 무력　　　　② 억압　　　　③ 편견　　　　④ 협력

✎해설 ─ 남한과 북한은 원래 하나의 민족이 하나의 나라를 이루고 살던 것이 분단된 것이므로, 문제의 사례인 '남북 공동 만화 영화 제작, 평창 올림픽 남북한 선수 공동 입장' 등 서로 협력하며 도와야 한다.

02 다음 그림과 관련 있는 덕목으로 가장 적절한 것은?

〈모내기〉

〈벼 베기〉

① 거짓　　　　② 위법　　　　③ 조롱　　　　④ 협동

✎해설 ─ 협동은 여러 사람이 힘과 마음을 합쳐 서로 돕는 것으로, '나'보다는 '우리'라는 마음가짐으로 서로 돕는 상태를 말한다. 문제의 예시처럼 '모내기, 벼 베기' 등 서로 협동하여 어렵거나 힘든 일을 극복할 수 있다.

03 사이버 예절로 옳은 것을 〈보기〉에서 고른 것은?

┤ 보 기 ├

ㄱ. 상대방이 올린 글에 선플 달기
ㄴ. 상대방을 존중하는 언어 사용하기
ㄷ. 상대에 대한 근거 없는 소문 퍼뜨리기
ㄹ. 상대를 기분 나쁘게 놀리고 욕설 사용하기

① ㄱ, ㄴ   ② ㄱ, ㄹ   ③ ㄴ, ㄷ   ④ ㄷ, ㄹ

✎해설 ○ 사이버 예절
- 예의에 어긋나는 행동은 하지 않는다.
- 바이러스 유포나 해킹 등을 하지 않는다.
- 저속한 은어나 비어 등을 사용하지 않는다.
- 상대방이 올린 글에 악플을 달지 않는다.
- 불건전한 정보나 개인 정보를 함부로 퍼뜨리지 않는다.
- 사이버 공간에서도 다른 사람을 존중한다.

04 다음 상황에서 한국 학생이 지녀야 할 자세로 가장 적절한 것은?

〈외국인 학생〉   어떻게 처음 만난 사람과 껴안으며 인사하지?   〈한국 학생〉

① 낯선 문화는 무시한다.   ② 우리나라 인사법을 강요한다.
③ 다른 문화를 이해하고 존중한다.   ④ 어색한 표정으로 뒤돌아서 외면한다.

✎해설 ○ 자신과 다른 문화를 폭넓게 이해하고, 다른 문화를 인정하고 존중하는 태도를 가져야 한다.

05 ㉠에 공통으로 들어갈 말로 가장 적절한 것은?

> (㉠)(이)란 자신의 삶에서 스스로 주인이 되는 것입니다. 그래서 (㉠)적인 사람은 스스로 판단하고 결정하며 자율적으로 실천합니다.

① 수동　　　　② 자주　　　　③ 포용　　　　④ 폭력

✎해설 자주란 자신의 삶에서 스스로 주인이 되는 것으로, 자주적인 사람은 남에게 의존하지 않고, 스스로의 판단·선택·능력으로 맡은 일을 훌륭하게 해낸다.

06 ㉠에 들어갈 말로 가장 적절한 것은?

행복하다
만족하다
미안하다

① 감정　　　　② 무지　　　　③ 오감　　　　④ 에너지

✎해설 감정 : 어떤 현상이나 일이 일어났을 때 드는 마음이나 기분이다.
- 긍정적인 감정 : 행복하다, 신난다, 즐겁다, 사랑스럽다, 편안하다, 만족한다, 짜릿하다, 유쾌하다, 뿌듯하다, 감사하다, 상쾌하다 등
- 부정적인 감정 : 귀찮다, 부끄럽다, 서럽다, 우울하다, 억울하다, 미안하다, 걱정된다, 섭섭하다, 불쾌하다, 불안하다, 후회된다 등

07 다음 중 자신에게 하는 긍정적인 말로 적절하지 않은 것은?

① 나는 스스로를 존중한다.　　② 나는 가진 것에 감사한다.
③ 나는 잘하는 것이 전혀 없다.　④ 나는 항상 어려움을 극복한다.

✎해설 힘든 일이 있어도 '나는 잘할 수 있어'라고 생각하며 스스로 어려움을 극복하려고 노력하는 긍정적인 태도를 취한다.

08 다음 대화에 나타난 덕목은?

맛있게 먹으렴.

어머니, 감사히 잘 먹겠습니다.

① 불평

② 예절

③ 절약

④ 참견

✎ 해설 ─○ 예의는 인사를 잘하는 것처럼 마땅히 지켜야 할 바른 마음가짐과 몸가짐을 뜻하고, '예절'은 그러한 마음을 나타내는 행동을 말한다. 예절에는 식사 예절, 인사 예절 등이 있는데, 문제의 예시처럼 엄마가 밥을 차려 주시면 "감사히 잘 먹겠습니다."라고 인사를 해야 한다.

09 층간 소음 갈등을 해결하기 위한 자세로 적절하지 <u>않은</u> 것은?

① 위협적인 말로 대화하기

② 상대방을 배려하며 대화하기

③ 상대방을 공감하며 대화하기

④ 상대방의 말을 경청하며 대화하기

✎ 해설 ─○ 층간 소음은 정신적인 피해뿐만 아니라 신체에도 악영향을 끼칠 수 있다. 층간 소음으로 인한 갈등을 해결하기 위해서는 상대방을 배려하고, 상대방의 말을 경청하며 대화하도록 해야 한다.

정답   08. ②   09. ①

10 친구의 인권을 존중하는 태도로 옳은 것을 〈보기〉에서 고른 것은?

┤보 기├

ㄱ. 친구를 때리고 협박하기

ㄴ. 친구끼리 차별하지 않고 같이 놀기

ㄷ. 친구의 외모를 가지고 놀리지 않기

ㄹ. 친구의 돈을 빼앗고 집단으로 따돌리기

① ㄱ, ㄷ   ② ㄱ, ㄹ

③ ㄴ, ㄷ   ④ ㄴ, ㄹ

✎해 설 ┌• 친구의 인권을 존중하는 태도는 친구끼리 상대방의 마음을 잘 이해하고, 성적이나 외모 때문에 차별하는 일이 없어야 하며, 서로의 다름을 인정하며 배려하는 마음을 갖는 것이다.

11 ㉠에 들어갈 공감하는 말로 가장 적절한 것은?

> 친구랑 모둠 과제를 하기로 했는데, 친구가 오지 않아서 혼자 다 했어.

> ㉠

① 그게 뭐 어때서?

② 아주 잘됐다. 축하해.

③ 정말 힘들고 속상했겠구나.

④ 혼자서 다 하다니, 너는 정말 욕심쟁이구나.

✎해 설 ┌• 공감이란 상대를 알고 이해하거나, 상대가 느끼는 상황이나 기분을 비슷하게 느끼는 현상을 말하는데, 상대방의 말에 집중하고 귀 기울여 들으며 따뜻한 말을 건네는 것이 공감하는 태도이다.

12 ㉠에 들어갈 말로 가장 적절한 것은?

나의 [㉠] 실천 계획
• 나만의 좌우명 만들어 보기
• 하루를 돌아보고 반성 일기 쓰기
• 도덕적 지혜가 담긴 위인들의 가르침 찾기

① 비난　　　② 성찰　　　③ 차별　　　④ 포기

✎해설 ─○ 성찰이란 도덕적 기준을 자기 생활에 비추어 반성하며, 자신의 삶을 객관적인 입장에서 바라보고 바람직한 삶을 살기 위해서 구체적인 방법을 찾는 것이다.
　　　※ 도덕적 성찰 방법 : 좌우명 실천하기, 문학 작품 활용하기, 성찰 일기 쓰기, 속담이나 격언 활용

13 다음과 관련 있는 내용으로 적절한 것은?

○ 다른 사람에게 거짓말하지 않기
○ 길에서 주은 돈을 주인에게 찾아 주기

① 교만　　　② 부패　　　③ 정직　　　④ 청결

✎해설 ─○ 정직이란 사람이나 사람의 성품, 마음 따위가 거짓이 없고, 바르고 곧은 것을 말한다. 정직한 행동으로는 '다른 사람에게 거짓말을 하지 않고 솔직하게 말하기, 길에서 주은 돈을 주인에게 찾아 주기, 교통질서 등 각종 규칙을 잘 지키기' 등이 있다.

14 학교에서 실천할 수 있는 나눔과 봉사로 적절하지 <u>않은</u> 것은?
① 화단에 쓰레기 버리기　　　② 후배에게 학교생활 안내하기
③ 내가 가진 재능을 친구와 나누기　　　④ 학교 폭력 예방 홍보 활동 참여하기

✎해설 ─○ 봉사는 배려하는 마음을 바탕으로 다른 사람을 돕는 행동을 말한다. 학교는 도덕성을 길러 주고 지식과 기능을 익혀 훌륭한 사람이 되게 도와주는 곳이므로 쓰레기를 버리는 행동을 하지 말아야 하며 잘 가꾸고 보호해야 한다.

 정답　12. ②　13. ③　14. ①

15 ㉠에 들어갈 내용으로 가장 적절한 것은?

① 개인 정보를 마음대로 공유하자!
② 음악 파일을 불법으로 내려받지 말자!
③ 학급 누리집에 친구가 올린 과제를 베끼자!
④ 친구의 아이디와 비밀번호를 허락 없이 사용하자!

해설 ㅇ 사이버 공간에서 권리를 보호하기 위해서는 불법으로 음악 파일을 내려 받으면 안
된다.

16 ㉠에 들어갈 내용으로 가장 적절한 것은?

① 나의 단점을 찾아 보완하기　② 부모님이 하라는 일만 하기
③ 어려운 일은 무조건 포기하기　④ 내 숙제를 동생에게 대신 시키기

해설 ㅇ ② 부모님이 시키는 일만 하지 않고 할 일을 스스로 찾아서 하도록 한다.
③ 어려운 일이라고 쉽게 포기하지 않는다.
④ 내가 할 일을 남에게 시키지 않고 맡은 일을 훌륭하게 해낸다.

17 평화 통일 이후에 기대되는 한국의 모습으로 가장 적절한 것은?

① 우수한 전통문화가 사라진다.

② 우리나라의 국토가 작아진다.

③ 우리말 대신 다른 언어를 사용한다.

④ 아시아와 유럽 대륙을 육로로 이동할 수 있다.

✎해 설 ┌o 평화 통일이 되면 남북 간의 전쟁 위험이 사라지며 헤어졌던 이산가족이 다시 만나 함께 살 수 있고, 남북한 주민이 자유롭게 왕래할 수 있다.

18 다양한 지구촌 문제를 해결하려는 자세로 적절하지 <u>않은</u> 것은?

① 인종 차별을 하지 않기　　② 국제 구호 단체에 기부하기

③ 나와 다른 종교를 존중하기　　④ 환경 문제에 관심을 가지지 않기

✎해 설 ┌o 지구촌 문제를 해결하려는 자세
　• 상호존중과 공존의 태도를 취한다.
　• 인종 차별을 하지 않는다.
　• 문화 교류, 체육 교류 등을 활성화한다.
　• 나와 다른 종교를 존중한다.
　• 전쟁을 위한 준비보다 평화를 위한 준비를 위해 노력한다.
　• 국제 구호 단체에 기부한다.
　• 환경과 동식물을 보호하기 위해 노력한다.

19 다음 중 공정한 생활로 가장 적절한 것은?

① 공연장에 새치기하며 입장한다.

② 학급 회의 시간에 골고루 발표 기회를 준다.

③ 체육 시간에 심판이 무조건 여학생 편만 든다.

④ 피구 경기에서 나와 친한 친구에게만 공을 준다.

✎해 설 ┌o ① 공공장소에서 새치기를 하지 않는다.
　　　③ 심판은 차별을 하지 않고 공정하게 심판을 해야 한다.
　　　④ 친한 친구에게만 공을 주지 않고, 다른 친구들에게도 동등한 기회를 주어야 한다.

20 ㉠에 들어갈 내용으로 가장 적절한 것은?

> 20○○년 ○○월 ○○일(○요일) 날씨:☀
>
> **오늘의 반성**
>
> 나는 철수가 싫어하는 행동을 지속적으로 하였다. 그래서 철수에게 진심을 담아 사과하고 싶다.
>
> "철수야, 미안해. 앞으로 내가 (㉠)."

① 너를 괴롭히는 친구를 때려 줄게

② 다른 친구의 용돈을 빼앗아 너에게 줄게

③ 학급 누리집에 너의 단점을 계속 퍼뜨릴게

④ 네가 싫어하는 행동은 하지 않도록 약속할게

✏ 해 설 ┌─○ 친구끼리는 친구의 잘못을 용서해 주고, 내가 잘못한 일이 있다면 진심으로 먼저 사과해야 한다.

초등학교 졸업학력 검정고시 대비

실 과

2024년 2회 시행

01 그림에 해당하는 가족 형태는?

저는 다른 가족 구성원 없이 혼자 살고 있어요.

① 1인 가족   ② 조손 가족

③ 확대 가족   ④ 한 부모 가족

✎해설 ○ ② 조손 가족 : 부모 세대 없이 조부모인 1세대와 손자녀인 3세대로 이루어진 가족 형태
③ 확대 가족 : 자녀가 결혼 후에도 부모, 조부모와 함께 사는 가족 형태
④ 한 부모 가족 : 혼자서 자녀를 키우며 부모 역할을 담당하는 한 부모와 자녀로 구성된 가족 형태

02 다음 중 여성에게만 나타나는 성적 발달은?

① 몽정을 경험한다.   ② 어깨가 넓어진다.

③ 월경이 시작된다.   ④ 목소리가 굵어진다.

✎해설 ○ 성적 발달이란 아동 후기가 끝나기 직전에서부터 아동의 신체적 발달상에 성적인 변화가 일어나는 것으로, ①·②·④는 남성에게만 나타나는 성적 발달의 특성이다.

정답   01. ①   02. ③

03 그림에 해당하는 감각은?

① 시각   ② 청각
③ 촉각   ④ 후각

✎ 해 설 ○ ② 청각 : 귀를 이야기하고, 소리를 듣는 것의 감각이다.
            ③ 촉각 : 손과 발, 모든 피부에 닿는 것의 감각이다.
            ④ 후각 : 코를 이야기하고, 냄새를 맡는 것의 감각이다.

04 다음 중 옷의 기능으로 적절하지 <u>않은</u> 것은?

① 신체를 보호해 준다.
② 청결을 유지해 준다.
③ 체온을 조절해 준다.
④ 영양소를 공급해 준다.

✎ 해 설 ○ 옷의 기능
    • 보호적 기능 : 겉옷은 외부 환경의 오염 물질로부터 몸을 보호해 주고, 추위와 더
      위를 막아 체온을 유지한다. 또한, 몸을 다치지 않게 보호하고, 청결의 유지 및 능
      률을 향상시키는 역할을 한다. ⑩ 내복, 스키복, 소방복, 안전모, 양말, 속옷, 수영
      복, 야구복 등
    • 표현적 기능 : 표현의 기능은, 옷을 입음으로써 직업과 신분, 예의 표현, 개성 등을
      나타낸다. ⑩ 교복, 군복, 경찰복, 모자, 한복, 양복 등

05 다음은 방울토마토 가꾸기 과정이다. 순서대로 바르게 배열한 것은?

> ㄱ. 방울토마토 모종을 심는다.
> ㄴ. 방울토마토가 익으면 수확한다.
> ㄷ. 심은 모종에 주기적으로 물을 준다.

① ㄱ - ㄴ - ㄷ   ② ㄱ - ㄷ - ㄴ

③ ㄷ - ㄱ - ㄴ   ④ ㄷ - ㄴ - ㄱ

✎해설 ─o 방울토마토 가꾸기 과정
　　　　① 방울토마토 모종을 심는다.
　　　　② 심은 모종에 주기적으로 물을 준다.
　　　　③ 방울토마토의 가지치기를 하고, 지지대를 설치한다.
　　　　④ 방울토마토가 익으면 수확한다.

06 다음 설명에 해당하는 옷 관리 방법은?

　　　　　　　　　　　　　　손상된 옷을 손질한다.

① 보관하기   ② 분류하기   ③ 세탁하기   ④ 수선하기

✎해설 ─o 옷이 손상되거나 낡았을 때, 단추가 떨어지거나 솔기가 뜯어졌을 때 간단한 방법으로 수선하여 입으면 옷의 수명을 연장할 수 있다.

07 ㉠에 공통으로 들어갈 말로 알맞은 것은?

> o (㉠)은/는 자유롭게 쓸 수 있는 돈이다.
> o (㉠) 기입장을 작성하여 자신의 소비 습관을 파악한다.

① 용돈   ② 전기   ③ 청소   ④ 환경

✎해설 ─o 용돈은 개인이 사용하기 위해 가지고 있는, 특별한 이유가 없는 이상 자기 마음대로 쓸 수 있는 돈이다. 용돈을 언제, 어떤 곳에, 얼마만큼의 돈을 사용했는지 기록하면 수입과 지출을 쉽게 파악하여 낭비를 줄이고, 계획적인 소비 생활을 하는 데 도움이 된다.

 정답　05. ②　06. ④　07. ①

08 다음 설명에 해당하는 자원은?

○ 다양하고 풍부한 먹을거리를 제공한다.
○ 곡식, 과일, 채소, 고기 등이 있다.

① 시간 자원　　　② 식량 자원　　　③ 인적 자원　　　④ 지식 자원

✎해 설 ─o　• 인적 자원 : 시간, 지식, 기술, 건강, 언어, 문화 등 눈에 보이지 않는 개인적 특성
　　　　　　이나 능력
　　　　　• 물적 자원 : 광물, 나무 등의 천연자원과 공간, 공공시설, 물품, 동력, 돈 등과 같이
　　　　　　형태가 있는 자원

09 ㉠에 공통으로 들어갈 말로 알맞은 것은?

○ (㉠)은/는 사람이나 물건 등을 원하는 장소까지 이동시켜 주는 일이다.
○ (㉠) 수단의 기본 요소에는 구동, 조향, 제동장치가 있다.

① 건강　　　　　② 수송　　　　　③ 안전　　　　　④ 정비

✎해 설 ─o 수송 수단의 기본적인 요소
　　　　　• 구동장치 : 수송 수단을 움직이게 하는 기술이나 장치이다.
　　　　　• 조향장치 : 수송 수단의 방향을 제어하는 장치이다.
　　　　　• 제동장치 : 수송 수단을 감속하거나 정지시키는 기술이나 장치이다.

10 다음 설명에 해당하는 동물 기르기 방법은?

주기적으로 목욕을 시킨다.

① 분양받기　　　② 먹이 주기　　　③ 산책 시키기　　　④ 청결 유지하기

✎해 설 ─o ① 분양받기 : 동물 전문점에서 구매하거나 가까운 사람에게 분양받는다.
　　　　　② 먹이 주기 : 시간과 횟수를 정하여 먹이를 준다.
　　　　　③ 산책 시키기 : 동물의 건강을 위해 알맞은 운동을 시킨다.

11 그림에서 안전 점검이 필요한 자전거의 구성 요소는?

① 안장   ② 반사경
③ 프레임   ④ 브레이크

해설 ① 안장 : 운전자가 앉는 조정석 역할을 한다.
② 반사경 : 자전거 후방, 페달, 측면에 부착돼 어두운 곳에서 빛을 반사해 자전거의
방향을 알려주는 역할을 한다.
③ 프레임 : 자전거가 충격에 의해 파손되지 않도록 단단한 구조로 되어 있다.

12 다음 행동으로 예방할 수 있는 것은?

길을 건널 때에는 횡단보도를 이용하고, 휴대 전화를 사용하지 않는다.

① 식중독   ② 전염병
③ 교통사고   ④ 약물 중독

해설 교통사고를 예방하기 위해서는 횡단보도를 이용하고, 신호를 지키며, 도로를 횡단할
때는 좌우를 잘 살펴야 한다.

정답 11. ④ 12. ③

13 그림에 해당하는 옷 만들기 과정은?

① 본뜨기   ② 치수 재기

③ 마름질하기   ④ 바느질하기

> **해설** ④ 바느질하기 : 한 땀, 한 땀 바느질하여 완성한다.
> ① 본뜨기 : 종이에 원하는 모양을 그리고 자른다.
> ② 치수 재기 : 자로 정확하게 치수를 잰다.
> ③ 마름질하기 : 천에 초크로 원하는 모양과 크기로 그림을 그려 가위로 자른다.

14 다음의 썰기 방법을 적용한 것으로 적절한 것은?

> ○ 통썰기 또는 통째썰기라고 한다.
> ○ 호박, 무 같은 둥근 채소를 가로로 놓고 둥근 모양대로 써는 방법이다.

①   ②   ③   ④

> **해설** 통썰기는 오이, 무, 당근, 연근, 고구마와 같은 채소를 가로로 놓고 평행하게 내려 써는 것으로 두께는 재료나 조리 방법에 따라 다르게 조절한다.

15 그림의 기능을 가진 전자 제품은?

① 선풍기   ② 세탁기
③ 전기밥솥   ④ 전자레인지

✏️ 해설 ┌─○ 세탁기는 의복, 이불, 담요, 수건, 인형 등 섬유품을 깨끗하게 해주는 기계다.

16 다음 설명에 해당하는 발명 기법은?

하나의 물건에 다른 물건이나 기능을 더한다.

① 빼기   ② 더하기
③ 반대로 하기   ④ 재료 바꾸기

✏️ 해설 ┌─○ ① 빼기 : 기존의 물건에서 특정 부분을 없애거나 빼버리는 것으로 새로운 물건이 되
도록 하는 기법이다. 예 선이 있는 헤드폰에서 선을 제거하여 만든 무선 헤드폰
③ 반대로 하기 : 기존 물건의 모양이나 크기, 방향 등을 반대로 하여 새로운 발명품
을 만드는 기법이다. 예 손가락 장갑에서 벙어리 장갑으로 만들기
④ 재료 바꾸기 : 물건을 만드는 재료를 다른 것으로 바꾸어 새로운 것을 만들거나
다른 용도로 사용하는 기법이다. 예 연탄재로 만든 벽돌

정답 **15.** ② **16.** ②

17 다음 설명에 해당하는 것으로 가장 적절한 것은?

> 글, 그림, 사진, 음악 등 지적 활동으로 만들어진 창작물 중 사회적·경제적 가치가 있는 것이다.

① 식습관　　　　② 정보 윤리　　　　③ 지식 재산　　　　④ 사이버 중독

✎해설 ─o 지식 재산이란 무형의 지식, 즉 교육, 연구, 문화, 예술, 기술 등 지적 활동으로 인하여 발생하는 모든 재산을 말한다.

18 다음 설명에 해당하는 로봇은?

> 집 안의 더러운 곳을 청소해 준다.

① 교육 로봇　　　② 수술 로봇　　　③ 애완 로봇　　　④ 청소 로봇

✎해설 ─o ① 교육 로봇 : 가정이나 학교 등에서 교육의 보조 수단을 제공하는 로봇이다.
② 수술 로봇 : 수술 등에서 집도의를 도와 수술을 보조해 주는 로봇이다.
③ 애완 로봇 : 애완동물처럼 가까이에 두고 가지고 놀 수 있도록 만든 로봇이다.

19 ㉠에 공통으로 들어갈 말로 알맞은 것은?

> ○ (㉠)은/는 로봇에서 인체의 감각 기관과 같은 역할을 한다.
> ○ 대표적인 종류로 빛 (㉠), 소리 (㉠) 등이 있다.

① 바퀴　　　　② 센서　　　　③ 체인　　　　④ 페달

✎해설 ─o ① 바퀴 : 자전거나 자동차를 지지하고 굴러가도록 해준다.
③ 체인 : 페달과 바퀴를 연결하는 역할을 하는데 페달을 밟으면 자전거 체인이 회전한다.
④ 페달 : 자전거를 밟아 움직이는 데 사용되는 부분이다.

20 다음 설명에 해당하는 직업은?

 자동차를 검사하고 정비한다.

① 의사   ② 사회 복지사

③ 자동차 정비사   ④ 항공기 정비사

해 설 ① 의사 : 일정한 자격을 가지고 의술과 약으로 병을 진찰·치료하는 직업이다.
② 사회 복지사 : 아동, 청소년, 노인, 장애인 등 다양한 사회적 보호가 필요한 사람들에게 사회복지제도를 활용하여 사회에 잘 적응할 수 있도록 돕는 직업이다.
④ 항공기 정비사 : 항공기를 제대로 운항할 수 있도록 유지·보수를 하는 직업이다.

정답   20. ③

2024년 **1회**

초등학교 졸업학력 검정고시 대비 기출문제

2024년 4월 시행

똑같은 기출 똑똑한 해설

초등학교 졸업학력 검정고시 대비

국 어

2024년 1회 시행

01 수지에게 해 줄 수 있는 공감하는 말로 가장 적절한 것은?

> 지난번 글짓기 대회에서 내가 쓴 글이 뽑히지 않아 속상했어. 며칠 동안 열심히 준비했는데…….
> 수지

① 지금 바쁘니까 나중에 얘기하자.

② 나는 어제 그림 대회에서 상을 받았어.

③ 열심히 썼는데 뽑히지 않아 아쉬웠겠다.

④ 그러니까 평소에 더 열심히 준비했어야지.

✏️해 설 ─○ 글짓기 대회에서 상을 받지 못해 속상하다고 말하고 있으므로, 상대의 마음을 이해하고, 상대가 느끼는 감정과 같이 느끼며, 귀를 기울여 듣고 상대를 배려하며 말하는 대화로 ③이 가장 적절하다

02 다음 중 낱말의 짜임이 다른 것은?

① 겨울　　　　　　　② 덧신

③ 모래　　　　　　　④ 바위

✏️해 설 ─○ ② 덧신(덧－＋신)은 복합어로, 뜻을 더해 주는 말과 뜻이 있는 낱말을 합한 낱말이다.
　　　　　①, ③, ④ 단일어 : 나누면 본디의 뜻이 없어져 더는 나눌 수 없는 낱말이다.

03 책을 읽는 태도로 적절하지 <u>않은</u> 것은?

① 자신의 경험과 지식을 떠올리며 읽는다.

② 궁금한 점이 있으면 스스로 질문하며 읽는다.

③ 책의 내용은 무조건 옳다고 생각하며 읽는다.

④ 글에 나타난 주제가 무엇인지 생각하며 읽는다.

✎ 해설 ─○ ③ 책을 읽을 때는 책에 대한 선입견이나 책의 내용이 과장·왜곡이 있을 수 있으므로 비판하며 읽는 태도를 가지도록 한다.

[4~5] 다음 글을 읽고 물음에 답하시오.

> 아침 일찍, ㉠ 아빠께서 공원에 가자며 나를 깨우셨다. ㉡ 아빠께서는 물통을 들고 걸어가셨다. ㉢ 나는 아빠를 따라 맨손 체조를 했다. ㉣ 아빠와 함께 아침 운동을 하니 기분이 참 상쾌했다.

04 윗글에 나타난 시간적 배경으로 알맞은 것은?

① 공원

② 우리 집

③ 아침 일찍

④ 여름 방학

✎ 해설 ─○ ③ 시간적 배경은 일이 일어난 시간인데, 해당 지문에는 '아침'이라는 단어가 반복되어 나옴을 알 수 있다.

05 ㉠~㉣ 중 글쓴이의 느낌이 드러난 것은?

① ㉠

② ㉡

③ ㉢

④ ㉣

✎ 해설 ─○ 해당 지문에서 ㉠, ㉡, ㉢은 글쓴이가 실제로 겪었던 '사실'을 말하는 것이고, 글쓴이의 생각이나 느낌이 나타난 부분은 '㉣ 기분이 참 상쾌했다.'이다.

정답 03. ③ 04. ③ 05. ④

06 토론할 때 지켜야 할 태도로 적절하지 <u>않은</u> 것은?

① 토론 주제와 관련된 이야기를 한다.

② 상대편의 주장을 주의 깊게 끝까지 듣는다.

③ 자신의 주장을 구체적이고 분명하게 말한다.

④ 상대편을 설득하기 위해 부정확한 자료도 사용한다.

✎해설 ─○ 토론은 어떤 문제에 대하여 찬성편과 반대편으로 나뉘어 찬성하거나 반대하는 의견을 내어 상대편을 설득하는 말하기이다. 토론자는 근거를 들어 자신의 주장을 말하고, 근거로 든 자료는 정확해야 한다.

[7~8] 다음 글을 읽고 물음에 답하시오.

풀잎과 바람

정완영

나는 풀잎이 좋아, ㉠ <u>풀잎 같은 친구 좋아</u>
바람하고 엉켰다가 풀 줄 아는 풀잎처럼
헤질* 때 또 만나자고 손 흔드는 친구 좋아.

나는 바람이 좋아, 바람 같은 친구 좋아
㉡ <u>풀잎하고 헤졌다가 되찾아 온 바람처럼</u>
만나면 얼싸안는 바람, 바람 같은 친구 좋아.

* 헤지다 : '헤어지다'의 준말

07 ㉠과 같은 비유적 표현 방법을 사용한 것은?

① 방긋 웃는 장미꽃　　② 사과처럼 예쁜 얼굴

③ 밤하늘에 빛나는 별　　④ 졸졸 흐르는 시냇물

✎해설 ─○ ② 직유법 : '마치 ~같다', '~인 양', '~같은', '~처럼', '~듯이'와 같은 말을 써서 두 대상을 직접 견주어 표현하는 방법이다.

08 ⓒ에 해당하는 인물로 가장 적절한 것은?

① 동생에게 축구를 가르쳐 준 친구

② 주운 돈을 경찰서에 가져다준 친구

③ 전학 갔다가 나를 다시 만나러 온 친구

④ 무거운 짐을 들고 가시는 할머니를 도와드린 친구

✏️해설 ○ ⓒ은 친구와 헤어졌다가 다시 만나는 모습을 풀잎과 바람에 빗대어 표현한 것으로, 보기 중 '③ 전학 갔다가 나를 다시 만나러 온 친구'가 가장 적절한 인물이다.

09 ㉠~㉣ 중 글쓴이의 의견을 나타낸 문장은?

> ㉠ 지난 방학 때 나는 가족과 함께 독도를 다녀왔다. ㉡ 독도는 화산섬이라서 식물이 잘 자라기 힘든 곳이다. ㉢ 이런 환경에서도 괭이밥, 쇠비름 같은 풀이 잘 자란다고 한다. ㉣ 우리는 독도의 자연 생태계를 보전하려고 노력해야 한다.

① ㉠   ② ㉡

③ ㉢   ④ ㉣

✏️해설 ○ ㉠, ㉡, ㉢은 사실을 나타낸 문장이다.
의견은 글쓴이 또는 인물이 어떤 일이나 대상에 대한 느낌이나 생각을 말한다. ㉣에는 '독도의 자연 생태계를 보전하려고 노력해야 한다.'는 글쓴이의 의견이 나타나 있다.

정답 08. ③ 09. ④

10 ㉠에 들어갈 말로 가장 적절한 것은?

> ○ 주장 : (㉠   )
> ○ 근거 :
>   − 거친 말은 상대방의 기분을 상하게 한다.
>   − 줄임말을 쓰면 상대방이 잘 이해하지 못할 수 있다.
>   − 상황에 맞게 높임말을 사용하면 예의를 지킬 수 있다.

① 마스크를 착용하자.
② 교통 규칙을 지키자.
③ 공기 정화 식물을 기르자.
④ 올바른 언어 습관을 기르자.

🖊해 설 ─○ 주장을 뒷받침하는 근거를 볼 때 '올바른 언어 습관을 기르자.'가 주장으로 적절하다.
　　　　• 주장 : 어떤 문제에 대하여 내세우는 글쓴이의 생각
　　　　• 근거 : 주장을 뒷받침하는 내용

11 다음 글에 나타난 글쓴이의 의견을 실천하기 위한 방법으로 적절하지 <u>않은</u> 것은?

> 　어린이 보행 중 교통사고는 심각한 사회 문제가 되었다. 어린이 보행 안전은 더 이상 남에게 미룰 수도 없고, 남이 대신해 줄 수도 없다. 우리 모두 노력해 어린이 보행 중 교통사고가 일어나지 않도록 하자.

① 보행 중 핸드폰 사용을 권장해야 한다.
② 다양한 보행 안전시설을 설치해야 한다.
③ 어린이에게 교통안전 교육을 실시해야 한다.
④ 어린이 보호 구역에서 안전 속도를 지켜야 한다.

🖊해 설 ─○ 해당 지문은 어린이 보행 안전에 대한 내용으로, 이를 실천하기 위한 방법으로 보행 중 핸드폰 사용은 금지해야 한다.

12 다음의 밑줄 친 낱말과 같은 의미로 사용된 것은?

> 어머니께서 맛있는 <u>배</u>를 사 오셨다.

① 나는 <u>배</u>가 많이 아팠다.

② 나는 동생과 함께 <u>배</u>를 먹었다.

③ 나는 <u>배</u>를 타고 제주도에 갔다.

④ 나는 동생보다 연필이 두 <u>배</u> 많다.

✏️ 해설 ─○ 어머니께서 맛있는 <u>배</u>를 사 오셨다. → 배나무의 열매
　　② 나는 동생과 함께 <u>배</u>를 먹었다. → 배나무의 열매
　　① 나는 <u>배</u>가 많이 아팠다. → 사람이나 동물의 몸에서 가슴과 다리 사이의 부위
　　③ 나는 <u>배</u>를 타고 제주도에 갔다. → 사람이나 물건을 싣고 물 위를 떠다니도록 만든 물건
　　④ 나는 동생보다 연필이 두 <u>배</u> 많다. → 수 관형사 뒤에서 의존적 용법으로 쓰여, 그 수만큼 거듭됨을 이르는 말

13 문장 성분의 호응 관계가 올바르지 <u>않은</u> 것은?

① 누나가 술래에게 잡혔다.

② 내일 동생은 동화책을 읽었다.

③ 어머니께서 떡볶이를 해 주셨다.

④ 나는 축구를 별로 좋아하지 않는다.

✏️ 해설 ─○ 시간을 나타내는 말에 따라 서술어가 달라진다. 즉, 과거를 나타낼 때에는 서술어에 '-었-'을 쓰고, 현재를 나타낼 때에는 '-는-'을 쓴다. 또 미래를 나타낼 때에는 '-겠-(-을 것-)'을 쓴다.
　　② 내일 동생은 동화책을 읽었다. → 내일 동생은 동화책을 읽을 것이다.

14 다음 글에서 대상을 설명하기 위해 사용한 방법으로 가장 적절한 것은?

> 세계 여러 도시에는 유명한 탑이 있습니다. 예를 들어 이탈리아 토스카나주에는 피사의 사탑이 있고, 프랑스 파리에는 에펠 탑이 있습니다. 그리고 중국 상하이에는 동방명주 탑이 있습니다

① 나열하여 설명하기 ② 대조하여 설명하기
③ 분석하여 설명하기 ④ 상상하여 설명하기

✏️해 설 ─○ 열거 : 설명하려는 대상의 특징을 나열해 설명하는 방법을 열거라고 하는데, 표현하려는 대상이나 내용을 구체적으로 알려주는 데 좋은 방법이다.

15 다음의 밑줄 친 문장에 어울리는 속담으로 가장 적절한 것은?

> ○ 민수 : 어제 자전거를 타다가 넘어져서 다쳤어.
> ○ 수빈 : 많이 다쳤어? <u>자전거를 정말 잘 타는 사람도 넘어질 수가 있어.</u> 그러니 항상 조심해.

① 원숭이도 나무에서 떨어진다.
② 사공이 많으면 배가 산으로 간다.
③ 낮말은 새가 듣고 밤말은 쥐가 듣는다.
④ 콩 심은 데 콩 나고 팥 심은 데 팥 난다.

✏️해 설 ─○ 속담 : 예로부터 전해 내려오는 쉽고 짧으면서도 소중한 교훈을 담고 있는 말로, 옛사람의 생각이나 지혜, 해학, 교훈이 담겨 있다.
① 원숭이도 나무에서 떨어진다. : 아무리 잘하는 사람이라도 간혹 실수할 때가 있다는 뜻
② 사공이 많으면 배가 산으로 간다. : 여러 사람이 저마다 자기 주장대로 하려 들면 일이 제대로 되기 어렵다는 뜻
③ 낮말은 새가 듣고 밤말은 쥐가 듣는다. : 주위에 듣는 사람이 아무도 없는 것 같아도 늘 조심해야 한다는 뜻
④ 콩 심은 데 콩 나고 팥 심은 데 팥 난다. : 모든 일은 원인에 따라서 결과가 생긴다는 뜻

16 토의할 때 의견을 조정하면 좋은 점으로 적절하지 <u>않은</u> 것은?

① 토의를 원활하게 진행할 수 있다.

② 내 의견만 끝까지 주장할 수 있다.

③ 문제를 합리적으로 해결할 수 있다.

④ 토의에 참여하는 사람들의 갈등을 줄일 수 있다.

✏ 해 설 ↝ 토의는 어떤 문제에 대하여 여러 사람이 협력하여 가장 적절한 해결 방안을 찾는 방법으로, 의견을 조정하면 토의를 원활하게 진행하여 문제를 합리적으로 해결할 수 있으며, 토의에 참여하는 사람들의 갈등을 줄일 수 있다.

17 다음의 짜임에 해당하는 문장으로 적절한 것은?

무엇이 어떠하다.

① 감은 과일이다.　　　　② 나는 학생이다.

③ 하늘이 파랗다.　　　　④ 친구가 노래를 부른다.

✏ 해 설 ↝ 문장의 짜임에서 '어떠하다'는 대부분 상태를 나타내고, '어찌하다'는 동작을 나타낸다.

'③ 하늘이 파랗다.'는 하늘의 상태를 표현한 것이다.

18 '고양이 기르기'라는 제목으로 글을 쓰려고 할 때 자료를 찾는 방법으로 적절하지 <u>않은</u> 것은?

① 고양이의 종류를 식물도감에서 찾는다.

② 고양이의 특성을 백과사전에서 조사한다.

③ 고양이와 놀아 주는 방법을 동영상으로 살펴본다.

④ 고양이의 집을 꾸미는 사례를 인터넷에서 검색한다.

✏ 해 설 ↝ ① 식물도감은 식물에 대하여 자세히 설명한 사전으로, '고양이 기르기'라는 제목의 글을 쓰기 위한 자료를 찾기에 적절하지 않다.

정답　**16.** ②　**17.** ③　**18.** ①

[19~20] 다음 글을 읽고 물음에 답하시오.

배낭을 멘 노인

○ ㉠ <u>때</u> : 어느 가을날

○ 곳 : 어느 한적한 마을

○ ㉡ <u>나오는 사람</u> : 노인, 식당 주인

  노인이 식당 구석진 자리에 앉는다. 배낭을 벗지 않은 채 엉거주춤 위태롭게 앉는다.
(중략)

식당 주인 : ㉢ <u>(배낭을 벗겨 주려고 배낭을 들면서)</u> 무거운데, 이거는 벗어 놓고
     드세요.

노인 : (놀란 듯이 황급히 배낭끈을 잡아 쥐면서) ㉣ <u>놔둬요.</u>

---

19 위와 같은 글에 대한 설명으로 가장 적절한 것은?

① 운율을 살려 쓴 글   ② 근거를 내세워 주장하는 글

③ 대상의 특징을 설명하는 글   ④ 무대에서 공연하기 위해 쓴 글

🖌 해설 — ① 시 : 운율을 살려 생각이나 느낌을 함축적으로 나타낸 글이다.
      ② 주장하는 글 : 근거를 내세워 주장하는 글이다.
      ③ 설명하는 글 : 대상의 특징을 설명하는 글이다.

20 ㉠~㉣ 중 다음 설명에 해당하는 것은?

지문 : 인물의 동작, 표정, 심리, 말투 따위를 지시하거나 서술함.

---

① ㉠   ② ㉡

③ ㉢   ④ ㉣

🖌 해설 — 지문은 인물의 행동이나 표정, 음향 효과 등을 설명하는 부분으로, 괄호 안에 써서
      나타낸다.

초등학교 졸업학력 검정고시 대비

수 학

2024년 1회 시행

01 다음 중 가장 큰 수는?

① 204717

② 258501

③ 264011

④ 280476

해설 ─○ 십만 자리의 숫자가 2로 같으므로 만의 자리 숫자를 비교하면, ①이 0, ②가 5, ③이 6, ④가 8이므로 280476이 가장 큰 수이다.

02 다음 마름모에서 □ 안에 알맞은 수는?

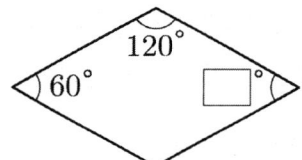

① 40

② 60

③ 80

④ 100

해설 ─○ 마름모는 마주 보는 두 각의 크기가 같으므로 □ 안에 알맞은 수는 60이다.

03 삼각형의 세 각의 크기의 합을 알아보는 과정이다. ㉠에 알맞은 각도는?

삼각형을 잘라서 세 꼭짓점이 한 점에 모이도록 이어 붙였더니 삼각형의 세 각의 크기의 합이 ㉠ 가 되네.

① 90°

② 180°

③ 270°

④ 360°

해설 ─○ 삼각형을 잘라서 세 꼭짓점이 한 점에 모이도록 이어 붙이면 한 직선 위에 맞춰진다. 한 직선이 이루는 각의 크기는 180°이므로 ㉠에 알맞은 각도는 180°이다.

정답 01. ④ 02. ② 03. ②

04 다음 삼각형 안의 수 배열에는 일정한 규칙이 있다. ㉠에 알맞은 수는?

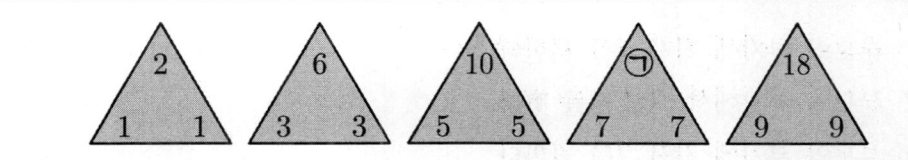

① 12   ② 14   ③ 18   ④ 22

✎해설 ◦ 삼각형 안의 위쪽에 있는 수는 아래쪽에 있는 두 수의 합과 같다. 이 규칙에 따라
㉠은 $7+7=14$이다.

05 다음 식의 계산 결과는?

$$25-5\times3$$

① 10   ② 20
③ 30   ④ 40

✎해설 ◦ 뺄셈, 곱셈이 섞여 있는 식은 곱셈을 먼저 계산한다.
따라서 $25-5\times3=25-15=10$이다.

06 $\dfrac{2}{3}+\dfrac{1}{4}$을 계산하는 과정이다. □에 알맞은 수는?

$$\frac{2}{3}+\frac{1}{4}=\frac{2\times4}{3\times\square}+\frac{1\times3}{4\times3}=\frac{8}{12}+\frac{3}{12}=\frac{11}{12}$$

① 4   ② 5
③ 8   ④ 9

✎해설 ◦ 분모가 다른 진분수의 덧셈은 분모의 곱을 공통분모로 하여 통분한다.
따라서 □ 안에 알맞은 수는 4이다.

07 $\dfrac{6}{24}$ 과 크기가 같은 분수를 만드는 방법으로 옳은 것은?

① 분모와 분자에 각각 2를 더한다.

② 분모와 분자에서 각각 2를 뺀다.

③ 분모와 분자에 각각 2를 곱한다.

④ 분자는 그대로 두고 분모만 4로 나눈다.

✎해설 　분모와 분자에 각각 0이 아닌 같은 수를 곱하거나 분모와 분자를 각각 0이 아닌 같은 수로 나누면 크기가 같은 분수가 된다.

따라서 $\dfrac{6}{24}$ 의 분모와 분자에 각각 2를 곱하거나 분모와 분자를 2로 나누면 $\dfrac{6}{24}$ 과 크기가 같은 분수가 된다.

08 $\dfrac{8}{9} \div 4$ 의 몫을 구하려고 할 때, ㉠에 알맞은 수는?

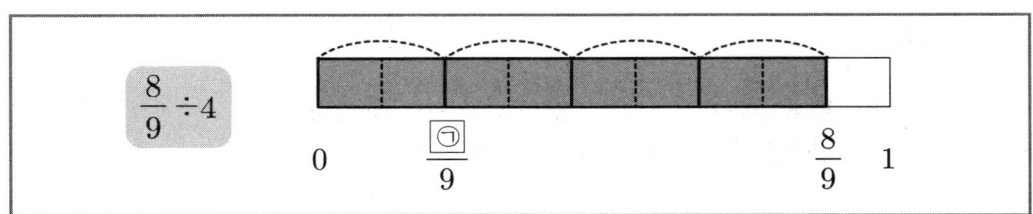

① 1

② 2

③ 3

④ 4

✎해설 　(분수)÷(자연수)에서 분자가 자연수의 배수일 때는 분자를 자연수로 나눈다.

$$\dfrac{8}{9} \div 4 = \dfrac{8 \div 4}{9} = \dfrac{2}{9}$$

따라서 ㉠은 2이다.

09 □ 안에 공통으로 들어갈 수는?

$$0.3 \times 0.2 = \frac{3}{\square} \times \frac{2}{\square} = \frac{6}{100} = 0.06$$

① 10   ② 100   ③ 1000   ④ 10000

✎ 해 설 ─○ (소수)×(소수)는 분수의 곱셈으로 계산할 수 있다. 0.3과 0.2는 각각 분수로 나타내면 $\frac{3}{10}$과 $\frac{2}{10}$이므로 □안에 공통으로 들어갈 수는 10이다.

10 다음 점대칭도형에서 변 ㄱㄴ의 대응변과 그 길이가 알맞게 짝지어진 것은?

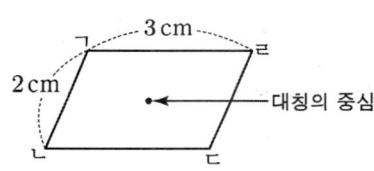

	대응변	길이
①	변 ㄱㄹ	2cm
②	변 ㄱㄹ	3cm
③	변 ㄷㄹ	2cm
④	변 ㄷㄹ	3cm

✎ 해 설 ─○ 대칭의 중심을 중심으로 180° 돌렸을 때 겹치는 변을 '대응변'이라고 하며, 각각의 대응변의 길이는 서로 같다.
따라서 변 ㄱㄴ의 대응변은 변 ㄷㄹ이고, 길이는 변 ㄱㄴ의 길이와 같은 2cm이다.

11 다음은 직육면체에 대한 설명이다. ㉠에 알맞은 수는?

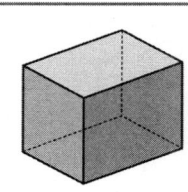

직육면체에서 서로 평행한 면은 모두 ┌─㉠─┐ 쌍이야.

① 1   ② 2   ③ 3   ④ 4

✎ 해 설 ─○ 직육면체에서 서로 평행한 면은 모두 3쌍이므로 ㉠에 알맞은 수는 3이다.

12 다음 원기둥의 전개도에서 □ 안에 알맞은 수는?

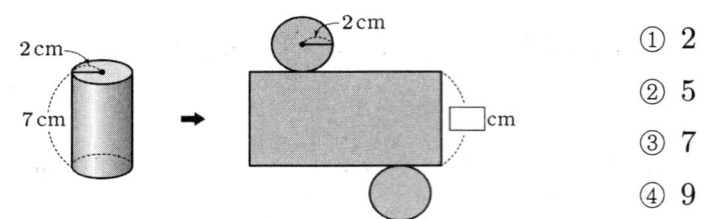

① 2
② 5
③ 7
④ 9

✎해설 ↱ 원기둥을 잘라서 펼쳐 놓은 그림을 원기둥의 전개도라고 한다. 원기둥에서 두 밑면에 수직인 선분의 길이인 원기둥의 높이는 전개도에서 옆면의 세로 길이와 같으므로 □ 안에 알맞은 수는 7이다.

13 그림과 똑같이 쌓을 때, 필요한 쌓기나무의 개수는?

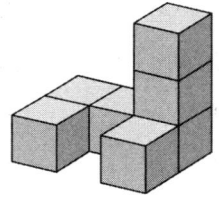

① 7개
② 8개
③ 9개
④ 10개

✎해설 ↱ 각 층에 쌓은 쌓기나무의 개수를 구한 후 더하면 필요한 쌓기나무의 개수를 구할 수 있다. 맨 아래 1층의 쌓기나무 개수는 5개, 2층과 3층의 쌓기나무 개수는 각각 1개이므로 필요한 쌓기나무의 개수는 $5+1+1 = 7$개이다.

14 그림의 지하 도로를 통과할 수 <u>없는</u> 높이는?

높이 3.0m 초과
진입 금지

△△ 지하 도로

① 1.9m
② 2.2m
③ 2.5m
④ 3.5m

✎해설 ↱ 3.0 초과인 수는 3.0보다 큰 수이므로 지하 도로를 통과할 수 없는 높이는 3.5m이다.

정답   12. ③   13. ①   14. ④

15 다음 정다각형은 모두 한 변의 길이가 3cm이다. 둘레가 가장 짧은 것은?

① 가
② 나
③ 다
④ 라

🖌️해 설 ─○ (정다각형의 둘레)=(한 변의 길이)×(변의 수)이므로 변의 수가 적을수록 둘레가 짧으므로 삼각형인 '가'의 둘레가 가장 짧다.

16 다음 원의 넓이는? (원주율 : 3)

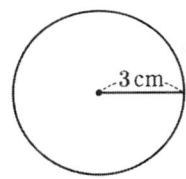

① $5cm^2$
② $10cm^2$
③ $15cm^2$
④ $27cm^2$

🖌️해 설 ─○ (원의 넓이)=(반지름)×(반지름)×(원주율)이므로 원의 넓이는 $3\times3\times3=27cm^2$이다.

17 다음 직육면체의 부피를 구하는 과정이다. ㉠에 알맞은 식은?

(직육면체의 부피)
= (가로)×(세로)×(높이)
= ⬜ ㉠ ⬜ = 60(cm³)

① $2\times3\times4$
② $3\times3\times4$
③ $4\times3\times4$
④ $5\times3\times4$

🖌️해 설 ─○ (직육면체의 부피)=(가로)×(세로)×(높이)에서 가로는 5cm, 세로는 3cm, 높이는 4cm이므로 ㉠에 알맞은 식은 $5\times3\times4$이다.

18 슬기와 연수가 빵 10개를 3 : 2로 나누어 가지려고 할 때, □ 안에 공통으로 들어갈 알맞은 식은?

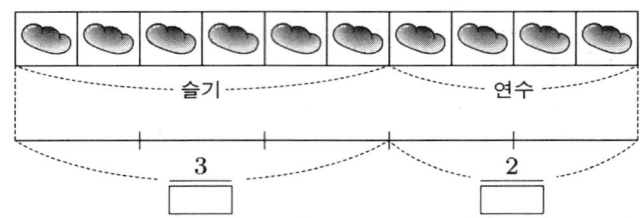

① $1+1$　　　　　　　　　② $2+1$

③ $2+2$　　　　　　　　　④ $3+2$

✎해설 → 빵 10개를 3 : 2로 나누면 슬기는 $10 \times \dfrac{3}{3+2} = 6$개, 연수는 $10 \times \dfrac{2}{3+2} = 4$개를 가진다. 따라서 □ 안에 공통으로 들어갈 알맞은 식은 $3+2$이다.

19 표는 은서네 모둠 학생 4명이 한 달 동안 대출한 도서 수를 나타낸 것이다. 한 달 동안 은서네 모둠 학생 4명이 대출한 도서 수의 평균을 구하는 식으로 알맞은 것은?

〈대출한 도서 수〉

이름	은서	수일	지혜	도영
도서 수(권)	6	4	6	8

① $6+4+6+8$　　　　　　② $6 \times 4 \times 6 \times 8$

③ $(6+4+6+8) \div 4$　　　④ $(6 \times 4 \times 6 \times 8) \div 5$

✎해설 → (평균)=(자료의 합계)÷(자료의 개수)이므로 평균을 구하는 식은 $(6+4+6+8) \div 4$이다.

정답　**18.** ④　**19.** ③

20 다음은 학생들이 좋아하는 간식을 조사하여 막대그래프로 나타낸 것이다. 그래프에서 알 수 있는 사실로 옳은 것은?

① 라면을 좋아하는 학생의 수는 30명이다.

② 학생들이 가장 좋아하는 간식은 치킨이다.

③ 피자를 좋아하는 학생은 떡볶이를 좋아하는 학생보다 많다.

④ 떡볶이를 좋아하는 학생의 수는 샌드위치를 좋아하는 학생의 수의 2배이다.

✎ 해설 ○ 막대그래프는 조사한 자료를 막대 모양으로 나타낸 그래프이다. 치킨의 막대가 가장 길기 때문에 학생들이 가장 좋아하는 간식은 치킨이다.
① 라면을 좋아하는 학생의 수는 25명이다.
③ 피자를 좋아하는 학생은 떡볶이를 좋아하는 학생보다 적다.
④ 떡볶이를 좋아하는 학생의 수는 샌드위치를 좋아하는 학생의 수의 3배이다.

초등학교 졸업학력 검정고시 대비
영 어

2024년 1회 시행

01 □안에 공통으로 들어갈 철자로 알맞은 것은?

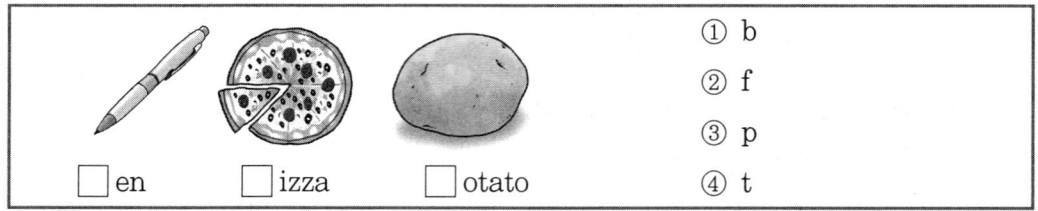

□en   □izza   □otato

① b
② f
③ p
④ t

✏해설 • pen : 펜   • pizza : 피자   • potato : 감자

□안에 공통으로 들어갈 철자는 'p'이다.

02 그림에서 책상 위에 놓여 있지 <u>않은</u> 것은?

① ruler
② pencil
③ eraser
④ scissors

✏해설 책상 위에 놓여 있지 않은 것은 'ruler(자)'이다.
• pencil : 연필   • eraser : 지우개
• scissors : 가위

정답   01. ③ 02. ①

03 다음 대화에서 설명하는 날씨를 표현한 그림은?

> A : How's the weather?
> B : It's sunny.

①

②

③

④

✎ 해 설 ─○ A : 날씨가 어때요?
　　　　　 B : 화창해요.

04 다음 대화의 빈칸에 들어갈 말로 가장 적절한 것은?

> A : _____ old are you?
> B : I'm eleven years old.

① Can　　　　　　　　② How
③ Who　　　　　　　　④ What

✎ 해 설 ─○ A : 너는 몇 살이니?
　　　　　 B : 나는 11살이야.
　　　　　 'How old are you?'는 나이를 물어볼 때 사용하는 표현이다.

05 그림으로 보아 Junho가 어제 한 일은?

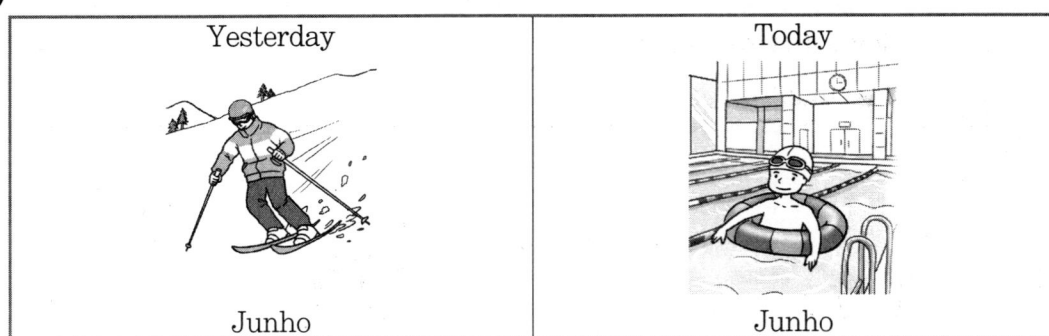

Yesterday	Today
Junho	Junho

① I went skiing.　　　　② I made a robot.

③ I swam at the pool.　④ I ate delicious food.

해설 준호는 어제 스키를 탔다.
① 나는 스키를 탔다.
② 나는 로봇을 만들었다.
③ 나는 수영장에서 수영했다.
④ 나는 맛있는 음식을 먹었다.

06 다음 대화에서 Jenny의 출신 국가는?

A : Hello, I'm Jenny.

B : Hello, my name is Tony. Where are you from?

A : I'm from France. How about you?

B : I'm from Canada.

① 미국　　　　　② 영국

③ 캐나다　　　　④ 프랑스

해설 A : 안녕, 나는 제니야.
B : 안녕, 나는 토니야. 너는 어디에서 왔니?
A : 나는 프랑스에서 왔어. 너는?
B : 나는 캐나다에서 왔어.

 정답　05. ①　06. ④

07 다음 글에서 설명하는 Ben의 모습으로 알맞은 것은?

> This is my friend, Ben.
> He has short curly hair.
> He is wearing glasses.

해설

> 여기는 내 친구 벤입니다.
> 그는 짧은 곱슬머리를 가지고 있습니다.
> 그는 안경을 쓰고 있습니다.

• curly : 곱슬곱슬한   • wear glasses : 안경을 쓰다

08 다음 글에서 Minho가 8시에 하는 일은?

> **Minho의 일과표**
>
> I get up at six.
> I have breakfast at seven.
> I go to school at eight.

① 일어나기
② 축구 하기
③ 학교 가기
④ 아침 식사하기

해설

> 민호의 일과표
>
> 나는 6시에 일어난다.
> 나는 7시에 아침을 먹는다.
> 나는 8시에 학교에 간다.

정답   07. ①   08. ③

09 다음 대화의 내용으로 보아 ⓐ에 들어갈 가격으로 알맞은 것은?

영수증		
상품	수량	금액(원)
공책	1	ⓐ

A : How much is this notebook?
B : It's nine hundred won.
A : Okay. I'll take it.

① 700원
② 900원
③ 7,000원
④ 9,000원

해설 ○ A : 이 공책은 얼마입니까?
B : 900원이에요.
A : 좋아요. 이것을 사겠습니다.

① 700원 : seven hundred won
③ 7,000원 : seven thousand won
④ 9,000원 : nine thousand won
공책 한 권은 900원이다.

10 다음 대화에서 물건과 주인이 바르게 연결된 것은?

A : Tom, is this your ball?
B : No, it's Peter's.
A : Whose umbrella is this?
B : It's Anna's.

① 공 – Anna
② 공 – Tom
③ 우산 – Anna
④ 우산 – Peter

해설 ○ A : 탐, 이거 네 공이야?
B : 아니, 피터 거야.
A : 이 우산은 누구 거야?
B : 안나 거야.
공은 피터, 우산은 안나의 것이다.

11 다음 글에서 학교 축제가 열리는 날은?

> ### School Festival
> The school festival is on May 2nd.
> We can sing, dance, and do some magic.

① 2월 5일   ② 3월 2일

③ 5월 2일   ④ 5월 12일

해설

> **학교 축제**
> 학교 축제는 5월 2일이다.
> 우리는 노래하고, 춤추고, 약간의 마술을 할 수 있다.

① February 5th   ② March 2nd   ④ May 12th

12 그림으로 보아 빈칸에 들어갈 말로 가장 적절한 것은?

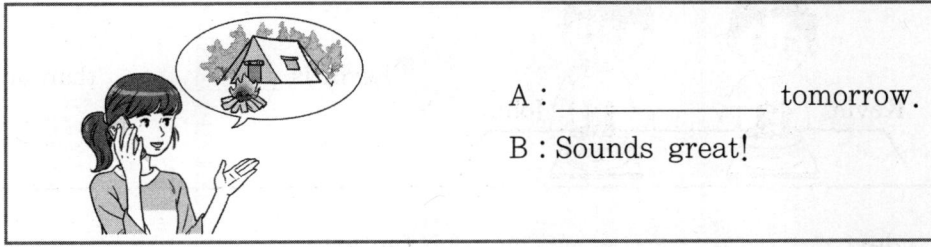

A : _____ tomorrow.

B : Sounds great!

① I'll take a shower   ② I'm in the fifth grade

③ I'm going to go to the bank   ④ Let's go camping together

해설 ──o A : 내일 <u>같이 캠핑 가자</u>.
       B : 좋은 생각이야!
       ① 나는 샤워할 것이다.
       ② 나는 5학년이다.
       ③ 나는 은행에 갈 것이다.

13 다음 대화에서 A의 질문으로 가장 적절한 것은?

> A : _____?
>
> B : It's on October 21st.

① What time is it

② When is your birthday

③ What will you do this weekend

④ How was your summer vacation

✎ 해 설 ┌─◦ A : 생일이 언제니?
　　　　　B : 10월 21일이야.
　　　　　① 몇 시야?
　　　　　③ 이번 주말에 뭐 할 거야?
　　　　　④ 여름방학은 어땠어?

14 그림으로 보아 빈칸에 들어갈 말로 알맞은 것은?

Kevin / John

Kevin is _____ than John.

① older　　　　　　　　② faster

③ longer　　　　　　　④ slower

✎ 해 설 ┌─◦ 케빈은 존보다 나이가 많다.
　　　　　① 더 나이가 많은　　② 더 빠른
　　　　　③ 더 긴　　　　　　④ 더 느린
　　　　　케빈은 13살이고, 존은 11살이다.
　　　　　• 비교급＋than＋비교 대상 : ～보다 더 …한

정답　**13.** ②　**14.** ①

15 그림으로 보아 빈칸에 들어갈 말로 가장 적절한 것은?

A : _____?
B : I have a fever.

① What's wrong
② What color is it
③ What do you want to be
④ What are you going to do

✎해 설 ╾○ A : 어디가 아프니?
B : 열이 나요.
② 그것은 무슨 색인가요?
③ 당신은 무엇이 되고 싶나요?
④ 당신은 무엇을 할 것인가요?

'What's wrong?'은 "왜 그래요? 무슨 일이에요? 무슨 문제 있어요?"의 의미이다. 상대방의 상태(기분)를 걱정하는 마음으로 물어볼 때 쓰는 표현으로, 어딘가 아픈 곳이 있는지 물어볼 때 자주 쓰인다.
• have a fever : 열이 나다

16 다음 Ted의 자기소개에서 알 수 있는 것은?

Hello, I'm Ted.
I play baseball very well.
I like to listen to music.
I want to be a pianist.

① 사는 곳
② 장래 희망
③ 좋아하는 색깔
④ 좋아하는 음식

✎해 설 ╾○
안녕하세요, 나는 테드입니다.
나는 야구를 아주 잘합니다.
나는 음악 듣는 것을 좋아합니다.
나는 피아니스트가 되고 싶습니다.

17 다음 대화에서 B가 제안한 교통수단은?

> A : How can I get to the post office?
> B : You can get there by bus.

① 기차   ② 버스

③ 택시   ④ 비행기

✎해 설 ─◦ A : 우체국에 어떻게 갈 수 있나요?
　　　　　 B : 버스를 타고 갈 수 있습니다.

　　　　 대화에서 B가 제안한 교통수단은 '버스'이다.
　　　　 • by bys : 버스로(버스를 타고)

18 다음 문장에서 대·소문자를 바르게 고쳐 쓴 것은?

> my favorite subject is english.

① my Favorite Subject is english.

② my favorite Subject is English.

③ My favorite subject is english.

④ My favorite subject is English.

✎해 설 ─◦ 내가 가장 좋아하는 과목은 영어이다.
　　　　 문장의 시작은 대문자로 쓰고, 과목명은 대문자로 쓴다.

19 그림으로 보아 빈칸에 들어갈 말로 가장 적절한 것은?

경찰서 / 도서관 / 박물관 / 출발 / 우체국

A : Where is the library?

B : Go straight one block and turn right.

_____.

---

① It's on your left

② It's on your right

③ Go straight two blocks

④ It's next to the museum

✎ 해 설 ─○ A : 도서관은 어디에 있습니까?

　　　B : 한 블록 직진하고 우회전하세요.

　　　　　 당신의 왼쪽에 있습니다.

　　　② 당신의 오른쪽에 있습니다.

　　　③ 두 블록 직진하세요.

　　　④ 박물관 옆에 있습니다.

　　• library : 도서관

　　• go straight : 곧장 가다, 직진하다

　　• turn right : 오른쪽으로 돌다

　　• on your left(right) : 당신의 왼쪽에(오른쪽에)

　　• next to : ~옆에

20 그림으로 알 수 있는 Seho의 생활 습관은?

① I exercise once a week.

② I play soccer four times a week.

③ I clean my room twice a week.

④ I read books three times a week.

해설 ─○ ① 나는 일주일에 한 번 운동한다.
② 나는 일주일에 네 번 축구를 한다.
③ 나는 일주일에 두 번 방을 청소한다.
④ 나는 일주일에 세 번 책을 읽는다.

정답   20. ③

초등학교 졸업학력 검정고시 대비

사 회

2024년 1회 시행

01 다음에서 설명하는 공공 기관은?

○ 편지와 물건을 배달한다.
○ 은행처럼 돈을 맡아 주기도 한다.

① 경찰서   ② 교육청

③ 소방서   ④ 우체국

✐해 설┌○ 공공 기관 : 고장 사람들이 편리한 생활을 할 수 있도록 도와주고, 살기 좋은 고장을 만드는 일을 한다. 예 구청, 소방서, 경찰서, 우체국, 교육청, 도서관, 법원, 세무서, 농협, 수협, 박물관, 미술관 등
※ 우체국의 업무
• 편지나 소포 같은 우편물을 전해 주는 일을 한다.
• 돈을 맡아 주거나 빌려 주는 예금 및 출금 업무, 송금 업무를 한다.
• 세금이나 공과금도 받으며, 상해보험이나 생명보험 등 보험 업무를 한다.
• 각 고장의 특산물을 주문해서 살 수 있다.

02 다음에서 설명하는 것은?

지도에서 실제 거리를 비교해 줄인 정도

① 축척   ② 등고선

③ 방위표   ④ 해안선

✎ 해설 ─○ ① 축척은 지도에서 실제 거리를 비교해 줄인 정도를 말하는 것으로, 실제 거리는 지도에서 두 지점 간의 거리와 축척을 알면 구할 수 있다.

03 다음 대화와 관련 있는 지역 문제는?

우리 아파트 근처 하천에서 계속 이상한 냄새가 나요.

근처 공장에서 흘러온 폐수가 하천을 오염시켜서 그렇단다.

① 소음 문제   ② 주차 문제

③ 교통 혼잡 문제   ④ 환경 오염 문제

✎ 해설 ─○ 환경 오염 문제 : 자동차 배기가스, 공장의 매연과 폐수, 생활 하수 등으로 인해 대기 오염과 물 오염 문제 등이 발생한다.
※ 해결 방안 : 하수 처리 시설 확대, 쓰레기 처리 시설 확충, 쓰레기 분류 배출하기, 재생 가능한 에너지와 천연가스 사용

정답   02. ①   03. ④

04 다음에서 설명하는 경제 활동으로 가장 적절한 것은?

○ 벼농사를 짓는다.
○ 공장에서 과자를 만든다.

① 무역   ② 생산
③ 소비   ④ 저축

✏️ 해 설 ──○ 생산 : 사람들의 생활에 필요한 물건이나 서비스를 만들어 내는 것이다. 예 벼농사, 물고기 잡기, 건물 짓기, 자동차 만들기, 공연하기, 물건 배달하기 등

05 ㉠에 공통으로 들어갈 자연재해는?

필리핀 앞바다에서 발생한 7호 ┌─㉠─┐ 이/가 한 반도로 접근하고 있습니다.. 이번 7호 ┌─㉠─┐ 은/ 는 강한 바람과 많은 비를 동반하여 심한 피해가 예 상되므로 대비가 필요합니다.

① 가뭄   ② 태풍
③ 폭설   ④ 황사

✏️ 해 설 ──○ 태풍은 여름철에서 이른 가을 사이에 발생하며 많은 비와 강한 바람으로 인해 사람 들에게 큰 피해를 입힌다.

06 민주 선거의 원칙과 가장 거리가 먼 것은?

① 자신이 직접 투표해야 한다.

② 누구에게 투표했는지 다른 사람이 알 수 없다.

③ 일정 나이가 되면 국민 누구나 투표할 수 있다.

④ 나이가 많으면 투표할 수 있는 표의 수가 많다.

🖌해 설 ○ ④ 나이가 많다고 투표 수가 많아지는 것은 아니다(평등 선거 : 신분이나 재산, 성별, 학력 등 조건에 관계없이 한 사람이 한 표씩 투표하는 것).
　① 자신이 직접 투표해야 한다. – 직접 선거
　② 누구에게 투표했는지 다른 사람이 알 수 없다. – 비밀 선거
　③ 일정 나이가 되면 국민 누구나 투표할 수 있다. – 보통 선거

07 다음에서 설명하는 기본권은?

> **헌법 제26조 제1항** 모든 국민은 법률이 정하는 바에 의하여 국가 기관에 문서로 청원할 권리를 가진다.
>
> 국민이 국가에 어떤 일을 해 달라고 요구할 수 있는 권리

① 자유권　　　　　　　　② 참정권

③ 청구권　　　　　　　　④ 평등권

🖌해 설 ○ 청구권 : 기본권이 침해되었을 때 국가에 대하여 일정한 요구를 할 수 있는 권리 예 재판 청구권, 청원권
　• 제26조 제1항 : 모든 국민은 법률이 정하는 바에 의하여 국가 기관에 문서로 청원할 권리를 가진다.
　• 제27조 제1항 : 모든 국민은 헌법과 법률이 정한 법관에 의하여 법률에 의한 재판을 받을 권리를 가진다.

정답　06. ④　07. ③

08 다음 설명에 해당하는 법은?

어린이 보호 구역에서는 시속 30km
이내로 운행해야 합니다.

① 도로 교통법   ② 식품 위생법

③ 소비자 기본법   ④ 폐기물 관리법

✎해설 ┅○ 도로 교통법 : 도로에서 일어나는 교통상의 모든 위험과 장해를 방지·제거하여 안
전하고 원활한 교통을 확보하기 위하여 제정된 법률이다.

09 다음에서 설명하는 나라는?

> ○ 주몽이 세운 나라이다.
> ○ 광개토 대왕은 요동과 한강 지역까지 진출하였다.
> ○ 장수왕은 아버지 광개토 대왕의 업적을 기념하기 위해 큰 비석을 세웠다.

① 가야   ② 백제

③ 신라   ④ 고구려

✎해설 ┅○ 고구려 : 부여에서 이주한 주몽 집단과 압록강 유역의 토착 세력과 연합하여 세운 나
라로, 수도는 국내성(중국 ㅈ린성 지안)이었다.
   • 건국 : 주몽(기원전 37년)
   • 전성기
     - 광개토 대왕(5세기) : 서쪽으로는 요동 지역 확보, 남쪽으로는 한강 지역 차지
     - 장수왕(5세기) : 광개토 대왕릉비 세움, 평양 지역으로 수도를 옮김

정답   08. ①   09. ④

10 다음에서 설명하는 문화유산은?

○ 고려 시대를 대표하는 예술품이다.
○ 상감 기법이 활용되면서 독창적으로 발전하였다.
○ 당시 귀족들의 화려한 문화를 엿볼 수 있다.

① 측우기
② 고려청자
③ 훈민정음
④ 대동여지도

✎ 해 설 ┌o 고려청자
• 고려의 대표적 예술품으로, 신비한 푸른빛을 띠고 문양이 아름답다.
• 고려 초기에는 단순한 색의 청자가 만들어지다 기술이 발달하면서 비취색(비색)의 청자가 만들어지고 이후에 상감청자가 만들어졌다.
• 사치를 좋아하는 귀족들에게 인기가 있다 보니 점점 화려한 예술품으로 발전하였다.

11 다음과 관련된 인물은?

왜군을 물리쳐라.
거북선은 돌격하라.
'학익진'을 펼쳐라.

① 서희
② 이순신
③ 정몽주
④ 신사임당

✎ 해 설 ┌o 이순신 장군은 임진왜란 때 뛰어난 전술로 활약하였다. 거북선, 화포 등의 무기로 옥포 해전, 한산도 대첩, 명량 대첩 등 일본 수군과의 해상 전투를 승리로 이끌면서 조선군에 용기와 희망을 주고 전세를 역전시켰다.

 정답 **10.** ② **11.** ②

12 ㉠에 들어갈 조선의 왕은?

질문 ㉠ 에 대해 알려 주세요.

↳ 규장각을 설치하고 수원 화성을 건설하였다.
↳ 영조의 탕평책을 이어받아 인재를 고르게 뽑았다.

① 견훤　　　　　　　　　　② 왕건
③ 정조　　　　　　　　　　④ 대조영

✎해 설 ┌─○ 정조의 개혁 정책
　　• 영조의 탕평책을 이어받아 능력에 따른 인재를 고루 등용하고, 서얼도 벼슬을 할
　　　수 있는 기회를 주었다.
　　• 현재의 수원에 계획 도시인 화성을 건설하여 군사와 상업의 중심지로 만들고자
　　　하였다.
　　• 왕실 도서관인 규장각을 설치하여 새로운 인재들이 나랏일을 연구하도록 하였다.

13 다음에서 설명하는 사건은?

탐구 주제: 갑신년(1884년)에 일어난 개혁의 바람

• 김옥균 등은 근대적인 국가를 만들고자 하였다.
• 우정총국의 개국 축하 행사를 틈타 정변을 일으켰다.
• 청 군대가 개입을 하면서 3일 만에 실패로 끝났다.

① 갑신정변　　　　　　　　② 임진왜란
③ 위화도 회군　　　　　　　④ 청산리 대첩

✎해 설 ┌─○ 갑신정변(1884년)
　　• 청나라의 간섭이 심해지면서 뜻을 펴기 어려워진 개화파들(김옥균 등)은 일본의
　　　힘을 빌려 자신들의 주장을 이루고자 하였다.
　　• 14개조의 개혁안을 내세웠다.
　　• 청군의 반격을 받게 되고 일본이 철수하면서 3일 만에 실패로 끝났다.

정답　12. ③　13. ①

14 다음에서 설명하는 것은?

> ○ 외국에 대해 우리나라를 대표한다.
> ○ 행정부의 최고 책임자로서 국가의 중요한 일을 결정한다.

① 대통령   ② 국방부 장관   ③ 법무부 장관   ④ 환경부 장관

✎해설 ○ 대통령(임기 5년)
우리나라를 대표하는 지도자, 행정부의 최고 책임자로서 정부를 통솔하여 국가의 중요한 일을 결정한다.

15 다른 나라와의 경제 교류 사례에 해당하지 <u>않는</u> 것은?

① 외국에서 가구를 수입한다.

② 외국으로 우리나라의 전자 제품을 수출한다.

③ 국내에서 생산된 제철 과일을 맛있게 먹는다.

④ 외국인들이 우리나라에 찾아와 일자리를 구한다.

✎해설 ○ 무역(다른 나라와의 경제 교류) : 국가 간에 서로의 경제적 이익을 위하여 재화나 서비스를 사고파는 것이다.
　※ 우리나라와 다른 나라의 경제 교류
　　• 다른 나라에서 만든 물건과 물건을 만들 때 필요한 원료 등을 교류한다.
　　• 게임, 의료, 영화 등의 서비스 분야에서 교류한다.

16 ㉠에 공통으로 들어갈 말은?

> ○ ㉠ 은/는 가정 살림을 같이하는 생활 공동체를 말한다.
> ○ ㉠ 은/는 생산 활동에 참여한 대가로 소득을 얻는 경제 주체이다.

① 가계   ② 국회   ③ 법원   ④ 시장

✎해설 ○ 가계 : 가정 살림을 같이하는 생활 공동체를 의미한다.
　　• 기업의 생산 활동에 참여하고, 기업에서 만든 물건을 구입한다.
　　• 생산 활동의 대가로 소득을 얻는다.
　　• 소득으로 필요한 물건을 구입한다.

17 다음에서 설명하는 대륙은?

○ 북반구와 남반구에 걸쳐 있다.
○ 사하라 사막, 나일강 등이 있다.
○ 이집트, 케냐 등의 나라가 있다.

① 유럽
② 아프리카
③ 북아메리카
④ 오세아니아

✎해 설 ○ 아프리카
• 아시아 다음으로 큰 대륙이다.
• 아프리카의 북부 지역은 대체로 사막과 초원이 나타나는 건조 기후 지역이고, 사하라 사막 이남 지역은 대부분 열대 기후 지역이다.
• 소말리아, 케냐, 이집트, 탄자니아 등이 위치한다.

18 온대 기후와 관련된 설명으로 가장 거리가 먼 것은?

① 주로 중위도 지역에 나타난다.
② 사계절의 변화가 비교적 뚜렷하다.
③ 주로 극지방에서 나타나며 평균 기온이 매우 낮다.
④ 기후가 온화하여 인구가 많고 여러 산업이 발달했다.

✎해 설 ○ 온대 기후
• 사계절의 변화가 뚜렷하며, 우리나라의 기후는 온대 기후에 속한다.
• 기후가 온화하여 농사를 짓고 사람이 살기에 적합하다.
• 인구가 많고 여러 산업이 발달했다.

19 다음에서 설명하는 국제기구는?

 아동의 질병 예방, 교육, 보호 등 아동 복지와 권리 향상을 위한 다양한 활동을 한다.

① 세계 무역 기구
② 국제 원자력 기구
③ 국제 올림픽 위원회
④ 국제 연합 아동 기금

✎해설 ─○ 유니세프(UNICEF, 국제 연합 아동 기금) : 세계 여러 지역 어린이들의 질병 예방, 생활, 교육, 보호 등 아동 복지와 권리 향상을 위한 국제 연합 기구

20 문화적 편견과 차별을 해결하기 위한 노력으로 가장 거리가 먼 것은?

① 다양성을 존중하는 교육을 한다.
② 편견과 차별을 해결하기 위한 캠페인을 진행한다.
③ 다른 나라 사람들에게 우리나라 문화만을 따르게 한다.
④ 지구촌의 다양한 문화를 체험할 수 있는 기회를 제공한다.

✎해설 ─○ ③ 인권 교육 활동으로 다른 나라 사람들에 대한 편견을 없애고, 차별하지 않도록 문화의 다양성을 존중하도록 한다.

정답 **19.** ④ **20.** ③

초등학교 졸업학력 검정고시 대비

과 학

2024년 1회 시행

01 양팔저울로 물체의 무게를 비교하는 실험이다. 가장 무거운 물체는?

① 풀   ② 가위

③ 지우개   ④ 무게가 모두 같다.

✎ 해설 ○─● 양팔저울 양 접시에 물건을 올려놓았을 때 기울어진 쪽이 더 무거운 물체이다. 따라서 물체의 무게는 '가위 > 풀 > 지우개'이므로 가위가 가장 무겁다.

02 공기 중의 수증기가 응결되는 현상을 관찰하는 실험이다. ㉠에 가장 적절한 것은?

① 210.5g   ② 215.7g   ③ 220.2g   ④ 221.2g

✎ 해설 ○─● 얼음은 물과 비교했을 때 부피 대비 더 가볍기 때문에 얼음을 같은 양의 물과 비교했을 때 더 가볍다. 실험에서 10분 동안 얼음이 녹으면서 물로 변하기 때문에 처음보다 무게가 무거워진다.

03 표는 지시약으로 용액의 성질을 알아보는 실험의 결과이다. 다음 중 염기성 용액은?

지시약＼용액	식초	레몬즙	빨랫비누 물	묽은 염산
푸른색 리트머스 종이	붉은색	붉은색	변화 없음	붉은색
붉은색 리트머스 종이	변화 없음	변화 없음	푸른색	변화 없음

① 식초
② 레몬즙
③ 빨랫비누 물
④ 묽은 염산

✏해설 산성 용액은 푸른색 리트머스 종이를 붉게 변화시키고, 염기성 용액은 붉은색 리트머스 종이를 푸르게 변화시키므로 염기성 용액은 빨랫비누 물이다.

04 그림의 대화에 해당하는 현상은?

① 단열
② 전도
③ 소화
④ 연소

✏해설 뜨거운 액체에 담겨있던 숟가락의 손잡이가 뜨거워지는 현상은 고체에서 온도가 높은 곳에서 낮은 곳으로 열이 전달되는 현상인 전도에 해당한다.

정답 03. ③ 04. ②

05 그림은 투명한 플라스틱 원통에 물을 넣은 후 자갈, 모래, 진흙을 차례대로 넣어 만든 지층 모형이다. 이것이 실제 지층이라면 가장 먼저 만들어진 층은?

🖋️ **해설** ─○ 지층에는 나란한 줄무늬 모양의 층리가 있고, 아래에 있는 층이 위에 있는 층보다 먼저 쌓인 것이므로 가장 먼저 만들어진 층은 ④이다.

06 물 100g에 소금 10g을 완전히 녹이는 실험이다. 이 실험과 관련된 설명으로 옳지 <u>않은</u> 것은?

① 소금물은 용액이다.
② 소금물의 무게는 100g이 된다.
③ 소금은 물속에 골고루 섞여 있다.
④ 소금은 매우 작게 변하여 보이지 않는다.

🖋️ **해설** ─○ 소금을 물에 녹였을 때 소금물의 무게는 물의 무게에 녹인 소금의 무게를 더한 값과 같으므로 소금물의 무게는 110g이다.

07 다음 설명에 해당하는 식물은?

• 연못이나 호수에 산다.
• 물에 젖지 않는 잎 표면의 특징을 모방하여 방수 제품을 만들 수 있다.

① 연꽃　　　② 민들레　　　③ 선인장　　　④ 사과나무

🖋️ **해설** ─○ 연꽃은 연못이나 호수에 살며, 뿌리는 물속 땅 밑에 있고 잎이나 꽃이 물 위에 떠 있다.

08 균류와 세균을 우리 생활에 이용한 예가 <u>아닌</u> 것은?

① 곰팡이를 이용한 질병 치료

② 세균을 이용한 오염 물질 분해

③ 곰팡이를 이용한 친환경 생물 농약

④ 단풍나무 열매를 모방한 선풍기 날개

🖋해설 ┌━ 곰팡이가 질병의 원인이 되는 세균을 없애는 성질을 활용하여 질병을 치료하거나, 세균이나 곰팡이가 해충을 없애는 성질을 이용해 오염 물질을 분해하거나 생물 농약 을 만든다.

09 그림에 해당하는 별자리는?

① 북두칠성

② 사자자리

③ 작은곰자리

④ 카시오페이아자리

🖋해설 ┌━ 카시오페이아자리는 북쪽 하늘의 별자리로, 사계절 내내 관측이 가능하다. 알파벳 W(M)자 모양으로, 그리스 로마신화의 카시오페이아가 의자에 앉은 채 매달려 있는 모습이다.

① 북두칠성 : 국자 모양으로, 큰곰자리의 꼬리 부분에 해당한다.

② 사자자리 : 큰곰자리와 처녀자리 사이에 있는 별자리이다.

③ 작은곰자리 : 북극성이 속한 별자리로, 1년 내내 북쪽 하늘에서 볼 수 있다.

10 다음 현상이 나타나는 까닭은?

> • 낮과 밤이 하루에 한 번씩 번갈아 나타난다.
> • 하루 동안 태양이 동쪽 하늘에서 남쪽 하늘을 지나 서쪽 하늘로 움직이는 것처럼 보인다.

① 지구의 자전　　② 지구의 공전　　③ 지구의 크기　　④ 태양의 남중 고도

🖋해설 ┌━ 지구의 자전으로 한 지역에서 낮과 밤이 규칙적으로 변하게 되며, 태양이 동쪽에서 떠서 서쪽으로 지는 것처럼 보인다.

정답　08. ④　09. ④　10. ①

11 3시간 동안 여러 교통수단이 이동한 거리를 나타낸 것이다. 가장 빠른 교통수단은?

① 기차
② 자동차
③ 자전거
④ 오토바이

✎ 해 설 ┈o 일정한 시간 동안 이동한 거리가 멀수록 빠르므로 기차가 가장 빠른 교통수단이다.

12 다음 설명에 해당하는 공기 덩어리의 성질은?

• 우리나라 남동쪽 바다에 위치한다.
• 우리나라 여름 날씨에 주로 영향을 준다.

① 차갑고 습하다.
② 차갑고 건조하다.
③ 따뜻하고 습하다.
④ 따뜻하고 건조하다.

✎ 해 설 ┈o 여름에는 따뜻하고 습한 공기 덩어리가 해양으로부터 우리나라로 불어오고, 겨울에는 차갑고 건조한 대륙의 공기 덩어리가 우리나라로 불어온다.

13 빛을 굴절시켜 한 곳에 모을 수 있는 실험 기구는?

① 거울 ② 볼록 렌즈

③ 보안경 ④ 평면 유리

✎해설 ─○ 볼록 렌즈에 빛을 비추었을 때 빛은 한 곳으로 모이고, 오목 렌즈에 빛을 비추었을 때 빛은 퍼져 나아간다.

14 그림은 산소의 성질을 알아보는 실험이다. 이 실험에서 알 수 있는 것은?

향불

〈산소가 들어 있는 집기병〉

① 산소는 색깔이 있다.
② 산소는 공간을 차지하지 않는다.
③ 집기병에 향불을 넣으면 불꽃이 더 커진다.
④ 산소는 불을 끄는 성질이 있다.

✎해설 ─○ 산소는 스스로 타지 않지만, 다른 물질들이 타는 것을 도와준다.

15 연소의 조건이 <u>아닌</u> 것은?

① 모래 ② 산소

③ 탈 물질 ④ 발화점 이상의 온도

✎해설 ─○ 연소의 세 가지 조건은 탈 물질, 산소, 발화점 이상의 온도이다.

16 전기 회로에서 전구에 불을 켤 때 필요하지 <u>않은</u> 것은?

① 전구 ② 전선

③ 전지 ④ 나침반

✎해설 ─○ 전기 회로는 전지, 전선, 전구, 스위치 등의 여러 가지 전기 부품을 연결한 것이다.

17 사람의 소화 기관에서 음식물이 이동하는 순서이다. ㉠에 들어갈 기관의 이름은?

입 → 식도 → (㉠) → 작은창자 → 큰창자 → 항문

① 위 　　　　　　　　　　② 방광
③ 혈관 　　　　　　　　　 ④ 기관지

🖋해 설 음식물이 이동하는 순서는 입 → 식도 → 위 → 작은창자 → 큰창자 → 항문이다.
위는 작은 주머니 모양으로, 내부에 주름이 있으며, 위액은 단백질을 분해하고 음식물과 함께 들어온 세균을 죽인다.

18 식물이 잎에서 빛, 이산화 탄소와 물을 이용하여 스스로 양분을 만드는 과정은?

① 증산
② 흡수
③ 광합성
④ 꽃가루받이

🖋해 설 광합성은 잎에 있는 엽록체라는 색소에서 빛과 뿌리에서 흡수한 물을 이용하여 영양분을 스스로 만드는 작용이다.
① 증산 : 식물의 잎에서 물이 수증기가 되어 빠져나가는 현상이다.
④ 꽃가루받이(수분) : 꽃밥에서 만들어진 꽃가루가 다양한 방법으로 암술머리로 옮겨지는 것이다.

19 다음 설명에 해당하는 것은?

- 기름 유출로 인한 해양 오염
- 쓰레기 매립으로 인한 토양 오염
- 자동차의 매연으로 인한 대기 오염

① 자연재해   ② 먹이 사슬

③ 환경 오염   ④ 생태계 평형

✏️ 해 설 ─○ 환경 오염은 인간의 각종 활동으로 배출되는 물질들이 생활 환경을 오염시켜 인간 또는 생물의 건강·생존·활동에 장애를 주는 오염현상이다. 대기 오염, 토양 오염, 해양 오염 등 다양한 환경 오염으로 인해 생태계 파괴가 발생하고 있다.
② 먹이 사슬 : 생물 사이의 먹고 먹히는 관계가 마치 사슬처럼 연결되어 있는 것
④ 생태계 평형 : 어떤 지역에서 생물의 종류와 수가 먹고 먹히는 관계를 통하여 일정하게 유지되는 것

20 하루 동안 태양 고도와 기온을 측정한 그래프이다. 태양 고도가 가장 높은 때와 기온이 가장 높은 때의 시간 차이는?

① 1시간   ② 2시간

③ 3시간   ④ 4시간

✏️ 해 설 ─○ 태양 고도가 가장 높은 때는 12:30이고, 기온이 가장 높은 때는 14:30으로 시간 차이는 2시간이다.

초등학교 졸업학력 검정고시 대비

도 덕

2024년 1회 시행

01 ㉠에 공통으로 들어갈 말로 적절한 것은?

> (㉠)(이)란 사람이 살아가는 다양한 생활 방식을 말합니다. 우리와 다른 (㉠)을/를 가진 사람을 이해하고 존중하는 것은 아름다운 일입니다.

① 갈등
② 문화
③ 욕심
④ 선입견

✏️ 해설 — 문화는 어떤 사회의 구성원에 의하여 습득·공유·전달되는 생활 양식으로서 의식주, 언어, 풍습, 종교, 학문 등이 포함된다. 세계의 다양한 문화의 특성을 이해하고 인정하는 태도가 필요하다.

02 다음 내용과 가장 관련 있는 덕목은?

> 나는 남을 속이지 않고, 나 자신도 속이지 않는다.

① 정직
② 무지
③ 검소
④ 자만

✏️ 해설 — 정직이란 남을 속이지 않는 것뿐만 아니라 자기 자신을 속이지 않는 것이다. 정직한 사람은 사실대로 말할 수 있는 용기가 있으며, 책임감이 있고, 약속을 잘 지키는 성실한 사람이다.

03 다음 중 협동을 해야 하는 상황으로 가장 적절한 것은?

① 혼자 숙제할 때

② 혼자 달리기 연습할 때

③ 나만의 고민을 일기장에 쓸 때

④ 친구들과 함께 교실을 청소할 때

✏️해 설 ─○ 협동이란 서로 마음과 힘을 합친다는 사전적 의미를 지니고 있으며 공동체 생활에서 꼭 필요하다. 협동은 '나 하나쯤이야.'하는 생각을 버리고, 함께 목표를 달성하기 위해 노력하며 모두 참여할 수 있도록 역할을 나눈다.

04 ㉠에 들어갈 내용으로 적절한 것은?

① 복도에서 뛰어다니기

② 친구에게 거친 말 하기

③ 선생님께 높임말 사용하기

④ 공공장소에서 큰 소리로 떠들기

✏️해 설 ─○ '예의'가 다른 사람을 소중하게 대하는 마음이라면 '예절'은 그러한 마음을 나타내는 행동으로, 바른 말투나 몸가짐에 관한 모든 절차나 질서를 말한다. 올바른 예절이란 상대방의 입장에서 먼저 생각하고 존중하고 배려하는 마음을 태도로 드러내는 것을 의미한다.

05 다음 중 사이버 공간의 특징으로 적절하지 않은 것은?

① 다양한 정보가 있다.

② 인터넷으로 연결된 가상 공간이다.

③ 온라인 중독의 위험성이 존재한다.

④ 직접 만나야만 의사소통을 할 수 있다.

✎ 해 설 ┌─○ 사이버 공간의 특징
- 익명성 : 자신의 신분을 감추거나 나타내지 않는다.
- 평등성 : 나이나 지위에 따라 차별받지 않는다.
- 광역성 : 국경이나 인종, 언어를 초월하여 넓은 지역까지 영향을 미친다.
- 개방성 : 누구나 정보를 찾아볼 수 있다.
- 자율성 : 직접적인 통제나 간섭을 받지 않는다.
- 비동시성 : 시간에 구애받지 않고 일을 처리할 수 있다.
- 신속성 : 정보 전달 속도가 빠르게 퍼져 나간다.

06 ㉠에 들어갈 말로 가장 적절한 것은?

○○초등학교 (㉠) 선언문
• 내 권리가 소중한 만큼 친구의 권리도 소중하다. • 우리 모두는 자유롭고, 존엄하며, 평등하다.

① 인권   ② 청렴

③ 금연   ④ 절약

✎ 해 설 ┌─○ 인권
- 태어나면서부터 가지는 권리로 성별, 국적, 피부색, 언어, 신분, 종교 등에 상관없이 존중 받으며 사람으로서 마땅히 누려야 할 기본적 권리이다.
- 타인이 함부로 빼앗을 수 없고 남에게 넘겨 줄 수 없으며, 자연적으로 주어진다.
- 어떤 이유로도 인간답게 살 권리를 침해당해서는 안 된다.

07 다음 중 도덕적 문제 상황에서 올바른 선택을 하기 위한 방법으로 적절하지 <u>않은</u> 것은?

① 결과 예상해 보기

② 양심에 비추어 보기

③ 나의 손해만 집중적으로 따져 보기

④ 주변 사람들의 입장에서 생각해 보기

🖌해설 ─○ 도덕적 문제 상황에서 남보다 자기 자신만 생각하는 이기적인 행동은 세상이 혼란하고 어수선해질 수 있으므로 올바른 선택이 아니다.

08 다음에서 전달하고자 하는 가치로 적절한 것은?

무엇을 어떻게 해야 할지 스스로 생각하고 판단해요.

① 모방

② 자주

③ 질투

④ 차별

🖌해설 ─○ 자주란 남의 도움이나 간섭을 받지 않고 스스로 자기 일을 처리하는 것으로, 자주적인 사람은 남에게 의존하지 않고, 스스로의 판단·선택·능력으로 맡은 일을 훌륭하게 해낸다.

09 다음 중 학교에서 할 수 있는 봉사 활동으로 적절한 것은?

① 체육관 운동 기구 부수기

② 교통안전 캠페인 활동하기

③ 친구 물건 함부로 사용하기

④ 운동장에 쓰레기 몰래 버리기

🖌해설 ─○ 봉사는 국가나 사회 또는 남을 위해 자신을 돌보지 않고 힘을 다해 애쓰는 것을 말한다. 학교에서 교통안전 캠페인 활동을 하거나 집앞 골목길을 청소하고, 노인들에게 음식을 대접하는 것 등도 봉사 활동이다.

정답   07. ③   08. ②   09. ②

10 ㉠에 들어갈 긍정적인 말로 가장 적절한 것은?

다음 주 음악 시간에 리코더 연주를 해야 하는데 자신이 없어.

㉠

① 그냥 포기해.
② 그것도 못하니?
③ 해도 안 될 것 같은데?
④ 꾸준히 연습하면 할 수 있어.

✏️해설 ○ 긍정적인 태도는 어려움 속에서도 자신감과 희망을 가지고 꾸준히 노력하는 것이다. "모두 잘 될 거야, 실수해도 괜찮아, 나는 잘할 수 있어, 너는 지금도 충분히 잘하고 있어" 등은 긍정적인 말이다.

11 다음 중 저작물을 올바르게 사용하지 않은 사람은?

은수: 영상 다 만들었니? 나는 자료를 넣으면서 출처를 적었어.

민지: 나는 노래를 만든 사람에게 허락을 받고 노래를 사용했어.

진혁: 나도 그 노래 알아! 자주 듣고 싶어서 샀어.

영현: 그래? 나는 불법으로 내려받아서 쓰고 있어.

① 은수　　　　　② 민지
③ 진혁　　　　　④ 영현

✏️해설 ○ 저작물이란 인간의 사상 또는 감정을 표현한 창작물로 저작권의 보호를 받는 것으로, 불법 내려받기는 저작권을 침해하는 행동이다.

12 다음 중 가족의 인권을 존중하는 방법으로 적절한 것은?

① 가장 어린 동생의 말은 듣지 않는다.

② 누나의 방은 항상 노크 없이 들어간다.

③ 가족회의를 통해서 중요한 일을 결정한다.

④ 부모의 생각대로 자녀에게 공부를 강요한다.

✏️ 해 설 ─● ① 어린 동생이라도 존중하고 이야기를 잘 들어준다.
② 가족이어도 방에 들어갈 때는 노크를 하고 들어간다.
④ 자녀가 원하지 않으면 부모의 생각대로 자녀에게 공부를 강요해서는 안 된다.

13 다음과 관련 있는 것으로 적절한 것은?

좌우명
나 자신을
돌아보는 삶을
살자!

① 성찰

② 차별

③ 타율

④ 통일

✏️ 해 설 ─● 성찰이란 자기 자신과 주변 환경에 대해 깊이 생각하고 반성하는 것으로, 자신의 내면을 돌아보고 이를 통해 자기 이해와 자기 성장을 도모할 수 있다.

14 갈등을 평화롭게 해결하는 방법으로 옳은 것을 〈보기〉에서 고른 것은?

┤ 보 기 ├

ㄱ. 상대방을 존중하기　　　ㄴ. 상대방을 비난하기

ㄷ. 상대방의 마음에 공감하기　ㄹ. 상대방의 허락 없이 대화 도중 끼어들기

① ㄱ, ㄴ　　　　　　　② ㄱ, ㄷ

③ ㄴ, ㄷ　　　　　　　④ ㄴ, ㄹ

✏️ 해 설 ─● ㄴ. 상대방의 입장을 이해·공감하고 존중한다.
ㄹ. 내가 말하고 싶더라도 상대방이 말하는 것을 끝까지 경청한다.

 정답　12. ③　13. ①　14. ②

15 다음 중 남북한이 평화 통일을 위해서 노력해야 할 점으로 적절하지 <u>않은</u> 것은?

① 경제 협력을 위한 제도를 만든다.

② 무기를 개발하여 서로를 위협한다.

③ 달라진 언어문화 차이를 이해하고 인정한다.

④ 예술 단체가 교류할 수 있는 기구를 운영한다.

✎해 설 ┌─○ 평화 통일을 위해서 노력하야 할 점
 • 남북한은 신뢰를 바탕으로 서로의 차이를 인정하고 존중해야 한다.
 • 다양한 문화 교류와 대화를 통해 서로를 이해하는 노력이 필요하다.
 • 남북한의 경제 협력은 서로에게 큰 이익을 줄 수 있으며 이를 통해 경제적 안정과 발전을 이룰 수 있다.

16 다음에서 전달하고자 하는 내용으로 가장 적절한 것은?

① 공정한 세상을 만들자.

② 부패한 세상을 만들자.

③ 경쟁하는 세상을 만들자.

④ 불성실한 세상을 만들자.

✎해 설 ┌─○ 공정이란 각자의 존재를 인정하고, 차별없이 대하며 다른 사람을 차별하지 않도록 적극적으로 노력하는 것이다.

17 도덕적 삶의 아름다움을 실천하는 방법으로 적절하지 <u>않은</u> 것은?

① 친구 배려하기   ② 재능 기부하기

③ 다른 사람 무시하기   ④ 바르고 고운 말 쓰기

🖌 해설 ─○ 도덕적 삶의 아름다움을 실천하는 방법은 다른 사람을 무시하지 않고 존중하기, 바른말 고운말 쓰기, 양보하기, 재능 기부하기, 친구 배려하기 등이다.

18 다음에 해당하는 지구촌 문제로 가장 적절한 것은?

〈녹고 있는 빙하〉   〈높아지는 해수면〉

① 층간 소음   ② 교통 체증

③ 빈부 격차   ④ 지구 온난화

🖌 해설 ─○ 지구 온난화는 인간 활동으로 인해 발생하는 온실가스 증가로 인해 지구 평균 기온이 상승하는 현상이다. 이러한 온난화는 빙하를 녹이고 해수면을 상승시키는 주요 원인으로, 북극에 사는 북극곰과 같은 생물들이 서식지를 잃고 있다.

19 두 사람이 실천한 삶의 태도로 적절한 것은?

○ 형편이 어려운 학생들을 무료로 가르치는 교사
○ 어르신들의 머리카락을 무료로 잘라 주는 이발사

① 언어 파괴   ② 종교 갈등

③ 나눔과 봉사   ④ 생태계 오염

🖌 해설 ─○ 봉사는 배려하는 마음을 바탕으로 자신에게 이익이 돌아오지 않더라도 다른 사람을 돕는 행동을 말한다. 나눔과 봉사를 실천하면 소외되는 이웃이 점차 줄어들 것이다.

정답   17. ③   18. ④   19. ③

20 ㉠에 들어갈 내용으로 가장 적절한 것은?

〈마음 신호등 3단계〉

빨강	1단계	멈추기	㉠
노랑	2단계	생각하기	감정과 욕구대로 행동하면 어떤 일이 벌어질지 생각하기
초록	3단계	표현하기	상대방의 입장을 존중하며 내 입장을 성숙하게 표현하기

① 상대 약 올리기

② 상대 탓으로 돌리기

③ 화나는 대로 행동하기

④ 감정 가라앉히고 진정하기

✏ 해 설 ╌○ 감정과 욕구를 조절하는 방법(마음 신호등 3단계)

• 1단계(멈추기) : 감정과 욕구를 그대로 표현하면 상대방에게 상처를 줄 수 있으므로, 감정과 욕구를 일단 가라앉히고 진정한다.

• 2단계(생각하기) : 감정과 욕구대로 행동하면 어떤 일이 벌어질지 먼저 생각해 보고 상대방과 입장을 바꾸어 다시 한 번 생각한다.

• 3단계(표현하기) : 상대방의 입장을 존중하며 나의 마음을 성숙하게 표현한다.

초등학교 졸업학력 검정고시 대비

실 과

2024년 1회 시행

01 다음 중 아동기 신체적 발달을 위한 노력으로 가장 적절한 것은?

① 좋은 책을 꾸준히 읽는다.

② 깊이 생각하는 습관을 기른다.

③ 다른 사람의 입장을 생각한다.

④ 골고루 먹고 규칙적으로 운동한다.

✎해설 ─○ 아동기는 남녀의 신체적 특징이 뚜렷해지는데, 키가 자라고 몸무게가 늘어나며 운동 능력이 향상되기 때문에 골고루 먹고 규칙적으로 운동해야 한다.

02 다음 중 식량 자원에 해당하는 것은?

① 튤립   ② 백일홍

③ 옥수수   ④ 산세비에리아

✎해설 ─○ 식량은 인간 생활에 꼭 필요한 에너지원으로 예로부터 주요 식량은 식물을 길러서 얻어냈다. 쌀, 보리, 콩, 밀, 옥수수 등이 대표적인 식량 자원으로 기후와 지형적 특징 에 따라 다르게 재배된다.

정답   **01.** ④   **02.** ③

03 다음 중 해상 수송 수단이 <u>아닌</u> 것은?

①
자전거

②
잠수함

③
어선

④
여객선

✏️ 해 설 ∼ 해상 수송 수단 : 바다에서 사람이나 화물을 운송하는 것으로 대표적인 수송 수단은
여객선, 유조선, 잠수함, 어획선, 굴착선 등이 있다.

04 다음 설명에 해당하는 것은?

> 종이, 플라스틱, 유리, 금속 등 다시 사용 가능한 쓰레기를 이르는 말

① 음식물 쓰레기   ② 재활용 쓰레기

③ 폐기용 쓰레기   ④ 폐형광등 쓰레기

✏️ 해 설 ∼ 종이, 플라스틱, 유리, 금속 등 다시 사용 가능한 재활용 쓰레기는 분리수거해야 한다.
※ 생활 쓰레기의 분리 · 처리 방법
- 음식물 쓰레기 : 물기를 빼고 음식물 쓰레기 수거함이나 전용 봉투에 넣어 버린다.
- 폐기용 쓰레기 : 쓰레기 종량제 봉투에 넣어 정해진 시간과 장소에 버린다.
- 폐형광등, 폐건전지 쓰레기 : 주민센터 등 주요 거점에 있는 수거함에 버린다.
- 플라스틱류 : 재활용이 가능한지 확인한 후 내용물을 비우고 상표를 떼어 배출한다.
- 종이류 : 스프링이나 비닐 코팅을 제거한 후 끈으로 묶어 배출한다.
- 유리 : 병뚜껑을 제거한 후 색깔별로 모아 배출한다.
- 캔류 : 내용물을 비운 후 납작하게 압축하고, 부탄가스는 구멍을 뚫어 배출한다.
- 폐의약품 : 보건소나 약국에 있는 폐의약품 수거함에 버린다.

05 다음 중 전기 안전사고를 예방하는 방법으로 적절하지 <u>않은</u> 것은?

① 사용하지 않는 콘센트는 덮개로 막는다.

② 젖은 손으로 전기 제품을 만지지 않는다.

③ 가전제품 사용 후에는 플러그를 빼 놓는다.

④ 한 콘센트에 지나치게 많은 가전제품을 연결한다.

해 설 전기 안전사고를 예방하기 위해서는 과부하가 발생하지 않도록 너무 다양한 기기들을 한 콘센트에 연결하지 않아야 한다.

06 다음 중 밥을 이용한 한 그릇 음식은?

① 냉면   ② 미역국

③ 비빔밥   ④ 배추김치

해 설 ③ 보기 중에서 밥을 이용한 한 그릇 음식은 비빔밥이다.

※ 한 그릇 음식 : 별다른 반찬 등이 없이 그릇 하나에 음식을 조화 있게 담아 한 끼를 해결할 수 있는 음식이다. 요리가 간단하면서도 한 끼에 필요한 영양소가 빠짐없이 들어가 있고, 반복해서 먹어도 쉽게 질리지 않는 특징이 있다. 예 국수, 돈가스, 카레라이스, 볶음밥, 비빔밥 등

07 다음 설명에 해당하는 직업은?

ㅇ 환자에게 주사를 놓아 준다.

ㅇ 병원에서 환자를 돌보는 일을 한다.

① 약사   ② 간호사

③ 소방관   ④ 아나운서

해 설 간호사의 업무

• 환자에게 주사를 놔주고, 내원 환자를 안내한다.

• 의사의 진료를 돕고 의사의 처방이나 규정된 간호 기술에 따라 치료를 행한다.

• 환자의 상태를 점검·기록하고 환자나 가족들에게 치료·질병 예방에 대한 설명을 해준다.

정답   05. ④   06. ③   07. ②

08 다음 중 환경을 고려하여 옷을 관리하는 방법으로 적절하지 <u>않은</u> 것은?

① 옷을 깨끗하게 입고 꼭 필요한 옷만 산다.

② 유행이 지난 옷은 바로 버리고 새 옷을 산다.

③ 옷이 상하지 않게 종류와 용도에 따라 보관한다.

④ 입지 않는 옷은 필요한 사람에게 주거나 재활용한다.

해 설 ② 버려진 옷의 상당 부분은 쓰레기 매립지로 가서 부패하기 때문에 이때 발생한 온실가스로 인해 환경 피해가 발생한다. 그러므로 유행이 지난 옷은 버리지 말고 수선해 모자·가방 등으로 '새활용'하는 것도 환경을 보호하는 일이다.

09 다음 설명에 해당하는 것은?

> 인터넷, 온라인 게임 등을 지나치게 이용하여 일상생활에 문제를 겪는 상태

① 개인 정보

② 정보 윤리

③ 사이버 중독

④ 지식 재산 보호

해 설 사이버 중독이란 인터넷 등의 통신망을 통한 가상의 세계에 지나치게 빠져있어 정상적인 일상생활의 유지가 힘든 상태를 말한다. 사이버 중독을 예방하기 위해서는 자신에게 적절한 인터넷 시간을 설정하고 일상생활과의 균형을 유지하는 것이 좋다.

10 그림에 해당하는 발명 기법은?

우엉 열매의 갈고리   벨크로

자연물을 관찰하고 특징을 적용하여 새로운 물건을 만드는 기법

① 빼기   ② 더하기
③ 반대로 하기   ④ 자연물 본뜨기

해설 ① 빼기 : 한 가지 사물에서 불편한 것을 빼는 방법 예 유선 전화기에서 선을 빼 무선 전화기로 바꿈
② 더하기 : 하나의 물건에 다른 물건이나 기능을 더하는 방법 예 연필에 지우개를 더해 지우개 달린 연필로 바꿈
③ 반대로 하기 : 제품의 모양, 방향, 기능, 수를 반대로 사용함 예 손에 끼는 장갑을 발에 끼는 발가락 양말로 변화시킴

11 ㉠에 들어갈 자전거의 구성 요소는?

(㉠)을/를 밟으면 체인이 돌아가고 자전거가 움직인다.

① 페달   ② 경음기
③ 전조등   ④ 브레이크

해설 ② 경음기 : 자동차, 자전거 등에서 경고음이나 알림 소리를 내기 위해 사용되는 장치이다.
③ 전조등 : 자동차나 자전거 등의 앞에 부착되어, 밤에 주행할 때 앞을 환하게 비추기 위해 설치된 전등이다.
④ 브레이크 : 자전거 운행을 정지시키거나 속력을 떨어뜨리는 장치이다.

 정답   10. ④   11. ①

12 서로 배려하고 돌보는 가족이 되기 위한 노력으로 적절하지 <u>않은</u> 것은?

① 갈등이 발생하면 대화로 해결한다.

② 건강한 생활을 위해 보살피고 도와준다.

③ 도움이 필요할 때는 함께 해결하고 도와준다.

④ 나의 입장만 생각하고 가족의 의견은 무시한다.

✎ 해 설 ─◦ ④ 가족의 의견은 무시하고 나의 입장만 생각하면 가족 간에 갈등이 발생할 수 있다.
　　　　　※ 건강 가정을 위한 가족 구성원의 역할 : 열린 마음으로 대화하기, 시간을 같이 보
　　　　　　 내기, 가족이 함께 자원봉사하기, 집안일에 적극적으로 참여하기, 지지하기

13 다음 설명에 해당하는 것은?

사람의 피부처럼 물체가 접촉했는지 감지하는 센서

① 빛 센서　　　　　　　　　② 색깔 센서

③ 접촉 센서　　　　　　　　④ 이미지 센서

✎ 해 설 ─◦ ① 빛 센서 : 주변의 밝기를 감지하는 센서이다.
　　　　　② 색깔 센서 : 색상을 감지할 수 있는 센서이다.
　　　　　④ 이미지 센서 : 카메라의 핵심 부품으로, 빛을 받아들여 디지털 신호로 변환하는
　　　　　　 역할을 한다.

14 다음 중 가정일의 종류와 하는 일이 가장 적절하게 연결된 것은?

① 식생활 – 상 차리기　　　　② 식생활 – 빨래하기

③ 의생활 – 설거지하기　　　　④ 의생활 – 은행 업무 보기

✎ 해 설 ─◦ • 식생활 : 생명의 유지 및 신체 활동에 필요한 영양분을 얻기 위해 섭취하는 음식
　　　　　　 과 관련된 생활 예 식사 준비하기, 상 차리기, 상 치우기, 설거지하기, 음식물 처
　　　　　　 리하기 등
　　　　　• 의생활 : 몸을 보호하거나 멋을 내기 위해 옷을 입거나 마련하는 것과 관련된 모든
　　　　　　 것 예 빨래하고 널기, 빨래 개기, 다림질하기, 옷 보관하기, 해진 옷 수선하기 등

15 그림을 보고 학생 A에게 해 줄 수 있는 말로 적절하지 <u>않은</u> 것은?

꿈을 찾고 싶은데 당장 무엇부터 해야 할까?

학생 A

① 선생님과 면담을 해 보자.　　② 남이 시키는 대로만 해 보자.

③ 꿈과 관련된 서적을 찾아보자.　④ 커리어넷 진로심리검사를 해 보자.

해설┌○ 꿈을 찾고자 한다면 정말 하고 싶은 게 뭔지 생각해보고, 진로심리검사를 해 보는 것
도 좋은 방법이다. 또한 선생님이나 부모님과 면담을 하거나 관련된 책을 읽어 보도
록 한다.

16 다음 설명에 해당하는 바느질 도구는?

○ 옷감을 고정할 때 사용한다.
○ 바늘꽂이에 꽂아 보관한다.

① 실　　　　　　　　　　② 가위
③ 줄자　　　　　　　　　④ 시침 핀

해설┌○ ① 실 : 바늘에 끼워 옷 따위를 꿰매는 데 쓴다.
② 가위 : 두 개의 날을 교차시켜 천이나 실을 자를 수 있도록 만들어진 도구이다.
③ 줄자 : 인체의 치수, 옷감 또는 의복이나 원형의 직·곡선 길이를 잴 때 사용하는
자이다.

정답　15. ②　16. ④

17 〈보기〉 중 용돈 기입장에서 수입에 해당하는 것은?

┤보 기├

ㄱ. 부모님께서 주신 용돈
ㄴ. 할머니께서 주신 세뱃돈
ㄷ. 간식을 구입하는 데 쓴 돈
ㄹ. 공책을 구입하는 데 쓴 돈

① ㄱ, ㄴ   ② ㄱ, ㄷ
③ ㄴ, ㄹ   ④ ㄷ, ㄹ

✎해 설 ┈o 용돈 기입장을 쓰면 돈이 들어오고 나간 것을 정확히 알 수 있어 내가 꼭 필요한 곳에 돈을 사용했는지, 계획적인 소비를 했는지 알 수 있다. 들어온 돈은 수입 칸에, 쓴 돈은 지출 칸에 적고, 잔액 칸에는 들어온 돈에서 쓰고 남은 돈을 적는다.

18 다음 소프트웨어의 기능을 가진 것은?

도로의 교통 상황 정보를 파악하여 자동으로 운행할 수 있는 기능

① 나룻배   ② 손수레
③ 스케이트   ④ 자율 주행 자동차

✎해 설 ┈o 자율 주행 자동차는 운전자가 차량을 조작하지 않아도 자동차 스스로 운행이 가능한 자동차를 말한다.

19 그림의 식품에 포함된 주된 영양소와 그 설명이 가장 적절하게 연결된 것은?

닭고기	달걀	생선

① 비타민 – 뼈를 구성한다.
② 단백질 – 근육을 구성한다.
③ 탄수화물 – 몸의 기능을 조절한다.
④ 무기질 – 활동에 필요한 에너지를 만든다.

해설 ① 비타민 : 신체 조직의 성장·유지 및 회복뿐만 아니라 면역 체계 강화, 에너지 대사, 세포 보호 등의 역할을 한다.
③ 탄수화물 : 일상적인 활동과 운동을 위한 에너지를 만든다.
④ 무기질 : 신체의 구조적 요소를 형성하고, 신경 자극 전달, 효소의 활성화, 근육 수축 등을 조절한다.

20 ㉠에 공통으로 들어갈 말로 알맞은 것은?

○ (㉠)은 화학 비료와 농약을 적게 사용하여 안전한 먹거리를 생산하는 방법이다.
○ (㉠)은 물, 토양 등의 오염을 줄여 환경을 보전한다.

① 동물 자원　　　　　　　　② 원예 작물
③ 친환경 농업　　　　　　　④ 어린이 기호 식품

해설 친환경 농업 : 농약이나 비료와 같은 화학 제품 사용을 최소한으로 사용하여 물, 토양 등의 오염을 줄여 환경을 보전하고 안전한 농산물을 지속적으로 생산하는 농업이다.

정답 　19. ②　20. ③

2023년 **2회**

초등학교 졸업학력 검정고시 대비 기출문제

초등학교 졸업학력 검정고시 대비

국 어

2023년 2회 시행

01 ㉠에 들어갈 속담으로 적절한 것은?

> 피아노를 배우다 그만두고, 태권도도 배우다 그만두고, 이제 수영을 배우려고 해.

> 이번에는 수영을 꾸준히 배우면 좋겠어. " ㉠ " 라는 말도 있잖아.

① 백지장도 맞들면 낫다.

② 돌다리도 두들겨 보고 건너라.

③ 우물을 파도 한 우물을 파라.

④ 낮말은 새가 듣고 밤말은 쥐가 듣는다.

✎해설 ── 우물을 파도 한 우물을 파라 : 어떤 일이든 한 가지 일을 꾸준히 계속해야 성공할 수 있다는 말이다.

02 다음 글의 공간적 배경으로 알맞은 것은?

> 어느 날 아침, 한음이 오성의 집에 놀러 왔습니다. 오성의 집 마당에 있는 큰 감나무에는 빨간 감이 탐스럽게 열려 있었습니다. 이 감나무 가지는 담 너머 옆집인 권판서 댁까지 뻗어 있었습니다.
> "야, 저 감 참 맛있겠다!"

① 오성의 집　　② 한음의 집　　③ 어느 날 아침　　④ 어느 날 저녁

✎해설 ── 배경이란 이야기에서 일이 일어난 시간과 장소를 말한다.

　　• 시간적 배경 : 일이 일어난 시간　　• 공간적 배경 : 일이 일어난 장소

03 상대에게 조언하는 방법으로 적절하지 않은 것은?

① 진심이 전해지도록 말한다.

② 도움이 되는 내용을 말한다.

③ 나의 의견이 옳다고 강요한다.

④ 상대의 입장이나 상황을 고려하며 말한다.

✎해 설 ○ 상대에게 조언하는 방법
  • 상대에게 고민을 말하도록 강요하지 않는다.
  • 상대의 고민을 잘 들어준다.
  • 상대에게 도움이 되는 내용을 말한다.
  • 상대에게 나의 의견이 옳다고 강요하지 않는다.
  • 상대에게 진심이 전해지도록 말한다.

04 다음 글에서 대상을 설명하기 위해 사용한 방법으로 가장 적절한 것은?

> 다보탑과 석가탑은 공통점이 있습니다. 두 탑은 모두 통일 신라 시대에 만든 탑으로서 불국사 대웅전 앞뜰에 나란히 서 있습니다.
> 두 탑의 모습은 매우 다릅니다. 다보탑은 장식이 많고 화려합니다. 십자 모양의 받침 주변에 돌계단을 만들고 그 위에 사각·팔각·원 모양의 돌을 쌓아 올렸습니다. 반면 석가탑은 단순하면서도 세련된 멋이 있습니다. 사각 평면 받침 위에 돌을 삼 층으로 쌓아 올려 매우 균형 있는 모습을 자랑합니다.

① 다른 대상에 빗대어 설명한다.

② 일이 일어난 순서대로 설명한다.

③ 그림과 그래프를 활용하여 설명한다.

④ 대상의 공통점과 차이점을 찾아 설명한다.

✎해 설 ○ 여러 가지 설명 방법
  • 비교 : 두 가지 이상의 대상에서 공통점을 찾아 설명하는 방법 예 다보탑과 석가탑은 모두 통일 신라 시대에 만든 탑으로서 불국사 대웅전 앞뜰에 나란히 서 있습니다.
  • 대조 : 두 가지 이상의 대상에서 차이점을 찾아 설명하는 방법 예 다보탑은 장식이 많고 화려합니다. 반면 석가탑은 단순하면서도 세련된 멋이 있습니다.
  • 열거 : 설명하려는 대상의 특징을 나열하여 설명하는 방법

 정답   **03.** ③   **04.** ④

[5~6] 다음 글을 읽고 물음에 답하시오.

> ㉠
>
> 첫째, 학교 근처의 어린이 보호 구역을 현재보다 더 넓혀 어린이들이 안전하게 다닐 수 있게 한다. 둘째, 과속 방지턱을 만들어 안전사고가 ㉡ 일어나지 않도록 한다.

05 ㉠에 들어갈 중심 문장으로 적절한 것은?

① 학교 폭력 예방 캠페인을 해야 한다.

② 어린이는 눈에 잘 띄는 옷을 입어야 한다.

③ 어린이는 스스로 교통 규칙을 잘 지켜야 한다.

④ 어린이를 위한 보행 안전 환경을 개선해야 한다.

✍해설 ┏ 중심 문장이란 문단 내용을 대표하는 문장으로, 그 문단의 주제와 중심 내용이 들어 있다. 문제의 글은 어린이 보호 구역을 넓혀 어린이들이 안전하게 다닐 수 있게 하고, 과속 방지턱을 만들어 안전사고가 일어나지 않도록 해야 한다는 '④ 어린이를 위한 보행 안전 환경을 개선해야 한다'는 문장이 적절하다.

06 ㉡과 의미가 같은 것은?

① 옷에 보풀이 <u>일어나다</u>.   ② 동네에 사건이 <u>일어나다</u>.

③ 잠시 누웠다가 <u>일어나다</u>.   ④ 운동장에 먼지가 <u>일어나다</u>.

✍해설 ┏ ㉡ 일어나다 : (사건이나 증상이 일정한 장소에서) 어떤 원인으로 말미암아 나타나다.
① 옷에 보풀이 <u>일어나다</u> : (보풀이나 거품이) 겉으로 부풀거나 위로 솟다.
③ 잠시 누웠다가 <u>일어나다</u> : (사람이 일정한 자리에서) 누웠다가 앉거나 앉았다가 서다.
④ 운동장에 먼지가 <u>일어나다</u> : (파도나 연기가) 위로 솟거나 부풀어오르다.

07 조사한 내용을 발표할 때 ㉠에 들어갈 자료로 가장 적절한 것은?

> • 말할 내용 : 봉산 탈춤
> • 활용할 자료 : [㉠]
> • 자료 선정 이유 : 탈춤의 동작을 생생하게 보여 줄 수 있고, 탈춤에 사용된 음악을 들려줄 수 있다.

① 표　　　　　② 도표　　　　　③ 동영상　　　　　④ 관광 지도

✎해설 ─o 공식적인 상황에서 활용할 수 있는 자료에는 표, 사진, 도표, 동영상 등이 있는데, 동영상을 자료로 이용하면 좀 더 청중을 집중시키고 효과적으로 메시지를 전달할 수 있다.

08 문장 성분의 호응 관계가 바르지 <u>않은</u> 것은?

① 내일 도서관에 갔다.
② 도둑이 경찰에게 잡혔다.
③ 할머니께서 맛있는 떡을 주셨다.
④ 나는 어제 재미있는 동화책을 읽었다.

✎해설 ─o 미래를 나타낼 때에는 '-겠-(-을 것-)'을 쓴다.
　　　　① 내일 도서관에 갔다. → <u>갈 것이다.</u>

09 ㉠, ㉡에 들어갈 말이 알맞게 짝 지어진 것은?

> ### 의견이 적절한지 평가하는 방법
> • 글쓴이의 의견이 [㉠]와/과 관련이 있는지 살펴본다.
> • 뒷받침 내용이 [㉡]이고, 믿을 만한지 확인한다.

	㉠	㉡		㉠	㉡
①	의견	사실	②	주제	사실
③	주제	의견	④	사실	문제 상황

정답　　07. ③　08. ①　09. ②

✎해설 ╭─o 글쓴이의 의견이 적절한지 평가하는 방법
• 글쓴이의 의견이 주제와 관련이 있는지 살펴본다.
• 의견을 뒷받침하는 내용이 사실이고, 믿을 만한지 확인한다.

10 토의할 때 가져야 할 태도로 적절하지 <u>않은</u> 것은?

① 상대방이 말할 때 끼어든다.
② 다른 사람의 의견을 경청한다.
③ 토의 주제와 관련된 의견을 말한다.
④ 나와 다른 의견도 존중하며 대화한다.

✎해설 ╭─o 토의를 할 때는 다른 사람의 의견을 끝까지 귀 기울여 듣고, 다른 사람의 의견을 존중하면서 자신의 의견을 말한다.

11 다음 글에서 '이순신'이 중요하게 생각하는 것으로 가장 적절한 것은?

> "우리는 모든 것이 적다. 무기도 적고, 군사도 적고, 배도 적다. 적은 것을 갑자기 늘릴 방법은 없다. 그러나 많아 보이게 할 수는 있을 것이다."
> 이순신은 우선 고기잡이배와 피난 가는 배들을 판옥선처럼 꾸미게 하고 백성들에게는 바다가 보이는 육지의 산봉우리에서 계속 돌아다니게 했습니다. 마치 우리 군사의 수가 많은 것처럼 보이도록 한 것입니다.
> 이순신은 부하들에게 말했습니다.
> "죽으려 하면 살고, 살려 하면 죽는다. 오늘 우리는 이 말처럼 죽기를 각오하고 싸워야 한다."

① 힘든 일은 남에게 미룬다.
② 자신 없는 일은 도전하지 않는다.
③ 어떤 어려움이 와도 포기하지 않는다.
④ 국가의 평화보다는 개인의 행복이 중요하다.

✎해설 ╭─o 이순신 장군은 숱한 고뇌와 번민을 하고, 누가 봐도 승리를 장담하기 어려운 상황에서 결코 포기하거나 피하지 않고 책임을 다했다. 이순신 장군의 인내심은 우리 모두에게 귀감이 되며, 포기하지 않으면 어떤 어려움도 극복할 수 있다는 것을 보여준다.

12 다음 시에서 ㉠이 비유하는 것은?

봄비

비 온다
봄비 온다
새싹들이 ㉠ <u>젖</u> 달라고 쪽쪽쪽
꽃들이 젖 달라고 짭짭짭
하느님이 젖 준다
주룩주룩 젖 준다
아 배불러,
통통통 통통통통
부른 배에 젖 내린다

– 김시민, 「아빠 얼굴이 더 빨갛다」

---

① 비   ② 새싹   ③ 꽃   ④ 배

✏️해설 ─○ 시에서 비유는 어떤 현상이나 사물을 직접 설명하지 않고 비슷한 현상이나 사물에 빗대어 표현하는 것으로, 문제의 시에서 '㉠ 젖'은 '비'를 비유한 것이다.

13 ㉠에 들어갈 내용으로 적절한 것은?

여행 계획서
• 여행 기간 : 9월 중 2박 3일
• 여행 장소 : 지리산
• 같이 가고 싶은 사람 : 가족
• ㉠ : 물, 지도, 비상식량 등

① 여행 일정   ② 여행 준비물
③ 여행 총비용   ④ 여행 다녀온 소감

✏️해설 ─○ 여행 계획서에서 ㉠에 들어가는 '물, 지도, 비상식량 등'은 여행에 필요한 준비물이다. 그밖에 의약품, 여행지의 기온과 날씨에 맞는 옷, 신발, 개인 위생용품 등을 챙기는 것이 좋다.

 정답 **12.** ① **13.** ②

14 ⊙에 들어갈 근거로 적절한 것은?

> 주장 : 스마트폰 사용 시간을 줄이자.
>
> 근거 : • 스마트폰 게임 중독을 예방할 수 있다.
>
> • ⊙

① 눈 건강을 지킬 수 있다.   ② 수질 오염을 막을 수 있다.

③ 식중독의 위험을 낮출 수 있다.   ④ 일회용품 사용을 줄일 수 있다.

✎해설 ┌─○ 스마트폰 과다 사용의 문제점
- 스마트폰 게임에 중독될 수 있다.
- 전자파의 영향으로 건강에 해로울 수 있다.
- 수면 시간이 지연되어 수면 부족이나 다음날 일상에 지장을 줄 수도 있다.
- 학교 성적이 떨어질 수 있다.

15 '누가/무엇이 + 어떠하다'의 짜임이 아닌 것은?

① 하늘이 푸르다.   ② 날씨가 따뜻하다.

③ 아이들이 달린다.   ④ 장미꽃이 예쁘다.

✎해설 ┌─○ 문장의 짜임
- '누가/무엇이 + 어떠하다'의 짜임 : 대상의 상태나 성질을 나타낸다. 예 하늘이 푸르다. 날씨가 따뜻하다. 장미꽃이 예쁘다.
- '누가/무엇이 + 어찌하다'의 짜임 : 대상의 동작을 나타낸다. 예 아이들이 달린다.

16 고쳐쓰기 단계에서 할 활동으로 적절하지 않은 것은?

① 필요 없는 문장 삭제하기   ② 쓸 내용 자세히 떠올리기

③ 알맞지 않은 낱말 수정하기   ④ 제목과 내용이 어울리는지 확인하기

✎해설 ┌─○ ① 중심 문장의 내용과 관련 없는 문장이 있는지 살펴보고 삭제한다.
③ 뜻에 맞지 않게 사용된 어색한 낱말을 고쳐 쓴다.
④ 글의 내용에 알맞은 제목으로 고쳐 쓴다.

정답 **14.** ① **15.** ③ **16.** ②

[17~18] 다음 글을 읽고 물음에 답하시오.

> 여러 종류의 책을 읽는 습관을 가져야 합니다. ㉠ 여러 종류의 책을 읽으면 어휘력이 풍부해집니다. ㉡ 그리고 여러 종류의 책을 읽으면 배경지식이 많아집니다. ㉢ 또한 생각하는 힘이 커집니다. ㉣ 따라서 여러 종류의 책을 읽는 습관을 길러야 합니다.

17 ㉠~㉣ 중 의견을 뒷받침하는 문장이 <u>아닌</u> 것은?

① ㉠   ② ㉡   ③ ㉢   ④ ㉣

✎해설 ┌─○ ㉣ 중심 문장은 문단 내용을 대표하는 문장으로, 본론을 요약하고 주장을 다시 한번 강조하는 중심 내용이 들어 있다.
　　　　 ㉠, ㉡, ㉢은 뒷받침 문장이다.

18 위와 같은 글을 쓸 때 표현 방법으로 적절한 것은?

① '아마도, 적당히'와 같은 모호한 표현을 쓴다.

② 외국어 등 이해하기 어려운 낱말로 표현한다.

③ '반드시, 절대로'와 같은 단정적인 표현을 사용한다.

④ '내 생각은 ~인 것 같다'라는 주관적인 표현은 사용하지 않는다.

✎해설 ┌─○ 제시한 근거에 알맞은 낱말이나 표현을 사용했는지 살펴본다. 모호한 표현(아마도, 적당히), 이해하기 어려운 낱말(외국어 등), 단정하는 표현(반드시, 절대로), 주관적인 표현(내 생각은 ~인 것 같다)을 쓰지 않았는지 살펴본다.

[19~20] 다음 글을 읽고 물음에 답하시오.

버들잎 편지

• (㉠) : 이른 봄
• (㉡) : 서울 영이의 집
• (㉢) : 영이, 할아버지, 복순
  막이 열리면 복순이 콧노래를 부르며 방을 청소하고 있다. 조금 뒤, 창가로 가서 밖을 향하여 소리친다.
(㉣) : 할아버지!
할아버지 : (소리만) 오냐.
복순 : 다 됐어요?
할아버지 : (소리만) 오냐, 다 되어 간다.
복순 : 어머! 웬 사람들이 저렇게 쏟아져 나왔을까?
  ㉺ (시계를 보며) 그런데 영이는 왜 여태 안 올까?

– 주평, 「등대섬 아이들」

---

19 ㉠~㉣에 들어갈 말이 알맞게 짝 지어진 것은?

① ㉠ – 때
② ㉡ – 등장인물
③ ㉢ – 곳
④ ㉣ – 해설

✎ 해설 ━◦ ① ㉠ – 때 : 이른 봄
② ㉡ – 등장인물 : 영이, 할아버지, 복순
③ ㉢ – 곳 : 서울 영이의 집
④ ㉣ – 해설 : 막이 열리면 복순이 콧노래를 부르며 방을 청소하고 있다. 조금 뒤, 창가로 가서 밖을 향하여 소리친다.

20 ㉺에 대한 설명으로 적절한 것은?

① 인물이 하는 말을 나타낸다.
② 막이 오르는 시간을 나타낸다.
③ 작품의 배경 음악을 나타낸다.
④ 인물의 표정이나 동작을 나타낸다.

✎ 해설 ━◦ ④ 지문은 인물의 행동이나 표정, 음향 효과 등을 설명하는 부분으로, 괄호 안에 써서 나타낸다.

초등학교 졸업학력 검정고시 대비

수 학

2023년 2회 시행

01 그림은 전체 크기가 1인 정사각형을 크기가 같은 100개의 부분으로 나눈 것이다. 색칠한 부분의 크기를 소수로 알맞게 나타낸 것은?

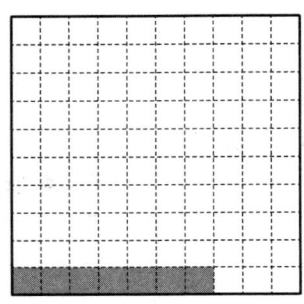

① 0.06

② 0.07

③ 0.08

④ 0.09

✏️해설 ─○ 100개의 칸 중 7개의 칸이 색칠되어 있으므로 $\frac{7}{100} = 0.07$이다.

02 다음은 정삼각형이다. 세 변의 길이의 합은?

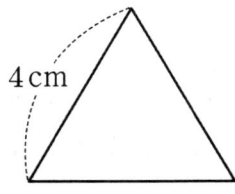

4 cm

① 8cm

② 12cm

③ 16cm

④ 20cm

✏️해설 ─○ 정삼각형은 세 변의 길이가 같으므로 세 변의 길이의 합은 $4+4+4=12$cm이다.

 정답   **01.** ②   **02.** ②

03 다음 나눗셈의 몫을 반올림하여 소수 둘째 자리까지 알맞게 나타낸 것은?

$$18 \div 7 = 2.571\cdots$$

① 2.54　　　　　　　　② 2.55

③ 2.56　　　　　　　　④ 2.57

✏️해 설 ─○ 반올림은 구하려는 자리의 한 자리 아래 숫자가 0, 1, 2, 3, 4이면 버리고, 5, 6, 7, 8, 9
이면 윗자리에 1을 더하여 어림하는 것이다. 2.571은 소수 셋째 자리의 숫자가 1이
므로 반올림하여 소수 둘째 자리까지 나타내면 2.57이다.

04 다음은 수의 범위를 수직선에 나타낸 것이다. ㉠에 알맞은 것은?

12 ㉠ 인 수

① 이상　　　　　　　　② 이하

③ 초과　　　　　　　　④ 미만

✏️해 설 ─● : 이상,　○ : 이하
그러므로 ㉠은 '이상'이다.

05 그래프는 학생 4명의 줄넘기 기록을 나타낸 것이다. 이에 대한 설명으로 알맞은 것은?

줄넘기 기록

① 꺾은선그래프이다.　　　　　② 슬기의 기록이 가장 높다.

③ 지혜의 기록이 가장 낮다.　　④ 도영이의 기록은 100회이다.

✏해설 ○ ① 막대그래프이다.
　　　　② 도영이의 기록이 가장 높다.
　　　　③ 수일이의 기록이 가장 낮다.

06 다음은 24와 42의 최소공배수를 구하는 과정이다. 최소공배수를 구하는 식으로 알맞은 것은?

$$6 \overline{)\ 24 \quad 42}$$
$$\quad\quad 4 \quad\ \ 7$$

① $6 + 4 = 10$　　　　　　　② $6 \times 4 = 24$

③ $6 + 4 + 7 = 17$　　　　　④ $6 \times 4 \times 7 = 168$

✏해설 ○ 최소공배수는 공배수 가운데 최소의 값이다. 24와 42를 공통적으로 나눌 수 있는 최대공약수 6과 몫 4, 7을 모두 곱하여 $6 \times 4 \times 7 = 168$로 최소공배수를 구할 수 있다.

07 쌓기나무 6개를 〈보기〉와 같이 쌓았을 때, 위에서 본 모양으로 알맞은 것은?

①   ②

③   ④

✎해설 ╾o 쌓기나무를 위에서 본 모양은 1층에 쌓은 쌓기나무 모양과 같다.

08 다음은 $\dfrac{7}{10} - \dfrac{2}{5}$ 의 계산 과정을 나타낸 것이다. □에 알맞은 수는?

$$\frac{7}{10} - \frac{2}{5} = \frac{7}{10} - \frac{4}{10} = \boxed{}$$

① $\dfrac{1}{10}$

② $\dfrac{2}{10}$

③ $\dfrac{3}{10}$

④ $\dfrac{4}{10}$

✎해설 ╾o 분모가 다른 분수의 뺄셈은 통분하여 분모를 같게 만든 다음 계산한다.

$$\frac{7}{10} - \frac{4}{10} = \frac{7-4}{10} = \frac{3}{10}$$

09 넓이가 $3.56m^2$인 정사각형을 네 부분으로 똑같이 나누어 그림과 같이 색칠하였다. 색칠한 부분의 넓이를 구하는 식으로 알맞은 것은?

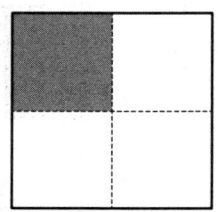

① $3.56 + 4$

② $3.56 - 4$

③ 3.56×4

④ $3.56 \div 4$

✏️ 해설 ┈○ 정사각형을 네 부분으로 똑같이 나누었으므로 색칠한 부분의 넓이는 전체 넓이 3.56을 4로 나누어 구할 수 있다.

10 다음 중 다각형이 <u>아닌</u> 것은?

①

②

③

④

✏️ 해설 ┈○ 다각형은 여러 개의 선분으로 둘러싸인 평면도형이다. ①은 선분이 이어지지 않으므로 다각형이 아니다.

정답 **09.** ④ **10.** ①

11 다음과 같이 소수의 나눗셈을 분수의 나눗셈으로 나타내어 계산하려고 한다. □에 알맞은 수는?

$$3.64 \div 0.52 = \frac{364}{100} \div \frac{\square}{100}$$

① 0.52   ② 5.2

③ 52   ④ 520

🖊 해 설 ⟜ 0.52를 분수로 나타내면 $\frac{52}{100}$ 이다. 그러므로 □에 알맞은 수는 52이다.

12 다음 두 삼각형은 서로 합동이다. □에 알맞은 수는?

① 45   ② 55

③ 65   ④ 75

🖊 해 설 ⟜ 한 도형을 모양이나 크기를 바꾸지 않고 옮겨서 다른 도형에 완전히 포갤 수 있을 때, 이 두 도형을 서로 합동이라고 한다. 따라서 삼각형을 이루는 세 각의 크기도 각각 같으므로, □에 알맞은 수는 65이다.

13 다음은 $\frac{1}{4}$과 크기가 같은 분수를 알아보는 과정이다. □에 알맞은 수는?

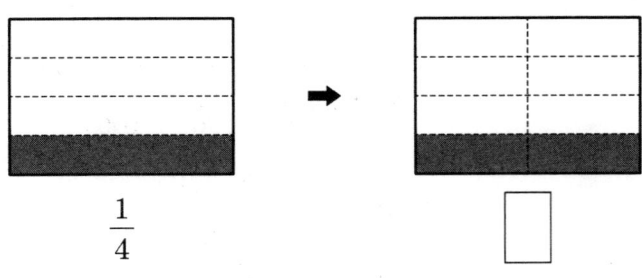

$$\frac{1}{4}$$

① $\frac{1}{8}$ 　　② $\frac{2}{8}$ 　　③ $\frac{3}{8}$ 　　④ $\frac{4}{8}$

✐해설 ┌ㅇ 오른쪽 그림은 8개의 칸 중 2개의 칸이 색칠되어 있으므로 분수로 나타내면 $\frac{2}{8}$이다. 이를 약분하면 $\frac{1}{4}$과 같다.

14 다음은 전개도를 접어서 직육면체를 만들었을 때, 색칠한 면과 수직인 면의 개수는?

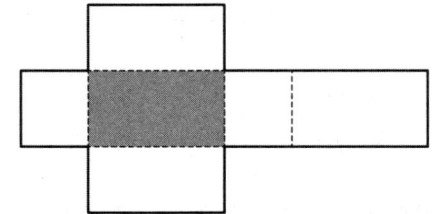

① 3개
② 4개
③ 5개
④ 6개

✐해설 ┌ㅇ 직육면체를 만들었을 때, 색칠된 밑면과 수직인 면은 옆면으로 4개이다.

정답 **13.** ② **14.** ②

15 원 모양의 케이크 1개를 남김없이 4명이 똑같이 나누어 먹으려고 한다. 한 사람이 먹을 수 있는 양만큼 알맞게 색칠한 것은?

① ② ③ ④

해설 ─○ 케이크 1개를 남김없이 4명이 똑같이 나누어 먹으므로 4등분을 한 후, 한 사람이 먹을 수 있는 양인 한 칸에 색칠을 해야 한다.

16 다음은 원뿔이다. 원뿔의 꼭짓점은?

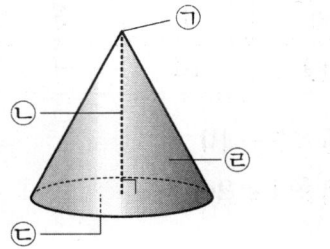

① ㉠
② ㉡
③ ㉢
④ ㉣

해설 ─○ ㉠ : 꼭짓점, ㉡ : 높이, ㉢ : 밑면, ㉣ : 옆면

정답   **15.** ③   **16.** ①

17 다음 원의 넓이를 구하는 식으로 알맞은 것은? (원주율 : 3.14)

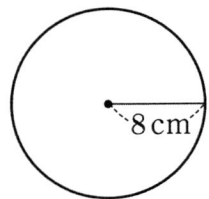

8 cm

① 8×3.14

② $2 \times 8 \times 3.14$

③ $8 \times 8 \times 3.14$

④ $16 \times 16 \times 3.14$

✏️해설 ─○ (원의 넓이)=(반지름)×(반지름)×(원주율)=$8 \times 8 \times 3.14$

18 표는 자동차의 수와 바퀴의 수 사이의 대응 관계를 나타낸 것이다. ㉠에 들어갈 수를 구하는 식으로 알맞은 것은?

자동차의 수(대)	1	2	3	4	5	⋯
바퀴의 수(개)	4	8	12	16	㉠	⋯

① $5 \times 1 = 5$

② $5 \times 2 = 10$

③ $5 \times 3 = 15$

④ $5 \times 4 = 20$

✏️해설 ─○ (자동차의 수)×4 =(바퀴의 수)

$5 \times 4 = 20$(㉠)

정답   **17.** ③   **18.** ④

19 다음은 가위의 수와 풀의 수의 비를 알아보는 과정이다. □에 알맞은 것은?

가위의 수와 풀의 수의 비 ⇨ [   ]

① 2 : 5   ② 2 : 7

③ 3 : 5   ④ 3 : 7

✎해설 ┌─○ 가위의 수는 2, 풀의 수는 5이므로 가위의 수와 풀의 수의 비는 2 : 5이다.

20 다음은 슬기네 반 전체 학생들이 좋아하는 운동을 조사하여 표와 원그래프로 나타낸 것이다. ㉠에 알맞은 수는?

학생들이 좋아하는 운동

운동	피구	축구	야구	기타	합계
학생 수(명)	8	6	3	3	20
백분율(%)	㉠	30	15	15	100

① 10   ② 20   ③ 30   ④ 40

✎해설 ┌─○ 백분율은 기준량을 100으로 할 때의 비율로, 기호 %(퍼센트)를 사용해서 나타낸다.
㉠＋30＋15＋15 ＝ 100%이므로 ㉠은 40이다.

초등학교 졸업학력 검정고시 대비

사 회

2023년 2회 시행

01 다음에서 설명하는 것은?

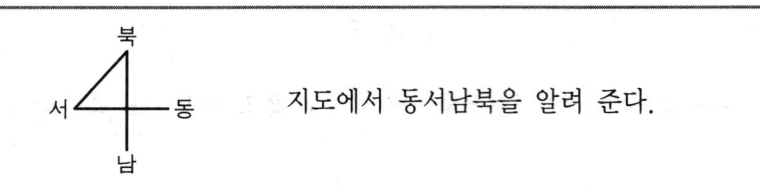

지도에서 동서남북을 알려 준다.

① 경도　　　　② 축척　　　　③ 등고선　　　　④ 방위표

✐해설 ○─● 방위표는 지도에서 동서남북을 알려 준다. 방위표가 없으면 지도의 위쪽이 북쪽, 아래쪽이 남쪽, 오른쪽이 동쪽, 왼쪽이 서쪽이다.

02 다음 질문에 대한 답으로 알맞은 것은?

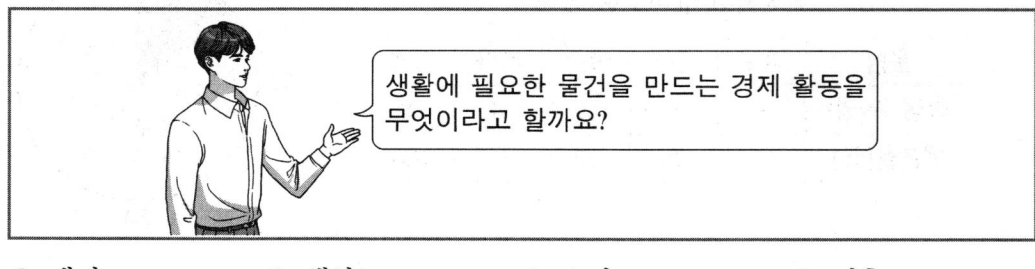

생활에 필요한 물건을 만드는 경제 활동을 무엇이라고 할까요?

① 배려　　　　② 생산　　　　③ 소비　　　　④ 저축

✐해설 ○─● 생활에 필요한 물건을 만들거나 사람들이 필요한 것을 제공하는 것을 생산이라고 하고, 생산한 것을 쓰는 것을 소비라고 한다.

 정답　01. ④　02. ②

03 지역 문제를 해결하기 위한 방법으로 적절하지 <u>않은</u> 것은?

① 소수의 의견만을 따른다.

② 지역 문제의 원인을 찾아본다.

③ 대화와 타협으로 의견을 조정한다.

④ 해결 방안들의 장단점을 비교해 본다.

✎해설 ─○ 지역 문제를 해결하기 위한 방법
  • 지역 문제의 원인을 찾아본다.
  • 소수의 의견을 존중한다.
  • 서로 타협하며 해결 방법을 찾는다.
  • 다수결의 원칙에 따라 투표를 한다.
  • 해결 방안들의 장단점을 비교해 본다.

04 다음에서 설명하는 것은?

> • 국민 모두가 갖는 권리이다.
> • 국민이 한 나라의 주인으로서 나라의 중요한 일을 스스로 결정하는 권리이다.

① 문화   ② 주권

③ 양보   ④ 봉사

✎해설 ─○ 주권 : 민주 정치의 원리 중 하나로 국민 모두가 갖는 권리이다. 국민이 한 나라의 주인으로서 나라의 중요한 일을 스스로 결정하는 권리를 말한다.

05 ㉠과 ㉡에 들어갈 내용으로 알맞게 짝 지어진 것은?

> - [㉠] : 높이 솟은 산들이 모여 이루어진 지형이다.
> - [㉡] : 넓고 평탄한 땅으로 이루어진 지형이다.

	㉠	㉡		㉠	㉡
①	산지	평야	②	평야	산지
③	해안	산지	④	해안	평야

✎ 해설 ─○ • 산지 : 평지보다 높이 솟아오른 땅을 '산'이라고 하며, 산이 여러 개 줄기처럼 이어지면 '산맥', 산들이 모여 있는 곳을 산지라고 한다.
• 평야 : 하천 주변의 넓고 평탄한 땅, 농사짓기가 좋아서 많은 사람들이 모여 산다.

06 ㉠에 들어갈 내용으로 알맞은 것은?

사회 퀴즈 대회

우리나라 영토와 영해 위에 있는 하늘의 범위를 무엇이라고 할까요?

① 도시   ② 영공
③ 인구   ④ 장마

✎ 해설 ─○ 영공 : 우리나라의 주권이 미치는 하늘의 범위로서, 영토(땅)와 영해(바다)의 상공을 말한다.

정답   05. ①   06. ②

07 다음에서 설명하는 나라는?

> • 고구려 유민인 대조영이 세웠다.
> • 고구려를 계승하였음을 내세웠다.
> • '해동성국'이라고 불렸다.

① 가야   ② 백제
③ 신라   ④ 발해

 해 설 ─○ 발해
   • 대조영은 고구려 유민을 이끌고 동모산에서 발해를 건국하였다.
   • 고구려 문화를 바탕으로 다른 나라의 문화를 받아들여 독특한 문화를 만들었다.
   • 발해는 선왕 때 전성기를 이루어 중국으로부터 '해동성국'이라고 불렸다.

08 ㉠에 들어갈 인물로 알맞은 것은?

> ┌─ ㉠ ─┐ 은/는 거란의 침입에 맞서 거란 장군 소손녕과 담판을 벌였다. 그 결과
> 고려는 강동 6주를 차지하게 되었다.

① 서희   ② 김유신
③ 이성계   ④ 정약용

해 설 ─○ 서희의 외교 담판(993년) : 거란이 청천강까지 공격해 오자 서희가 거란 장수와 담
         판을 벌였다. 서희의 담판으로 고려는 여진족을 몰아내고 강동 6주에 성을 쌓아 영
         토를 압록강까지 넓혔다.
         ※ 서희의 주장 : 고려는 고구려를 계승한 나라이므로, 고구려 땅에 살고 있는 거란
                          이 도리어 땅을 내놓아야 한다.

09 ⊙에 들어갈 내용으로 알맞은 것은?

〈세종의 업적〉

- 집현전 개편
- 농사직설 편찬
- ⊙

① 삼국 통일
② 단발령 시행
③ 척화비 건립
④ 훈민정음 창제

✎해설 세종 대에 이루어진 발전

≪삼강행실도≫ 편찬, 집현전 설치, 훈민정음 창제, ≪농사직설≫ 편찬, 앙부일구(해
시계) 등 과학 기술 발전, 천문 서적 편찬, 인쇄 기술의 발전, 국방 강화 등
① 삼국 통일 : 문무왕
② 단발령 시행 : 고종32, 김홍집 내각
③ 척화비 건립 : 흥선 대원군

10 다음에서 설명하는 것은?

- 일본을 통일한 도요토미 히데요시가 군사를 보내 조선을 침략하였다.
- 바다에서는 이순신, 육지에서는 권율 등이 활약하여 일본군을 물리쳤다.

① 병인양요
② 임진왜란
③ 귀주 대첩
④ 6·25 전쟁

✎해설 임진왜란의 발생

- 1592년 4월, 일본군은 명나라로 가는 길을 내어 달라는 구실로 약 20만 명의 군사
를 이끌고 조선을 침략하였다.
- 바다에서는 이순신, 육지에서는 권율 등이 활약하여 일본군을 물리쳤다.
※ 임진왜란 : 1592년부터 1598년까지 두 차례에 걸쳐 일어난 일본과의 전쟁

정답 **09.** ④ **10.** ②

11 다음에서 설명하는 자연재해는?

> 많은 눈이 한꺼번에 내리는 현상이다. 많은 눈이 도로에 쌓일 때를 대비하여 제설 장비를 준비해야 한다.

① 가뭄　　　　　　　　　② 태풍
③ 폭설　　　　　　　　　④ 황사

✎해 설 ┈○ 폭설
- 많은 눈이 한꺼번에 내리는 현상으로 겨울철에 발생한다.
- 교통을 마비시키고 눈사태를 일으킨다.
- 비닐하우스를 주저앉게 하여 농작물에 피해를 입힌다.

12 다음 편지에서 설명하는 나라는?

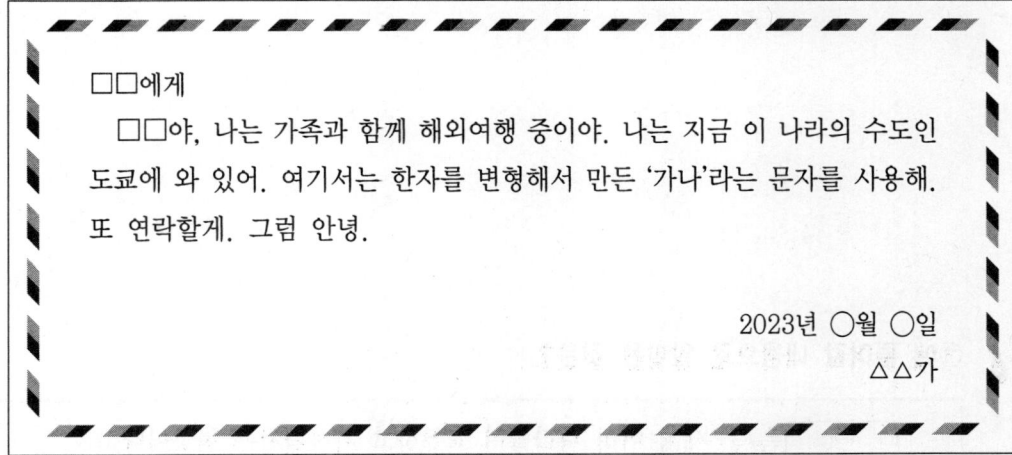

□□에게
　□□야, 나는 가족과 함께 해외여행 중이야. 나는 지금 이 나라의 수도인 도쿄에 와 있어. 여기서는 한자를 변형해서 만든 '가나'라는 문자를 사용해. 또 연락할게. 그럼 안녕.

2023년 ○월 ○일
△△가

① 일본　　　　　　　　　② 중국
③ 러시아　　　　　　　　④ 베트남

✎해 설 ┈○ 일본
- 해안가에 인구가 많이 밀집해 있고, 수도는 도쿄이다.
- 중국의 한자와 한자의 일부를 변형한 '가나' 문자를 사용한다.
- 생선 요리가 많아 가시를 편하게 바를 수 있도록 끝이 뾰족한 젓가락을 사용한다.

13 ㉠에 들어갈 제도로 알맞은 것은?

> 1990년대 우리나라에서는 ┌─── ㉠ ───┐가 본격적으로 실시되었다. 이에 따라 지역 주민이 직접 지방 의회 의원과 지방 자치 단체장을 선출하였다.

① 과거제　　　　　　　　　② 신분제
③ 중앙 집권제　　　　　　　④ 지방 자치제

✏️ 해 설 ─○ 지방 자치제
- 국가의 주인은 국민이고 국가와 그 권력은 국민으로부터 나온다는 민주주의의 가장 근본적인 원리로부터 나온 제도이다.
- 1990년대 우리나라에서는 지방 자치제가 본격적으로 실시되었으며, 이에 따라 지역 주민이 직접 지방 의회 의원과 지방 자치 단체장을 선출하고 있다.

14 ㉠에 들어갈 내용으로 알맞은 것은?

> ┌── ㉠ ──┐은/는 세계 여러 나라들이 교류하고 가까워지는 현상이다.

① 고령화　　　　　　　　　② 다수결
③ 세계화　　　　　　　　　④ 저출산

✏️ 해 설 ─○ 세계화의 의미
국제 사회에서 상호 의존성이 증가함에 따라 세계가 하나의 체계로 나아가고 있는 현상이다. → 국가 간 경계가 약화되고 세계 사회가 경제와 문화를 중심으로 통합해 가는 현상

정답　13. ④　14. ③

15 다음 기사에 나타난 불공정한 경제 활동은?

> □□신문　　　　　　　　○○○○년 ○○월 ○○일
>
> 　취재 결과 ○○회사는 건강식품을 판매하면서 제품의 효능
> 이 없음에도 불구하고, 효과가 아주 뛰어난 것처럼 허위로 광
> 고하였다는 사실이 드러났다.

① 공정 무역　　　　　　　　② 문화 교류

③ 인권 보장　　　　　　　　④ 허위·과장 광고

해설 ─○ 바람직한 경제 활동 : 불공정한 경제활동(담합, 과장, 허위광고, 독과점) 방지를 위한
정부와 시민단체의 감시와 해결을 위한 노력이 필요하다.

16 다음 활동을 하는 기관은?

| 입법 | 예산안 심의 | 국정 감사 |

① 국회　　　　② 학교　　　　③ 경찰서　　　　④ 우체국

해설 ─○ 국회가 하는 일
- 국민 생활에 필요한 법을 만들거나 고치는 일을 한다.
- 정부가 국민을 위해 정책을 잘 집행하고 있는지 살펴보고 잘못된 부분이 있으면
고치도록 한다.
- 국민들이 낸 세금이 국민 전체를 위해 올바르게 사용될 것인지 살펴본다.
- 국회의원이 형사의 위치에서 행정부를 필두로 한 국가기관들의 행보에 대한 감사
와 감찰을 진행하고 사회적인 문제 등에 대해서 비판하는 국정 감사를 실시한다.

17 ㉠에 들어갈 내용으로 알맞은 것은?

> 1970년대 우리나라는 경제 개발 계획에 따라 철강, 선박, 자동차 등의 제품을 생산하는 [㉠]을 육성하였다.

① 관광 산업　　　　　　　　② 의류 산업

③ 생명 공학　　　　　　　　④ 중화학 공업

✎해설 ─o 중화학 공업 : 철, 배, 자동차 등 무거운 제품이나 플라스틱, 고무 제품, 화학 섬유 제품을 생산하는 산업

18 다음 설명에 해당하는 기후는?

> • 적도 주변의 저위도 지역에 나타난다.
> • 일 년 내내 덥고 비가 많이 내린다.

① 건조 기후　　　　　　　　② 냉대 기후

③ 열대 기후　　　　　　　　④ 한대 기후

✎해설 ─o 열대 기후
> • 일 년 내내 무덥고 비가 많이 내린다.
> • 적도 주변의 저위도 지역에 널리 나타난다.
> • 지구 생물의 반 이상이 열대 기후 지역에 살고 있다.
> • 주로 농사를 짓거나 사냥 혹은 열매를 채집하며 생활한다.

정답　17. ④　18. ③

19 **다음에서 설명하는 것은?**

세금 내야겠네.

모든 국민은 정해진 법에 따라 세금을 낼 의무가 있다.

① 선거권　　　　　　　　　② 참정권
③ 납세의 의무　　　　　　　④ 환경 보전의 의무

✎해설 ─○ 납세의 의무 : 세금을 성실하게 내야 하는 의무로, 국가는 국민이 낸 세금으로 나라
　　　　　　살림을 한다.

20 **환경 문제를 해결하기 위한 노력으로 가장 적절한 것은?**

① 재활용품을 분리배출한다.
② 환경 문제에 관심을 갖지 않는다.
③ 사람이 없을 때도 전등을 켜 둔다.
④ 개인 물컵 대신 종이컵을 사용한다.

✎해설 ─○ ② 환경 문제에 관심을 갖는다.
　　　　　　③ 사람이 없을 때는 전등을 끈다.
　　　　　　④ 종이컵 대신 개인 물컵을 사용한다.

초등학교 졸업학력 검정고시 대비

과 학

2023년 2회 시행

01 표는 물의 세 가지 상태를 나타낸 것이다. ㉠에 해당하는 것은?

고체	액체	기체
㉠	물	수증기

① 바람　　　　　　　　　② 습도

③ 얼음　　　　　　　　　④ 온도

✎해설 ○─ 물의 3가지 상태 : 고체(얼음), 액체(물), 기체(수증기)

02 그림은 손전등으로 물체를 비추었을 때 그림자가 스크린에 생기는 모습을 나타낸 것이다. 다음 중 그림자의 크기를 더 크게 하는 방법은?

스크린　　　물체　　　손전등

① 물체를 거꾸로 뒤집는다.　　　　② 스크린의 크기를 크게 한다.

③ 물체를 스크린 쪽으로 이동한다.　④ 물체를 손전등 쪽으로 이동한다.

✎해설 ○─ 빛의 직진은 빛이 한 종류의 물질 내에서 곧게 나아가는 현상으로, 직진하던 빛이 물체에 막혀 생기는 것이 그림자이다. 물체를 손전등에 가깝게 하면 그림자의 크기는 커지고, 손전등에서 멀게 하면 그림자의 크기는 작아진다.

정답　**01. ③　02. ④**

03 그림은 달의 모양 변화를 나타낸 것이다. 다음 중 음력 27~28일 무렵에 볼 수 있는 달은?

① 초승달   ② 상현달

③ 보름달   ④ 그믐달

해설 ─○ 초승달은 음력 3~4일, 상현달은 음력 7~8일, 보름달은 음력 15일, 하현달은 음력 22~23일, 그믐달은 음력 27~28일 무렵에 볼 수 있다.

04 다음 설명에 공통으로 해당하는 것은?

- 응급 환자의 호흡 장치에 이용된다.
- 철이나 구리와 같은 금속을 녹슬게 한다.
- 폐를 통해 흡수되어 몸속 기관이 일을 하는 데 사용된다.

① 산소   ② 수소

③ 질소   ④ 이산화 탄소

해설 ─○ 산소는 철, 구리, 알루미늄과 같은 금속에 녹이 슬게 하고, 응급 환자들의 호흡 장치에 이용된다. 전체 공기의 약 $\frac{1}{5}$을 차지하며, 생명체가 살아가는 데 없어서는 안 될 중요한 기체이다.

05 그림은 꽃의 구조를 나타낸 것이다. 꽃잎을 받치고 보호하는 역할을 하는 것은?

① 수술
② 암술
③ 열매
④ 꽃받침

✎해설 ─○ 꽃은 기본적으로 암술, 수술, 꽃잎, 꽃받침으로 구성된다. 꽃잎은 암술과 수술을 보호하며, 꽃받침은 꽃잎을 받치고 보호하는 역할을 한다.

06 다음 설명에 공통으로 해당하는 것은?

- 유리나 플라스틱 등으로 만든 투명한 삼각기둥 모양의 기구이다.
- 햇빛을 이 기구에 통과시키면 다양한 색을 관찰할 수 있다.

① 프리즘
② 막자사발
③ 약숟가락
④ 증발 접시

✎해설 ─○ ② 막자사발 : 약을 갈아서 가루로 만드는 데 쓰는 사기나 유리로 만든 그릇
③ 약숟가락 : 고체 가루를 다른 시험기구로 옮길 때 사용하는 숟가락 형태의 기구
④ 증발 접시 : 물질을 건조시킬 때 쓰는 접시

07 그림의 전기 회로에서 전지의 연결 방법은?

① 대류
② 전도
③ 병렬연결
④ 직렬연결

✎해설 ─○ 직렬연결은 전지 여러 개를 서로 다른 극끼리 1개의 길로 연결하는 방법이고, 병렬연결은 전지 여러 개를 2개 이상의 길로 연결하는 방법이다.

 정답 05. ④ 06. ① 07. ③

08 그림은 우리나라에서 계절별 태양의 위치 변화를 나타낸 것이다. 이에 대한 설명으로 옳은 것은?

① 태양은 항상 서쪽에서 뜬다.
② 여름철 태양의 남중고도가 가장 높다.
③ 낮의 길이가 가장 긴 계절은 겨울이다.
④ 계절에 따른 달의 움직임을 나타낸 것이다.

✎ 해설 ┈○ ① 태양은 항상 동쪽에서 뜬다.
　　　　③ 낮의 길이가 가장 긴 계절은 여름이다.
　　　　④ 계절에 따른 태양의 움직임을 나타낸 것이다.

09 다음 중 지층에 관한 설명으로 옳지 <u>않은</u> 것은?

① 지층에는 줄무늬가 보인다.
② 모든 지층은 수평 모양이다.
③ 지층의 두께나 색깔은 다양하다.
④ 지층은 만들어지는 데 오랜 시간이 걸린다.

✎ 해설 ┈○ 지층은 암석이 여러 층으로 쌓여 있는 것으로, 지층에는 나란한 줄무늬 모양의 층리
　　　　가 있고, 아래에 있는 층이 위에 있는 층보다 먼저 쌓인 것이다. 지층은 아래에서부
　　　　터 수평하게 쌓이나 오랜 시간이 지나면서 지구 내부에서 여러 가지 힘을 받아 지층
　　　　의 모양이 변하기도 한다.

10 다음 대화에서 설명하는 소화 기관은?

 작은 창자와 연결되어 있고, 주머니 모양이야.

소화를 돕는 액체가 나와 음식물이 더 잘게 쪼개져.

① 위
② 폐
③ 심장
④ 콩팥

✎ 해설 ○ ② 폐 : 가슴 속 좌우에 한 쌍이 있으며, 갈비뼈와 횡격막으로 둘러싸여 있다. 공기 중의 산소를 흡수하고, 몸에서 생긴 이산화 탄소를 폐포로 배출하여 몸 밖으로 내보낸다.
③ 심장 : 가슴의 중앙에서 약간 왼쪽으로 치우쳐 있는 자기 주먹만한 크기인 혈액 순환의 중심 기관으로, 펌프 작용을 통해 혈액을 온몸으로 순환시킨다.
④ 콩팥 : 강낭콩 모양으로, 등쪽 허리의 양쪽에 2개가 있으며, 아래쪽으로 오줌관을 통해 방광과 연결되어 있다.

11 그림에서 ㉠에 해당하는 것은?

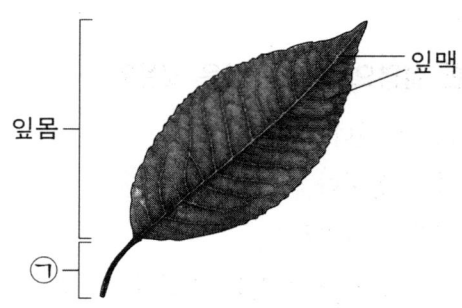

잎몸

잎맥

㉠

① 뿌리
② 씨앗
③ 잎자루
④ 꼬투리

✎ 해설 ○ 잎은 잎몸, 잎자루, 잎맥으로 구성된다.

정답   **10.** ①   **11.** ③

12 표는 지구의 크기를 1로 하여 태양계 행성의 상대적인 크기를 나타낸 것이다. 다음 중 지구와 크기가 가장 비슷한 행성은?

행성	수성	금성	지구	화성	목성
상대적인 크기	0.4	0.9	1.0	0.5	11.2

① 수성   ② 금성

③ 화성   ④ 목성

✎해 설 ○ 상대적인 크기가 0.9인 금성이 지구의 크기 1과 차이가 가장 작으므로 지구와 크기가 가장 비슷하다.

13 다음 중 생태계 보전 방법으로 적절하지 <u>않은</u> 것은?

① 산에 나무심기

② 생물의 서식지 보호하기

③ 일회용품 많이 사용하기

④ 자동차 대신 자전거 이용하기

✎해 설 ○ 생태계를 보전하기 위해서는 일회용품의 사용을 줄이고, 생활용품을 재활용하여 사용해야 한다.

14 그림은 소금을 물에 녹이는 실험을 나타낸 것이다. 이 실험에 대한 설명으로 옳은 것은?

소금 20 g

물 100 g   →   소금물 120 g

① 소금은 용매이다.

② 소금은 물에 녹지 않는다.

③ 소금은 물의 양이 적을수록 잘 녹는다.

④ 소금물의 무게는 소금과 물의 무게를 합한 것과 같다.

✎ 해 설 ─○ ① 소금은 용질, 물은 용매, 소금물은 용액이다.
② 소금은 물에 녹는다.
③ 소금은 물의 양이 많을수록 잘 녹는다.

15 다음 설명에 공통으로 해당하는 생물은?

> • 균류에 속한다.
> • 몸은 균사로 이루어져 있다.

① 토끼   ② 곰팡이

③ 강아지풀   ④ 부레옥잠

✎ 해 설 ─○ 곰팡이는 균류에 속하고, 가늘고 긴 균사로 이루어져 있으며, 포자로 번식한다.

16 다음 중 이슬과 안개의 공통점은?

① 모두 기체이다.

② 낮에만 나타난다.

③ 수증기가 응결하여 생성된다.

④ 산불을 일으키는 원인이다.

🖌해설 ─○ 이슬은 새벽에 차가워진 나뭇가지나 풀잎 등에 수증기가 응결하여 이루어진 작은 물방울이고, 안개는 공기 중의 수증기가 지표면 근처에서 응결하여 공기 중에 떠 있는 것으로, 이슬과 안개 모두 수증기가 응결하여 생성된다.

17 표는 학생 (가)~(라)가 같은 시간 동안 각각 이동한 거리를 나타낸 것이다. 가장 느리게 이동한 학생은?

학생	(가)	(나)	(다)	(라)
이동한 거리	30m	50m	70m	90m

① (가)

② (나)

③ (다)

④ (라)

🖌해설 ─○ 속력은 물체의 빠르기를 나타내며, 물체의 이동 거리를 걸린 시간으로 나누어 구한다. 걸린 시간이 모두 같으므로 이동 거리가 가장 짧은 학생 (가)가 가장 느리다.

18 그림은 뚜껑을 덮어서 알코올램프의 불을 끄는 모습을 나타낸 것이다. 뚜껑을 덮었을 때, 알코올램프의 불이 꺼지는 이유로 옳은 것은?

알코올램프 뚜껑 덮기

① 온도가 높아져서

② 주변이 어두워져서

③ 탈 물질이 공급되어서

④ 산소 공급이 차단되어서

🖌해설 ─○ 소화기를 사용하거나 알코올램프의 뚜껑을 덮어 산소 공급을 차단시켜 불을 끈다.

19 다음 중 우리 생활에서 산과 염기의 성질을 이용한 예로 옳은 것은?

① 햇볕에 빨래 말리기

② 설탕을 물에 녹이기

③ 물을 냉동실에 넣어 얼리기

④ 생선을 손질한 도마를 식초로 닦기

✏️해설 ○ 생선에서 나는 비린내는 염기성을 띠는 물질인데, 이러한 비린내를 없애기 위해서 산성을 띠는 식초를 뿌린다.

20 다음 설명에서 ㉠에 해당하는 것은?

생태계에서 여러 개의 먹이 사슬이 얽혀 그물처럼 연결되어 있는 것을 (㉠) (이)라고 한다.

① 분해자   ② 먹이 그물

③ 환경 오염   ④ 비생물 요소

✏️해설 ○ 먹이 사슬은 생물 사이의 먹고 먹히는 관계가 마치 사슬처럼 연결되어 있는 것을 말한다. 먹이 사슬 여러 개가 서로 얽혀서 그물처럼 보이는 것을 먹이 그물(㉠)이라고 한다.

정답 **19.** ④ **20.** ②

초등학교 졸업학력 검정고시 대비

도 덕

 2023년 2회 시행

01 **도덕 공부가 필요한 이유로 적절하지 않은 것은?**

① 도덕적 삶을 살기 위해서이다.

② 제멋대로 행동하기 위해서이다.

③ 올바른 마음을 기르기 위해서이다.

④ 바르게 판단하고 결정하기 위해서이다.

✏️ 해설 ┈○ 도덕 공부의 목적
- 사람으로서의 올바른 도리와 가치의 습득 및 바른 인격을 갖출 수 있다.
- 도덕 공부를 하면서 바람직한 가치를 찾고 삶의 목적으로 삼아 바람직한 삶을 살아갈 수 있다.
- 도덕 공부를 바탕으로 삶의 의미를 찾을 수 있다.
- 도덕의 실천을 통해 행복을 실현할 수 있기 때문이다.
- 도덕을 지키지 않으면 질서가 엉망이 되기 때문이다.
- 도덕적으로 바르게 행동하고 바른 마음을 지니는 것은 저절로 생기지 않고, 노력을 통해 기를 수 있다.

02 **그림에서 공통으로 나타난 마음가짐으로 적절한 것은?**

 〈무거운 물건을 친구와 함께 들기〉

 〈역할을 나누어 함께 공연하기〉

① 교만   ② 불신   ③ 질투   ④ 협동

 정답 01. ② 02. ④

✏️해설 ┌─○ 협동 : 서로 마음과 힘을 합친다는 사전적 의미를 지니고 있으며 공동체 생활에서
꼭 필요하다.

03 서로 다른 문화를 존중하는 자세로 적절한 것을 〈보기〉에서 고른 것은?

┤보기├

ㄱ. 나와 다른 문화는 무조건 멀리한다.
ㄴ. 나와 종교가 다른 사람에게 편견을 갖는다.
ㄷ. 생김새나 생활 방식이 다른 사람을 이해한다.
ㄹ. 우리 주위에 다양한 문화가 존재함을 받아들인다.

① ㄱ, ㄴ   ② ㄱ, ㄷ   ③ ㄴ, ㄹ   ④ ㄷ, ㄹ

✏️해설 ┌─○ 서로 다른 문화를 존중하는 자세
• 자신과 생김새와 모습이 달라도 차별하지 않는다.
• 편견 없이 상대방을 이해하는 태도를 갖는다.
• 우리 주위에 다양한 문화가 존재함을 받아들인다.
• 인간 존중, 사랑, 평등 등 인류의 보편적 가치를 추구한다.

04 내면적으로 아름다운 사람이 되기 위한 행동으로 적절하지 <u>않은</u> 것은?

① 위인들의 본받을 점을 찾아본다.
② 매일 일기를 쓰며 나를 되돌아본다.
③ 나와 생각이 다른 친구의 의견을 무시한다.
④ 꿈을 이루는 데 도움이 되는 책을 꾸준히 읽는다.

✏️해설 ┌─○ ③ 나와 생각이 다른 친구의 의견도 무시하지 않고 존중한다.
내면적 아름다움
눈에 보이지는 않지만 참된 것, 가치 있는 것 등을 접할 때 마음에 감동을 받으며
아름답다고 느끼게 된다. 이처럼 고귀하고 사랑스러운 것을 통해 느끼는 아름다움을
내면적 아름다움이라고 한다.

 정답   03. ④   04. ③

05 ㉠에 들어갈 말로 가장 적절한 것은?

(㉠) 단어 목록

기쁨, 슬픔, 감사, 우울,
유쾌, 외로움, 미움, 즐거움,
⋮

① 감정　　　② 단절　　　③ 조롱　　　④ 폭력

🖋️해설 —● 감정 : 어떤 현상이나 일이 일어났을 때 드는 마음이나 기분이다. 예 행복하다, 만족
한다, 짜릿하다, 신난다, 유쾌하다, 뿌듯하다, 즐겁다, 감사하다, 상쾌하다, 사랑스럽
다, 편안하다 등

06 다음 일기의 밑줄 친 부분과 가장 관련 있는 덕목은?

20○○년 ○○월 ○○일(○요일)　날씨 : ☀️

글쓰기 숙제

글쓰기 숙제를 하는 것이 너무 귀찮아서 인터넷을 검색
하여 내용을 그대로 베꼈다. 다음부터는 내 자신에게 떳떳
하고 거짓 없이 행동하도록 노력해야겠다.

① 공경　　　② 우애　　　③ 절약　　　④ 정직

🖋️해설 —● 정직 : 사람이나 사람의 성품, 마음 따위가 거짓이 없고, 바르고 곧은 것으로 남을
속이지 않는 것뿐만 아니라 자기 자신을 속이지 않는 것이다.

07 사이버 공간의 긍정적인 면으로 적절한 것은?

① 정보 선택의 어려움

② 사이버 폭력 및 따돌림

③ 온라인 게임 중독의 위험

④ 멀리 있는 사람과의 편리한 의사소통

🖋해 설 ┈○ 사이버 공간
- 인터넷을 통해 다양한 사람들을 만날 수 있으며, 멀리 있는 사람과의 편리한 의사소통이 가능하다.
- 인터넷으로 물건을 사는 등 생활이 편리해졌다.
- 인터넷을 통해 은행 업무나 민원을 처리할 수 있다.

08 ㉠에 들어갈 말로 가장 적절한 것은?

- 나는 매일 아침에 거울을 보며 (㉠)인 다짐을 한다.
- 나는 다짐한 말을 실천하려고 노력한다.

좋은 일이 있을 거야.

포기하지 않을 거야.

① 공격적   ② 긍정적   ③ 부정적   ④ 비관적

🖋해 설 ┈○ 긍정적인 말과 행동의 예
- 말 : 모두 잘 될 거야, 실수해도 괜찮아, 나는 잘할 수 있어, 너는 지금도 충분히 잘하고 있어 등
- 행동 : 실패해도 좌절하지 않고 끝까지 최선을 다하기, 자신감 갖고 도전하기 등
※ 긍정적인 태도 : 어려움 속에서도 자신감과 희망을 가지고 꾸준히 노력하는 것이다.

 정답 07. ④ 08. ②

09 **다음에서 설명하고 있는 것은?**

> 남북한 분단과 전쟁 때문에 가족과 헤어져서 만나지 못하는 사람들을 말한다.

① 대가족   ② 핵가족
③ 이산가족   ④ 확대 가족

✎ 해 설 ╶○ 이산가족의 고통
우리나라는 6·25 전쟁 이후 남북의 개인적인 왕래가 금지되어 있다. 이에 따라 하나의 나라로 자유롭게 왕래하던 남과 북의 많은 가족들이 서로 만나지 못하고 오랜 시간 동안 가족을 그리워하며 슬픔 속에 살아가고 있다.

10 **공정한 행동에 해당하는 것은?**

① 규칙을 지켜 축구하기
② 급식을 받을 때 순서를 무시하고 끼어들기
③ 내가 하기 싫은 일을 다른 친구에게 시키기
④ 학급 회의에서 친한 친구에게만 발표 기회 주기

✎ 해 설 ╶○ 공정한 생활 : 어떤 일을 할 때에 일부 사람이 특별히 억울한 일을 당하거나 부당하게 이익을 얻지 않도록 올바르게 판단하고, 이를 실천에 옮기는 생활이다.

11 다음에서 설명하고 있는 것은?

> • 스스로를 격려한다.
> • 나를 사랑하는 법을 배운다.
> • 내 마음의 소리에 귀를 기울인다.

① 경고　　　　　　　　　② 무시
③ 준법　　　　　　　　　④ 자아 존중

✏해설 ─○ 자아 존중
　　　　• 자신을 스스로 가치 있는 존재로 인식하고 격려한다.
　　　　• 자신이 사랑받을 만한 가치가 있는 소중한 존재이고 어떤 성과를 이루어낼 만한
　　　　　유능한 사람이라고 믿는다.
　　　　• 내 마음의 소리에 귀를 기울인다.

12 지구촌이 겪고 있는 문제점이 <u>아닌</u> 것은?

① 전쟁과 난민
② 전염성 강한 질병
③ 국제 구호 단체 활동
④ 지구 온난화로 인한 이상 기후

✏해설 ─○ 지구촌 문제 : 전쟁, 기아, 환경 파괴, 인종이나 민족, 종교 간의 갈등, 가뭄, 질병

 정답　**11.** ④　**12.** ③

13 그림의 대화에 나타난 갈등 해결 방법은?

네가 내 말을 안 들어줘서 속상했어.

그랬구나. 미안해. 앞으로 네 말을 귀 기울여 들을게.

① 경청하기　　　　　　　② 명령하기

③ 반항하기　　　　　　　④ 윽박지르기

✎ 해 설 ─○ 경청
　　　• 남의 말을 귀기울여 주의깊게 듣는다.
　　　• 상대방의 말 중간에 끼어들거나 끊지 않는다.
　　　• 상대방의 말을 간섭하거나 판단하지 않는다.

14 진정한 봉사 활동에 해당하지 <u>않는</u> 것은?

① 공원에 있는 쓰레기 줍기

② 보상을 바라고 교실 청소하기

③ 동전을 모아 어려운 이웃 돕기

④ 재해가 일어난 곳에 도움 주기

✎ 해 설 ─○ 봉사의 의미
　　　• 배려하는 마음을 바탕으로 다른 사람을 돕는 행동이다.
　　　• 보상을 바라지 않으며, 자신에게 이익이 돌아오지 않더라도 남에게 도움을 베푸는 것이다.

정답　13. ①　14. ②

15 ㉠에 공통으로 들어갈 말로 가장 적절한 것은?

우리 반 (㉠)왕

이름 : ○○○

위 학생은 평소 자신의 생각이나 행동에 잘못된 점은 없는지 스스로 반성하고 올바른 사람이 되기 위해 노력하기에 우리 반 (㉠)왕으로 임명합니다.

20○○년 ○○월 ○○일

① 비리   ② 사치
③ 성찰   ④ 소비

해설 ─○ 성찰이란 자기 자신과 주변 환경에 대해 깊이 생각하고 반성하는 것뿐만 아니라, 올바른 삶을 사는 구체적인 방법을 찾는 것을 말한다.

16 다음에서 설명하고 있는 것은?

• 늘 가까이에 두고 생활의 길잡이로 삼는 말
• 항상 잊지 않고 자신의 생활을 이끌어 가는 격언

① 무관심   ② 좌우명
③ 좌절감   ④ 친밀감

해설 ─○ 좌우명
• 늘 생각하고 되새기며 가르침으로 삼는 말이다.
• 좌우명을 마음속에 새기고 사는 사람은 힘든 일이 닥쳐도 좌우명에 따라 행동하고 헤쳐 나갈 수 있다.

 정답   **15.** ③ **16.** ②

17 ㉠에 들어갈 말로 가장 적절한 것은?

제목 : ㉠

〈실천할 일〉

○ 아침에 스스로 일어나기
○ 스스로 책상 정리하기
○ 스스로 공부 계획 세우기

① 통일로 가는 길
② 환경 보호는 나부터
③ 내 삶의 주인공은 나
④ 내가 지키는 교통안전

✎해설 ┌○ 내가 주인이 되는 삶
일이나 행동을 선택하고 실천할 때에 내가 스스로 주인이 되어 판단하고 선택에 스스로 책임을 지는 생활을 말한다.

18 다음 글에 나타난 문제로 가장 적절한 것은?

점심시간에 친구들과 함께 운동장에서 줄넘기 연습을 했다. 그런데 내가 줄넘기 줄에 자꾸 걸리자 한 친구가 "여자라면 몰라도 남자는 운동을 잘해야지."라며 놀렸다.
'남자는 운동을 무조건 잘해야 하는 건가?'
그 이후로는 운동할 때 자신감이 떨어지고 친구들의 눈치를 보게 되었다.

① 성차별
② 외모 차별
③ 인종 차별
④ 종교 차별

✎해설 ┌○ 성차별은 성이 다르다는 이유만으로 이성에 대해 차별하는 것을 의미한다.

19 다음에서 설명하고 있는 것은?

> • 인간으로서 당연히 가지는 기본적인 권리이다.
> • 인간은 누구나 평등하게 태어났으며 모든 사람은 존엄하게 대우받을 권리가 있다.

① 법   ② 국가

③ 규범   ④ 인권

✎ 해설 ─○ 인권의 의미
성별, 국적, 피부색, 언어, 신분, 종교 등에 상관없이 존중 받으며 사람으로서 마땅히 누려야 할 기본적 권리이다.

20 그림에서 ㉠에 들어갈 말로 적절한 것은?

① 자주   ② 타율   ③ 인류애   ④ 통일 의지

✎ 해설 ─○ 자주적인 사람의 특징
• 어려움을 스스로 헤쳐 나간다.
• 책임감이 있다.
• 쉽게 포기하지 않는다.
• 해야 할 일을 미루지 않는다.
• 남에게 의지하지 않고 스스로 판단하고 선택하고 실천한다.

 정답   19. ④   20. ①

초등학교 졸업학력 검정고시 대비

실 과

2023년 2회 시행

01 그림에 해당하는 아동기 발달의 특징은?

작년보다 키가 7cm나 더 자랐네.

① 사회적 발달

② 신체적 발달

③ 인지적 발달

④ 정서적 발달

✎해 설┈○ 아동기 신체적 발달의 특징

• 키가 자라고 몸무게가 늘어난다.

• 운동 능력이 향상된다.

• 남녀의 신체적 특징이 뚜렷해진다.

02 다음 설명에 해당하는 환경 요소는?

식물 내에서 물질을 운반하고 온도를 조절해 준다.

① 물

② 공기

③ 토양

④ 햇빛

✎해 설┈○ 물은 식물 내에서 물질을 운반하고 온도를 조절해 준다.

03 ㉠에 들어갈 말로 알맞은 것은?

(㉠)은 생활에 필요한 것을 얻거나 경제적 소득을 얻기 위해 기르는 동물이다.

① 반려동물
② 애완동물
③ 경제 동물
④ 특수 동물

✏️해설 ┌─○ 경제 동물

인간 생활에 도움을 주는 경제적으로 가치가 있는 동물이다. 미적 가치, 가축 등 식품이나 부산물로서의 가치, 탐지견 등 노동을 통한 가치 등을 창출할 수 있다.
㉆ 소, 닭, 돼지 등

04 가정에서의 올바른 식사 예절로 적절하지 <u>않은</u> 것은?

① 반찬 투정을 하지 않는다.
② 식사 준비에 함께 참여한다.
③ 식사 후에 식탁을 깨끗하게 정리한다.
④ 식사 중에 입을 벌려 내용물을 보여 준다.

✏️해설 ┌─○ 올바른 식사 예절

- 식사 전에는 손을 깨끗이 씻는다.
- 음식물을 입에 넣고 말하지 않는다.
- 식사에 방해되지 않도록 조용히 이야기한다.
- 반찬을 뒤적이지 않는다.
- 숟가락과 젓가락을 함께 들지 않고 그릇에 걸쳐 놓지 않는다.
- 어른이 식사를 시작하고 난 다음 식사한다.
- 음식을 남기지 않고 먹은 후 깨끗이 정리한다.
- 식사를 준비해 주신 분께 감사의 말을 전한다.

정답 03. ③ 04. ④

05 ㉠과 ㉡에 해당하는 식품군으로 알맞은 것은?

식품군	㉠	㉡
식품	치즈, 요구르트	감자, 옥수수

	㉠	㉡
①	과일류	곡류
②	과일류	채소류
③	우유·유제품류	곡류
④	우유·유제품류	채소류

🖊️해설 ─○ • 우유·유제품류 : 치즈, 요구르트, 크림, 버터 등
　　　　 • 곡류 : 감자, 옥수수, 고구마 등

06 다음 설명에 해당하는 발명품은?

 원하는 곳으로 빠르고 편리하게 갈 수 있다.

① 냉장고　　　　　　　② 보일러
③ 자동차　　　　　　　④ 진공청소기

🖊️해설 ─○ 바퀴는 약 5000년 전 발명된 것으로 추측하고 있는데, 오늘날에는 자동차, 기차, 비행기 등 선박을 제외한 거의 모든 교통수단이 바퀴를 이용해 원하는 곳으로 빠르고 편리하게 갈 수 있다.

07 동물을 돌보고 기를 때의 태도로 알맞지 <u>않은</u> 것은?

① 정기적으로 건강 검진을 한다.

② 산책을 할 때 목줄을 풀고 다닌다.

③ 동물의 보금자리를 깨끗이 청소한다.

④ 기르고 있는 동물에 대해 자세히 알아본다.

✎해설 ─○ 동물을 돌보고 기를 때의 태도
- 애완동물의 전염병은 사람에게 피해를 줄 수 있으므로 예방 접종을 하고 청결을 유지한다.
- 기르기 시작한 애완동물은 끝까지 책임져야 한다.
- 애완동물의 소음이나 배설물로 인해 다른 사람에게 피해를 주지 않도록 한다.
- 애완동물 출입이 금지된 곳에는 애완동물을 데리고 가지 않는다.
- 애완동물과 산책할 때에는 반드시 목줄을 매야 한다.

08 다음 설명에 해당하는 바느질 도구는?

바늘에 꿰어 천을 잇는 데 사용한다.

① 실　　　　　　　　　　② 골무
③ 쪽가위　　　　　　　　④ 시침 핀

✎해설 ─○ ② 골무 : 바느질할 때 바늘을 눌러 밀거나 손끝이 찔리는 것을 막기 위하여 둘째손가락 끝에 끼우는 바느질 도구
③ 쪽가위 : 실 따위를 자르는 데 쓰는 족집게처럼 생긴 작은 가위
④ 시침 핀 : 바느질할 때 천을 여러 겹 맞대어 듬성듬성 성기게 꿰매기 위하여 옷감을 고정하는 핀

09 ㉠에 해당하는 수송 수단의 기본 요소는?

> 자전거의 (㉠)은/는 수송 수단이 움직이도록 하는 장치로 페달과 체인 등이 있다.

① 프레임   ② 구동 장치
③ 제동 장치   ④ 조향 장치

✎해 설 ┈o 자전거의 구동 장치는 수송 수단이 움직이도록 하는 장치로 페달, 체인 등이 있는데, 페달을 밟고 돌리면 이 힘을 체인이 뒷바퀴에 전달하여 뒷바퀴가 회전한다.

10 다음 설명에 해당하는 직업은?

> 승객이나 화물을 운반하기 위해 여객기, 화물 수송기 등을 조종한다.

① 교사   ② 은행원
③ 사회 복지사   ④ 항공기 조종사

✎해 설 ┈o 항공기 조종사 : 여객 및 화물을 목적지까지 운송하기 위하여 여객기, 화물 수송기 등을 조종하는 사람이다.

11 가족에 대한 설명으로 적절하지 않은 것은?

① 우리 주변에는 다양한 형태의 가족이 있다.
② 결혼, 혈연, 입양 등으로 맺어진 공동체이다.
③ 상황에 따라 가족 구성원의 역할은 다를 수 있다.
④ 조부모와 함께 사는 가족을 1인 가족이라고 한다.

✎해 설 ┈o ④ 조부모와 함께 사는 가족을 조손 가족이라고 하며, 1인 가족은 혼자서 생활하는 가구이다. 조손 가족은 부모의 취업이나 자녀의 학업 또는 부모의 이혼, 재혼, 사별 등의 이유로 인해 조부모와 손자, 손녀가 살아가는 가족의 형태이다.

12 다음 설명에 해당하는 조리 도구는?

- 음식을 조리할 때 쓰는 가열기구이다.
- 불의 세기를 조절할 수 있다.

① 도마   ② 뒤집개

③ 젓가락   ④ 가스레인지

해설 ─○ 가스레인지는 음식을 조리할 때 쓰는 가열 기구로 불의 세기를 조절할 수 있으며, 조리 도구 및 용기에 제한이 없다.

13 의생활에 해당하는 것을 〈보기〉에서 고른 것은?

┤ 보 기 ├

ㄱ. 빨래하기   ㄴ. 요리하기

ㄷ. 다림질하기   ㄹ. 은행 업무 보기

① ㄱ, ㄴ   ② ㄱ, ㄷ

③ ㄴ, ㄹ   ④ ㄷ, ㄹ

해설 ─○ 의생활 : 옷의 정리와 관리, 빨래하기, 빨래 널기, 옷 개기, 다림질하기, 옷걸이에 걸기 등

정답   12. ④   13. ②

14 ㉠에 들어갈 말로 가장 적절한 것은?

나는 공부를 재미있게 할 수 있도록 도와주는 ㉠ 을 만들고 싶어.

① 교육 로봇   ② 수술 로봇
③ 청소 로봇   ④ 탐사 로봇

✏해설 ─○ 교육 로봇
　　인터넷 또는 프로그램에 의해 교육을 하는 로봇 자체에 내장된 자료 또는 네트워크
　　로 전송받은 자료로서 지식 및 정보 전달과 교육에 사용되는 로봇이다.

15 ㉠에 들어갈 말로 가장 적절한 것은?

• ㉠ : 0~10°C
냉장 보관(개봉 후에는
반드시 냉장 보관하거나
빨리 드세요.)

① 원재료명
② 보관 방법
③ 영양 정보
④ 식품 인증 표시

✏해설 ─○ 식품의 적당한 보관 온도를 알고 구분하여 보관하여야 하는데 식품의 특성 및 냉장
　　고 위치별 온도 등을 고려하여 적절한 위치에 넣어야 식품의 신선도를 최대한 유지
　　할 수 있다.

16 ⊙과 ⓒ에 들어갈 옷의 기능으로 알맞은 것은?

> • 자신의 개성을 (⊙)한다.
> • 외부의 위험으로부터 몸을 (ⓒ)한다.

	⊙	ⓒ
①	구성	보호
②	구성	선택
③	표현	보호
④	표현	선택

✎ 해설 ─○ 옷의 기능
• 표현적 기능 : 옷차림을 통해 직업, 사회적 역할, 신분 등을 알 수 있으며, 개성을 표현한다.
• 보호적 기능 : 겉옷은 햇빛, 먼지, 외부 환경의 오염 물질로부터 몸을 보호해 주고, 추위와 더위를 막아 체온을 유지하여 준다. 또한, 속옷은 땀과 피지 등의 분비물을 흡수하여 피부를 청결하게 해 준다. 운동복은 신체 활동을 자유롭게 해 주고 몸을 다치지 않게 보호해 준다.

17 건강한 가정생활의 모습으로 적절하지 <u>않은</u> 것은?

① 서로의 의견을 존중하지 않는다.
② 가족의 행복을 위해 함께 노력한다.
③ 가정일을 서로 미루지 않고 함께한다.
④ 가족에게 어려운 일이 생겼을 때 도와준다.

✎ 해설 ─○ 가족은 누구보다 가까운 관계이지만 서로 예의를 지키지 않거나 의사소통이 잘 안 되면 갈등이 생길 수 있다. 따라서 건강한 가족과 가정생활을 위해서는 서로에 대한 배려와 원활한 의사소통이 필요하다.

정답 16. ③ 17. ①

18 그림이 공통으로 나타내는 것은?

① 친환경 인증 표시　　　　② 항생제 사용 표시
③ 합성 농약 사용 표시　　　④ 화학 비료 사용 표시

✎해설 ─○ 친환경 인증 표시
정부가 친환경 인증 제도하에서 친환경으로 인정받은 농산물, 축산물, 수산물에 부여하는 인증 표시이다. 친환경 농축산물은 종류와 생산 과정에 따라 유기 농산물(임산물 포함), 유기 축산물, 무농약 농산물, 무항생제 축산물로 나뉜다.

19 재활용 쓰레기를 분리배출하는 방법으로 적절하지 <u>않은</u> 것은?

① 유리병은 잘게 깬다.
② 종이 팩은 물로 헹군 후 펼친다.
③ 음료수 캔은 내용물을 비우고 납작하게 누른다.
④ 플라스틱 생수 통은 부착 상표 등을 뗀 후 찌그러뜨린다.

✎해설 ─○ ① 유리는 병뚜껑을 제거한 후 색깔별로 모아 배출한다.

20 ㉠에 들어갈 말로 알맞은 것은?

> 문제를 해결하기 위해 컴퓨터가 이해할 수 있는 언어를 사용하여 프로그램으로 만드는 과정을 (㉠)(이)라고 한다.

① 하드웨어　　　　　　　② 프로그래밍

③ 사이버 중독　　　　　　④ 개인 정보 보호

✎해설 ○ 프로그래밍이란 컴퓨터에 명령을 내리는 것으로, 문제를 해결하기 위해 컴퓨터가 이해할 수 있는 언어를 사용하여 프로그램으로 만드는 과정을 말한다.

정답　**20.** ②

초등학교 졸업학력 검정고시 대비

영 어

2023년 **2**회 시행

01 □ 안에 공통으로 들어갈 철자로 알맞은 것은?

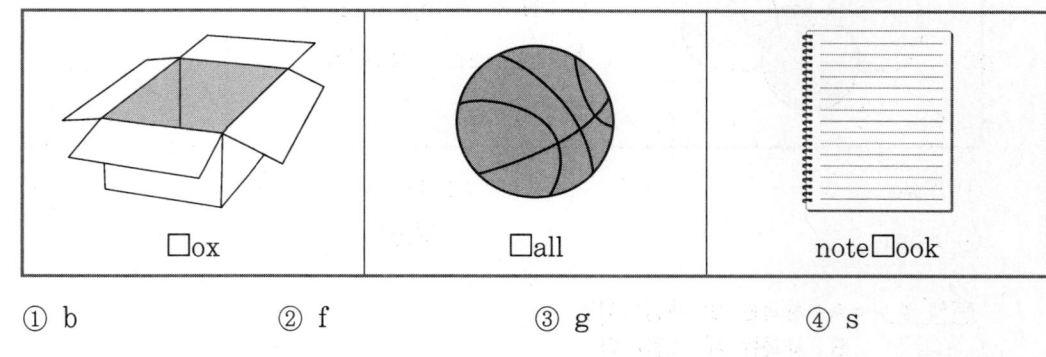

□ox   □all   note□ook

① b   ② f   ③ g   ④ s

✎해설 — 'box(상자), ball(공), notebook(공책)'이므로 □ 안에 공통으로 들어갈 철자는 'b'
이다.

02 다음에서 A가 찾는 물건의 위치는?

A : Where is my cup?
B : It's on the desk.

①   ②   ③   ④

✏️ 해설 ○ A : 내 컵 어딨어?
B : 책상 위에 있어요.
대화의 내용으로 보아 A가 찾는 컵의 위치는 '① 책상 위'이다.

03 그림으로 보아 빈칸에 들어갈 말로 알맞은 것은?

A : How many apples?
B : _____ apples.

① Two ② Three
③ Four ④ Five

✏️ 해설 ○ A : 사과는 몇 개입니까?
B : 사과는 세 개입니다.
그림의 사과는 세 개(Three)다.

04 다음 글의 내용에서 알 수 <u>없는</u> 것은?

My name is Uju. I am from Korea. I am twelve years old. I like *bibimbap*.

① 이름 ② 나이
③ 가입한 동아리 ④ 좋아하는 음식

✏️ 해설 ○ 제 이름은 Uju입니다. 저는 한국에서 왔습니다. 저는 열두 살이에요. 저는 비빔밥을 좋아해요.
① 이름 : 우주
② 나이 : 열두 살
④ 좋아하는 음식 : 비빔밥

정답 03. ② 04. ③

05 다음 대화에서 A의 질문으로 가장 적절한 것은?

> A : Hello, I'm Minho.
> B : Hi, I'm Ann.
> A : _____?
> B : A - N - N.

① How are you
② What are you doing
③ What would you like
④ How do you spell your name

✎해설 ┌─○ A : 안녕하세요, Minho라고 해요.
B : 안녕하세요, Ann이에요.
A : 이름 철자가 어떻게 되나요?
B : A - N - N.
① How are you? : 안녕하세요?
② What are you doing? : 무슨 일 하세요?
③ What would you like? : 무엇을 원하세요?

06 ⓐ, ⓑ에 해당하는 말로 알맞은 것은?

	ⓐ	ⓑ
①	eraser	robot
②	eraser	scissors
③	ruler	robot
④	ruler	scissors

✎해설 ┌─○ ⓐ eraser : 지우개, ⓑ scissors : 가위

07 다음 대화에서 Lucy가 이번 주말에 하려고 하는 것은?

> A : What will you do this weekend, Lucy?
> B : I will fly a kite.

① 연날리기　　　　　　　② 청소하기
③ 영화 보기　　　　　　　④ 음식 만들기

✎ 해설 ─○ A : 이번 주말에 뭐 할 거야, Lucy?
　　　　　　B : 연을 날릴 거야.
　　　　　　대화로 보아 Lucy는 주말에 연을 날릴 것이다.
　　　　　　• weekend : 주말
　　　　　　• kite : 연

08 다음 대화에서 Kevin의 물건으로 알맞은 것은?

> A : Kevin, whose watch is this?
> B : It's Jina's.
> A : Whose doll is this?
> B : It's mine.

① 공　　　　　　　　　　② 시계
③ 안경　　　　　　　　　④ 인형

✎ 해설 ─○ A : Kevin, 이건 누구 시계야?
　　　　　　B : Jina 거야.
　　　　　　A : 이건 누구 인형이야?
　　　　　　B : 내 거야.
　　　　　　Kevin이 인형이 자기 것이라고 했으므로, 인형은 Kevin의 물건이다.
　　　　　　• watch : 시계, 보다
　　　　　　• doll : 인형

정답　07. ①　08. ④

09 ⓐ, ⓑ에 들어갈 말로 알맞은 것은?

2월	–	4월	–	6월	–	8월
February	–	(ⓐ)	–	June	–	(ⓑ)

	ⓐ	ⓑ
①	March	July
②	April	July
③	April	August
④	May	August

✏️해 설 ⟩ 4월 : April, 8월 : August

10 다음 대화에서 A가 할 행동으로 가장 적절한 것은?

A : I have a fever.
B : How about taking some medicine?
A : OK, I will.

① 약 먹기　　　　　　　　② 일찍 자기
③ 충분히 쉬기　　　　　　④ 물 많이 마시기

✏️해 설 ⟩ A : 열이 나.
　　　　　B : 약 좀 먹으면 어때?
　　　　　A : 알았어, 그럴게.
　　　　　• fever : 열, 흥분
　　　　　• how about~ : ~은 어떻습니까?, ~에 대해서 어떻게 생각합니까?
　　　　　• medicine : 의학, 약

11 다음 설명에 해당하는 장소로 가장 적절한 것은?

There is a bath.
There is a toilet.

① kitchen   ② bedroom

③ bathroom   ④ living room

해설 ─o 욕조가 있습니다.
화장실이 있습니다.
① kitchen : 주방
② bedroom : 침실
③ bathroom : 욕실
④ living room : 거실
욕조와 화장실로 보아 그림의 장소는 욕실이다.

12 다음 대화에서 B의 대답으로 가장 적절한 것은?

A : Can I watch TV?
B : _____. It's 10 o'clock. It's time for bed.
A : OK. Good night, mom.

① I'm Paul   ② It's sunny

③ It's white   ④ No, you can't

해설 ─o A : TV를 봐도 되나요?
B : 아니, 안 돼. 10시야. 잘 시간이야.
A : 네. 안녕히 주무세요, 엄마.
① I'm Paul. : 저는 Paul이에요.
② It's sunny. : 날씨가 맑아요.
③ It's white. : 흰색이에요.
④ No, you can't. : 안 돼요.

 정답   **11.** ③   **12.** ④

13 다음 대화에서 A가 구매한 물건의 총금액으로 알맞은 것은?

> A : How much is this cookie?
> B : It's two thousand won.
> A : I'll take four cookies. Here is eight thousand won.
> B : Thank you.

① 2,000원   ② 4,000원

③ 6,000원   ④ 8,000원

✏️해설 ─o A : 이 쿠키는 얼마입니까?
　　　　　B : 2천 원입니다.
　　　　　A : 쿠키 4개 주세요. 여기 8천 원입니다.
　　　　　B : 감사합니다.
　　　　　대화로 보아 A는 개당 2천 원인 쿠키 4개를 구매했으므로, 총금액은 8천 원이다.

14 다음에서 설명하는 Alex의 교실로 알맞은 것은?

> A : What grade are you in, Alex?
> B : I'm in the fifth grade.

①   ②   ③   ④

✏️해설 ─o A : Alex, 몇 학년이니?
　　　　　B : 저는 5학년입니다.
　　　　　• grade : 학년, 성적

15 다음 글의 내용과 일치하는 것은?

> A : Who drew this picture? It looks good.
> B : I did. My favorite subject is art.
>   I want to be an artist.

① A는 그릇을 만들었다.   ② A는 그림이 별로라고 말했다.
③ B가 제일 좋아하는 과목은 미술이다.   ④ B는 의사가 되고 싶어 한다.

✎해설 ─ A : 이 그림은 누가 그렸나요? 보기 좋네요.
　　　 B : 제가 그렸어요. 제가 좋아하는 과목은 미술입니다.
　　　　　저는 예술가가 되고 싶습니다.
　　　 • subject : 주제, 과목
　　　 • want to+동사 : ～하고 싶어 하다

16 그림을 알맞게 표현한 문장은?

① I work out once a week.
② I eat breakfast every day.
③ I brush my teeth three times a day.
④ I wash my hands four times a day.

✎해설 ─ ① 저는 일주일에 한 번 운동을 합니다.
　　　 ② 저는 매일 아침을 먹습니다.
　　　 ③ 저는 하루에 세 번 이를 닦습니다.
　　　 ④ 저는 하루에 네 번 손을 씻습니다.
　　　 • work out : 되다, 운동하다
　　　 • brush : 양치, 붓, 닦다

17 다음 대화에서 A의 생일 파티 날짜로 알맞은 것은?

> A : Can you come to my birthday party?
> B : Sure! When is it?
> A : It's tomorrow. March 8th.
> B : OK. See you tomorrow.

① 3월 8일　　　　　　② 5월 8일
③ 8월 3일　　　　　　④ 10월 3일

✎해설 ┌─○ A : 제 생일 파티에 오실 수 있나요?
　　　　　B : 물론이죠! 언제죠?
　　　　　A : 내일입니다. 3월 8일입니다.
　　　　　B : 네. 내일 뵙겠습니다.

18 다음 글에서 Amy에 관한 설명과 일치하지 <u>않는</u> 것은?

> This is Amy. She is my cousin. She is older than me. She likes to sing.
> She goes to Daehan Elementary School.

① 내 사촌이다.　　　　　② 나보다 나이가 많다.
③ 춤추기를 좋아한다.　　　④ 대한 초등학교에 다닌다.

✎해설 ┌─○ Amy입니다. 그녀는 제 사촌입니다. 그녀는 저보다 나이가 많습니다. 그녀는 노래하
　　　는 것을 좋아합니다. 그녀는 대한 초등학교에 다닙니다.
　　　• cousin : 사촌, 친척
　　　• older : 오래된, 노인, 나이든
　　　• go to + 장소 : ~에 가다

19 다음 대화에서 A가 더 먹고 싶어 하는 음식으로 알맞은 것은?

> A : This curry is delicious. Can I have some more?
> B : Sure. Here you are.

① 피자　　　　　　　　　　② 카레

③ 샐러드　　　　　　　　　④ 햄버거

✎ 해설 ─○ A : 카레가 맛있어요. 좀 더 먹을 수 있을까요?
　　　　　 B : 물론입니다. 여기 있습니다.
　　　　 • curry : 카레, 카레 요리
　　　　 • delicious : 맛있는, 달콤한, 즐거운

20 다음 글에서 Judy가 한 일이 <u>아닌</u> 것은?

> Dear Tim,
> My summer was great.
> I took a trip with my family.
> I watched baseball games.
> I went to the K-pop festival, too.
> How was your summer, Tim?
> 　　　　　　　　　　　Your friend,
> 　　　　　　　　　　　Judy

① 가족과 함께 여행했다.　　　② 친구들과 수영장에 갔다.

③ 야구 경기를 관람했다.　　　④ K-pop 페스티벌에 갔다.

✎ 해설 ─○ 친애하는 Tim에게,
　　　　　 나의 여름은 정말 좋았어.
　　　　　 가족과 함께 여행을 다녀왔어.
　　　　　 야구 경기도 봤고.
　　　　　 K-pop 페스티벌에도 갔어.
　　　　　 너의 여름은 어땠어, Tim?
　　　　　 네 친구, Judy

정답　19. ②　20. ②

2023년 1회

초등학교 **졸업학력** 검정고시 대비 기출문제

똑 같 은 기 출 똑 똑 한 해 설

2023

똑같은 기출 똑똑한 해설

초등학교 졸업학력 검정고시 대비

국 어

2023년 1회 시행

01 ㉠에 들어갈 사과의 말로 적절한 것은?

내가 실수로 우유를 쏟았어.
(㉠)

① 생일을 축하해.
② 미안해. 닦아 줄게.
③ 반가워. 오랜만이야.
④ 책을 빌려줘서 고마워.

해 설 ─○ 실수로 우유를 쏟아서 사과하는 상황이다. 사과할 때에는 잘못을 인정하고 진심을 담아 정중하게 한다.

02 다음과 같은 뜻을 지닌 속담은?

사람 간의 관계가 매우 가까운 것을 비유적으로 이르는 말

① 바늘 가는 데 실 간다.
② 배보다 배꼽이 더 크다.
③ 소 잃고 외양간 고친다.
④ 쥐구멍에도 볕 들 날 있다.

해 설 ─○ 바늘 가는 데 실 간다 : 바늘이 가는 데 실이 항상 뒤따른다는 뜻이며 사람 간의 관계가 매우 가까운 것을 비유적으로 이르는 말이다.

03 다음 주제에 대한 의견으로 알맞지 <u>않은</u> 것은?

> 친구와 사이좋게 지내자.

① 친구가 어려울 때 돕는다.
② 친구가 힘들 때 위로한다.
③ 친구가 싫어하는 별명을 부른다.
④ 친구에게 바르고 고운 말을 한다.

✎해설 ─○ 친구가 어려울 때 돕고, 힘들 때 위로하며, 바르고 고운 말을 하면 친구 사이가 더 좋아진다.

04 다음 글의 시간적 배경은?

> 아침에 집에서 밥을 먹을 때였습니다. 가족들은 맛있게 먹고 있는데 저는 이가 아파서 한 입도 먹지 못했습니다. 아버지께서는 치과에 가서 치료를 받아야 한다고 말씀하셨습니다.

① 집   ② 아침
③ 저녁   ④ 치과

✎해설 ─○ 시간적 배경이란 일(사건)이 일어난 시간을 뜻하는데 새벽녘, 아침, 해 질 무렵 등이 있다. 문제의 지문 '아침에 집에서 밥을 먹을 때였습니다.'로 보아 시간적 배경이 아침임을 알 수 있다.

05 문장 성분의 호응 관계가 바른 것은?

① 동생은 빵을 별로 좋아한다.

② 우리는 내일 동물원에 갔다.

③ 삼촌은 어제 병원에 갈 것이다.

④ 나는 그 사실을 도저히 믿을 수 없다.

🖋해 설 ─○ 어떤 말이 앞에 올 때에 거기에 대응하는 말이 호응을 이루지 않으면 어색한 문장이 되거나, 말하는 이나 글쓴이의 의도가 잘못 전달될 수 있기 때문에 문장의 호응에 주의하여야 한다.
① 동생은 빵을 별로 좋아하지 않는다.
② 우리는 내일 동물원에 갈 것이다.
③ 삼촌은 어제 병원에 갔다.

06 밑줄 친 낱말 중 바르게 쓰인 것은?

① 새가 <u>난다</u>.　　② 짐을 <u>날른다</u>.

③ 새끼를 <u>낫는다</u>.　　④ 물고기를 <u>낙는다</u>.

🖋해 설 ─○ ② 짐을 <u>날른다</u>. → <u>나른다</u>.
③ 새끼를 <u>낫는다</u>. → <u>낳는다</u>.
④ 물고기를 <u>낙는다</u>. → <u>낚는다</u>.

07 상대를 배려하며 조언하는 방법으로 알맞지 <u>않은</u> 것은?

① 상대가 처한 상황을 이해한다.

② 상대의 말을 제대로 듣지 않고 말한다.

③ 상대의 생각에 공감하며 대화하려고 노력한다.

④ 상대에게 고민을 말해 보라고 강요하지 않는다.

🖋해 설 ─○ 상대방의 말을 귀를 기울여 듣고 기분이 상하지 않도록 배려하며 도움이 되는 내용을 말한다.

08 다음 글을 읽고 미루어 짐작할 수 있는 내용으로 가장 적절한 것은?

> 마라톤 대회가 시작되었습니다. 가파른 언덕을 오를 때, 지수는 갑자기 현기증이 났습니다. 다른 친구들은 이미 지수를 앞질러 간 상태였습니다. 지수는 포기해야겠다는 생각으로 몇 걸음 천천히 걸었습니다.
> 그때 사람들의 응원하는 소리가 들렸습니다.
> "와, 조금만 더 힘내요!"
> 지수는 응원하는 소리에 힘이 났습니다.
> '이제 거의 다 왔어. 조금만 더 힘을 내자!'
> 선생님과 친구들은 결승점으로 들어오는 지수를 향해 뜨거운 박수를 보냈습니다. 지수는 자신이 해냈다는 생각에 뿌듯한 마음이 들었습니다.

① 지수는 도중에 포기했을 것이다.
② 지수를 응원하는 사람이 없을 것이다.
③ 지수는 끝까지 달려 결승점에 도착했을 것이다.
④ 마라톤 대회의 코스는 평지로만 이루어졌을 것이다.

✎ 해 설 ┈o 지수는 갑자기 현기증이 나서 포기하고 싶었지만 사람들의 응원 소리와 박수를 받으면서 끝까지 달려 결승점에 도착했을 것이다.

09 설명하는 글을 요약하는 방법으로 알맞지 <u>않은</u> 것은?

① 중요한 내용을 생략한다.
② 각 문단의 중심 내용을 찾는다.
③ 중심 내용을 연결하여 정리한다.
④ 글의 구조를 파악하고 내용을 요약한다.

✎ 해 설 ┈o 문단의 중심 문장을 찾아 그 내용을 연결하고 정리한 후 글의 구조를 파악해 내용을 요약한다.

10 다음에 해당하는 토론 절차는?

> • 상대편의 주장이 타당하지 않다는 것을 밝히기 위하여 서로 질문한다.
> • 상대편의 질문에 답변한다.
> • 상대편의 주장에 대한 근거가 타당하지 않다는 것을 반박한다.

① 주장 펼치기 단계   ② 반론하기 단계
③ 주장 다지기 단계   ④ 정리하기 단계

✎해 설 ┌─○ 반론하기 단계
• 상대편의 주장과 근거, 근거 자료에 문제가 있는지 따져 본다.
• 양편은 서로 제시한 근거가 논리적으로 적절하고 믿을 만한지 살펴보고 반박할 수 있다.
• 반론할 때 적절한 추가 자료를 제시하면 설득력이 있다.

11 다음 광고에서 전하려는 내용은?

빨간 불에서는 멈추어야 합니다!

① 손을 깨끗이 씻자.
② 책을 꾸준히 읽자.
③ 교통 규칙을 잘 지키자.
④ 음식물 쓰레기를 줄이자.

✎해 설 ┌─○ 제시된 광고의 글(빨간 불에서는 멈추어야 한다)과 그림을 보면 교통 규칙을 잘 지키자는 내용을 전하는 광고이다.

정답 **10.** ② **11.** ③

12 **청소년의 언어 사용 실태를 알아보기 위한 방법으로 가장 적절한 것은?**

① 일기 예보를 신문에서 찾는다.

② 멸종 동물을 동물도감에서 조사한다.

③ 청소년의 줄임말 사용에 대한 설문 조사를 한다.

④ 청소년의 체격 변화를 통계청 누리집에서 검색한다.

✏️해 설 ┌─○ 청소년의 언어 사용 실태를 알아보기 위해 청소년이 습관적으로 줄임말, 즉 신조어를 사용하는 지에 대한 설문 조사를 하는 방법이 적절하다.

13 **㉠~㉣ 중 글쓴이의 느낌이 드러난 부분은?**

> 평소 나는 제주도에 관심이 많아 제주도에 관한 책도 읽고 검색도 해 보았다. 그런데 마침 ㉠ 아버지께서 제주도에 여행을 가자고 하셨다. 가족들과 함께 제주도 여행 일정을 짰다. 여행 당일 ㉡ 우리는 김포 공항에서 제주도로 가는 비행기를 탔다. 비행기 안에서 ㉢ 바다를 바라보며 제주도에 대한 이야기를 나누었다. 비행기에서 내려 제주 공항에 발을 내딛는 순간 ㉣ 신나서 마음이 설렜다.

① ㉠   ② ㉡   ③ ㉢   ④ ㉣

✏️해 설 ┌─○ 기행문은 여행을 하며 보고 들은 것, 다닌 곳, 생각이나 느낌을 쓴다. 문제의 지문에서 느낌이 나타난 부분은 ㉣이다.

[14~15] 다음 글을 읽고 물음에 답하시오.

> • 때 : 나른한 오후
> • 곳 : 집 안 거실
> • 나오는 사람 : 엄마, 딸
>
> 막이 열리면 딸이 문을 열고 힘없이 거실로 들어온다.
>
> 엄마 : (걱정스런 목소리로) ㉠ <u>무슨 일 있었니?</u>
> 딸 : (고개를 떨구며) 아니요. 별일 없었어요.
> 엄마 : (딸의 얼굴을 들어 올리며) 얼굴을 ㉡ <u>들어</u> 보렴.

14 극본에서 ㉠에 해당하는 것은?

① 대사   ② 배우   ③ 지문   ④ 해설

✎해설 ╴o 극본의 3요소
  • 해설 : 때, 곳, 나오는 사람 등을 소개하고 설명하는 부분
  • 대사 : 인물이 하는 말을 나타냄
  • 지문 : 인물의 표정, 행동, 동작을 나타냄
  ※ 인물의 말은 " "(큰따옴표) 없이 대사로 나타낸다.

15 ㉡과 의미가 같은 것은?

① 나는 손을 <u>들었다</u>.   ② 손에 꽃물이 <u>들었다</u>.
③ 선물이 마음에 <u>들었다</u>.   ④ 우리는 동아리에 <u>들었다</u>.

✎해설 ╴o ① 나는 손을 <u>들었다</u>. — (사람이 몸의 한 부분을) 위로 올리다.
  ② 손에 꽃물이 <u>들었다</u>. → (물건이나 음식에 빛깔이나 맛이) 배거나 스미다.
  ③ 선물이 마음에 <u>들었다</u>. → (물건이나 사람이 마음이나 눈에) 맞거나 차다.
  ④ 우리는 동아리에 <u>들었다</u>. → (사람이 모임이나 조직에) 구성원으로 가입하다.

정답   **14.** ① **15.** ①

16 '누가/무엇이 + 어찌하다'의 짜임이 <u>아닌</u> 것은?

① 공이 구른다.　　　　　② 친구가 간다.

③ 얼룩말이 달린다.　　　④ 강아지는 동물이다.

✎ 해 설 ┌─ㅇ 문장의 짜임
　　　　• '누가/무엇이＋어찌하다'의 짜임 : 대상의 동작을 나타낸다.
　　　　　예 공이 구른다. 친구가 간다. 얼룩말이 달린다.
　　　　• '누가/무엇이＋어떠하다'의 짜임 : 대상의 상태나 성질을 나타낸다.
　　　　　예 벚꽃이 예쁘다.
　　　　• '누가/무엇이＋무엇이다'의 짜임 : 대상을 지정한다.
　　　　　예 강아지는 동물이다.

17 다음과 같은 글에 대한 설명으로 알맞은 것은?

> 　날마다 운동을 하는 습관을 기릅시다. 날마다 운동하면 몸과 마음이 건강해지기 때문입니다. 예를 들어 아침 일찍 일어나 달리기나 줄넘기 같은 운동을 하면 하루를 활기차게 시작할 수 있습니다. 그리고 그날 무엇을 할지 생각해 보는 여유가 생길 수 있습니다. 이처럼 날마다 운동하면 우리 생활에 많은 도움이 됩니다. 따라서 운동하는 습관을 기르도록 노력해야 합니다.

① 연극을 공연하려고 쓴 글

② 상대방을 설득하기 위해 쓴 글

③ 위로하는 마음을 전하기 위해 쓴 글

④ 위인전을 읽고 본받고 싶은 점을 쓴 글

✎ 해 설 ┌─ㅇ '운동하는 습관을 기르자.'는 글쓴이의 주장이 나타난 글이다. 주장하는 글은 어떤 주제에 대한 생각이나 주장을 쓴 글로 읽는 사람을 설득하는 것을 목적으로 쓴 글이다.

18 토의할 때 의견을 제시하는 방법으로 알맞지 <u>않은</u> 것은?

① 근거를 들어 의견을 말한다.

② 일방적으로 자신의 의견을 말한다.

③ 토의 주제에 관련된 의견을 말한다.

④ 해결할 문제에 도움이 되는 의견을 말한다.

🖌해설 ── 다른 사람의 의견을 끝까지 귀 기울여 듣고 그 의견을 존중하면서 자신의 의견을 말한다.

[19~20] 다음 글을 읽고 물음에 답하시오.

> ### 아기 웃음
>
> 이선영
>
> 아기 웃음은
> 유리 종소리야
>
> 들으면 기분 좋은
> 맑은 종소리
>
> 아기 웃음은
> 이상한 열쇠야
>
> ㉠ 꽁 닫힌 마음도
> 활짝 열어 버리지
>
> 아기 웃음은
> 다 통하는 국제어야
>
> 웃는 얼굴은
> 국경도 없으니까

19 위 시에서 '아기 웃음'을 비유한 것이 <u>아닌</u> 것은?

① 유리 종소리　　　　　② 이상한 열쇠

③ 다 통하는 국제어　　　④ 국경

🖌해설 ── 비유는 어떤 현상이나 사물을 직접 설명하지 않고 비슷한 현상이나 사물에 빗대어 표현하는 것을 말하는데 감동과 느낌을 표현하기 위해서 비유가 많이 쓰인다.
　　• 비유한 대상 : 아기 웃음
　　• 비유적 표현 : 유리 종소리, 이상한 열쇠, 다 통하는 국제어

20 ㉠의 의미로 가장 적절한 것은?

① 열린 마음   ② 따뜻한 마음

③ 미워하지 않는 마음   ④ 소통하지 않는 마음

해설 —○ 이 시에서 '꽁 닫힌 마음'은 열린 마음, 따뜻한 마음, 미워하지 않는 마음이 아니고, 소통하지 않는 마음을 의미한다.

초등학교 졸업학력 검정고시 대비

수 학

2023년 1회 시행

01 다음은 다섯 자리 수 24351의 각 자리의 숫자가 얼마를 나타내는지 알아보는 과정이다. □에 알맞은 수는?

만의 자리	천의 자리	백의 자리	십의 자리	일의 자리
2	4	3	5	1

$$24351 = \boxed{} + 4000 + 300 + 50 + 1$$

① 10000   ② 20000   ③ 30000   ④ 40000

✎해설 ─○ $24351 = 20000 + 4000 + 300 + 50 + 1$

02 다음은 350×20의 계산 방법을 나타낸 것이다. □에 알맞은 수는?

$$350 \times 2 = 700$$
$$\big)10배 \quad \big)10배$$
$$350 \times 20 = \boxed{}$$

① 350   ② 3000   ③ 3500   ④ 7000

✎해설 ─○ 700의 10배인 7000이 □에 알맞은 수이다.

정답   **01.** ②   **02.** ④

03 다음 중 예각인 것은?

①

②

③

④

✎해설 ─○ 예각은 각도가 0°보다 크고 직각(90°)보다 작은 각이다.
②는 직각, ③·④는 둔각이다.

04 다음 계산에서 □에 알맞은 수는?

$$32 - (3+7) = \boxed{}$$

① 12   ② 22   ③ 32   ④ 42

✎해설 ─○ (   )가 있는 식은 (   ) 안을 먼저 계산한다.
$32 - (3+7) = 32 - 10 = 22$

05 다음은 슬기네 모둠 친구들이 쓰러뜨린 볼링 핀의 수를 나타낸 것이다. 3명이 쓰러뜨린 볼링 핀 수의 평균은?

슬기	
준기	
지혜	

① 3
② 4
③ 5
④ 6

✎해설 ─○ 평균 $= \dfrac{\text{자료의 합계}}{\text{자료의 개수}}$ → $\dfrac{4+5+6}{3} = \dfrac{15}{3} = 5$

정답   **03.** ①   **04.** ②   **05.** ③

06 다음과 같이 6과 8의 최대공약수를 구하려고 한다. □에 알맞은 수는?

> 6의 약수는 1, 2, 3, 6이다.
>
> 8의 약수는 1, 2, 4, 8이다.
>
> 따라서 6과 8의 최대공약수는 ⬚ 이다.

① 2 　　　　② 12 　　　　③ 22 　　　　④ 32

✎해설 ─○ 두 수의 공통된 약수인 공약수 중에서 가장 큰 수를 두 수의 최대공약수라고 한다.
6과 8의 공약수 1, 2 중 최대공약수는 2이다.

07 다음은 $\dfrac{1}{2}+\dfrac{1}{3}$ 의 계산 방법을 나타낸 것이다. □에 알맞은 수는?

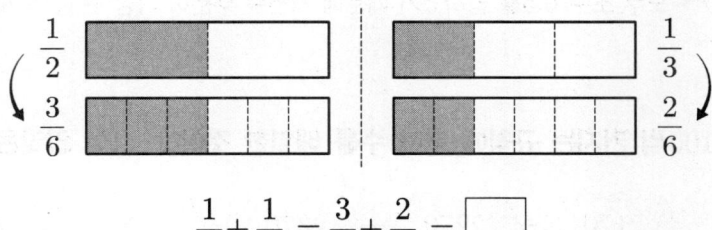

$$\frac{1}{2}+\frac{1}{3}=\frac{3}{6}+\frac{2}{6}=\boxed{}$$

① $\dfrac{2}{6}$ 　　　　② $\dfrac{3}{6}$ 　　　　③ $\dfrac{4}{6}$ 　　　　④ $\dfrac{5}{6}$

✎해설 ─○ $\dfrac{1}{2}+\dfrac{1}{3}=\dfrac{3}{6}+\dfrac{2}{6}=\dfrac{3+2}{6}=\dfrac{5}{6}$

정답 **06.** ① **07.** ④

08 다음은 쌓기나무로 쌓은 모양과 이를 위에서 본 모양이다. 똑같은 모양으로 쌓는 데 필요한 쌓기나무의 개수는?

위에서 본 모양

① 6개   ② 7개   ③ 8개   ④ 9개

해설

←3층
←2층
←1층

쌓기나무를 위에서 본 모양은 1층에 쌓은 쌓기나무 모양과 같다.
1층 쌓기나무의 개수 : 4개
2층 쌓기나무의 개수 : 1개
3층 쌓기나무의 개수 : 1개
→ 4+1+1＝6(개)

09 계산 결과가 가장 큰 것은?

① 5×0.5 ② 6×0.5

③ 7×0.5 ④ 8×0.5

해설 모두 소수 0.5를 곱하였기 때문에 자연수 부분이 가장 큰 ④의 계산 결과가 가장 크다.

10 다음은 100씩 커지는 규칙에 따라 수를 배열한 것이다. ㉠에 알맞은 수는?

2170 — 2270 — 2370 — ㉠ — 2570

① 2371   ② 2380   ③ 2470   ④ 3370

해설 100씩 뛰어 세면 백의 자리 숫자가 1씩 커진다.
2170 — 2270 — 2370 — 2470 — 2570

정답   08. ①   09. ④   10. ③

11 다음 정육면체에서 □에 알맞은 수는?

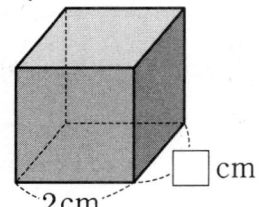

① 1
② 2
③ 3
④ 4

🖋해설 ─○ 정육면체의 모서리의 길이는 모두 같으므로 한 모서리의 길이는 2cm이다.

12 그림에서 상자 안에 있는 입체도형의 이름은?

① 삼각기둥   ② 사각기둥
③ 오각기둥   ④ 육각기둥

🖋해설 ─○ 각기둥은 밑면의 모양에 따라 이름이 정해진다. 밑면의 모양이 삼각형이므로 이 입체도형의 이름은 삼각기둥이다.

13 다음과 같이 $\frac{6}{7} \div \frac{3}{7}$ 을 계산하려고 한다. □에 알맞은 수는?

$\frac{6}{7}$ 은 $\frac{1}{7}$ 이 6개이고, $\frac{3}{7}$ 은 $\frac{1}{7}$ 이 3개이므로 $\frac{6}{7} \div \frac{3}{7} = \boxed{} \div 3 = 2$ 이다.

① 4 　　　　 ② 5 　　　　 ③ 6 　　　　 ④ 7

✏️해 설 ─○ 분자끼리 나누어떨어지고 분모가 같은 나눗셈은 분자의 나눗셈으로 계산한다.

$$\frac{6}{7} \div \frac{3}{7} = 6 \div 3 = 2$$

14 다음은 연수의 몸무게와 연수가 참가하는 어느 씨름 대회의 체급별 몸무게를 나타낸 것이다. 연수가 속하는 체급은?

연수

체급별 몸무게

체급	몸무게(kg)
태백급	40 이하
설악급	40 초과 45 이하
지리급	45 초과 50 이하
한라급	50 초과 55 이하
백두급	55 초과

① 태백급 　　　　　　　　 ② 설악급
③ 지리급 　　　　　　　　 ④ 한라급

✏️해 설 ─○ 연수는 몸무게가 42kg이므로 40kg 초과 45kg 이하 체급인 설악급에 속한다.

15 다음 직사각형 (가)의 넓이를 구하는 식으로 알맞은 것은?

① $5 \times 2 = 10(\text{cm}^2)$ ② $5 \times 3 = 15(\text{cm}^2)$

③ $5 \times 4 = 20(\text{cm}^2)$ ④ $5 \times 5 = 25(\text{cm}^2)$

✎해설 ─○ 모눈 한 칸의 넓이는 1cm^2이므로 모눈 한 변의 길이는 1cm이다. (가)는 가로의 길이가 5cm, 세로의 길이가 2cm이므로 넓이는 $5 \times 2 = 10(\text{cm}^2)$이다.

16 다음의 원 (가)와 원 (나)에 대한 설명으로 알맞은 것은?

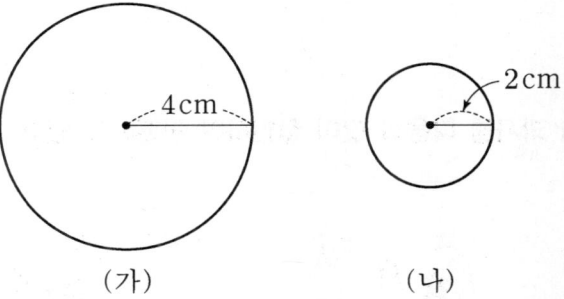

(가)   (나)

① 두 원의 지름은 같다.   ② 두 원의 원주는 같다.

③ 두 원의 넓이는 같다.   ④ 두 원의 원주율은 같다.

✎해설 ─○ 원주율은 원의 지름에 대한 원주의 비율로, 모든 원의 원주율은 3.14로 같다.
　　　① 원 (가)의 지름 : 8cm, 원 (나)의 지름 : 4cm
　　　② (원주)=(지름)×(원주율)
　　　　원 (가)의 원주 : $8 \times 3.14 = 25.12(\text{cm})$, 원 (나)의 원주 : $4 \times 3.14 = 12.56(\text{cm})$
　　　③ (원의 넓이)=(반지름)×(반지름)×(원주율)
　　　　원 (가)의 넓이 : $4 \times 4 \times 3.14 = 50.24(\text{cm}^2)$
　　　　원 (나)의 넓이 : $2 \times 2 \times 3.14 = 12.56(\text{cm}^2)$

17 쌓기나무 1개의 부피가 1cm^3일 때, 다음 중 부피가 6cm^3가 **아닌** 것은?

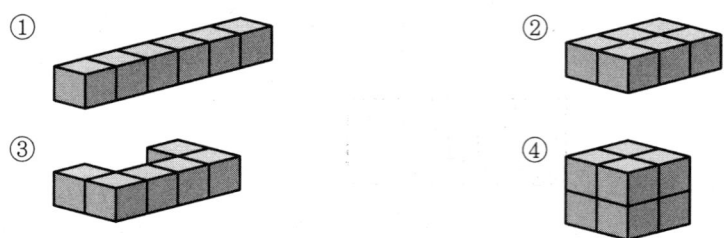

① ② ③ ④

✎ 해 설 ○ ①·②·③은 각각 쌓기나무의 개수가 6개이므로 부피가 6cm^3이다. ④는 쌓기
나무의 개수가 8개이므로 부피는 8cm^3이다.

18 어느 가게에서 과자를 다음과 같이 할인하여 판매하고 있다. □에 들어갈 과자의 할인
율은?

① 30% ② 40%
③ 50% ④ 60%

✎ 해 설 ○ $1000 \times 50\% = 1000 \times \dfrac{50}{100} = 500(원)$

19 〈보기〉와 계산 결과가 같은 것은?

┤ 보 기 ├

$$27 \div 3 = 9$$

① $2.7 \div 3$　　　　　　　　② $2.7 \div 0.3$

③ $270 \div 3$　　　　　　　　④ $270 \div 0.3$

✐해 설 ╶○ (소수)÷(소수)에서 나누어지는 수와 나누는 수를 똑같이 10배 하여 (자연수)÷(자연수)
　　　로 계산할 수 있다. → $2.7 \div 0.3 = 27 \div 3 = 9$

20 다음은 준기네 반이 학교 도서관에서 빌린 책의 종류별 권수의 비율을 띠그래프로 나타
낸 것이다. 학생들이 가장 많이 빌린 책의 종류는?

빌린 책의 종류별 권수

① 과학　　　　　　　　② 문학

③ 역사　　　　　　　　④ 수학

✐해 설 ╶○ 띠그래프는 전체에 대한 각 부분의 비율을 띠 모양으로 나타낸 그래프이다. 가장 넓
　　　은 부분을 차지하는 과학(40%)이 학생들이 가장 많이 빌린 책의 종류이다.

초등학교 졸업학력 검정고시 대비

사 회

2023년 1회 시행

01 다음에서 설명하는 경제 활동은?

> • 빵집에서 빵을 사는 것
> • 수영장에서 유료로 개인 강습을 받는 것

① 무역　　　　　② 생산　　　　　③ 소비　　　　　④ 저축

🖋해 설 ○─• 소비 : 생산한 물건을 사고, 서비스를 이용하는 활동 예 빵을 사는 것
　　　　• 생산 : 생활에 필요한 물건을 만들거나 사람들이 필요한 것을 제공하는 것
　　　　　예 빵을 만드는 것

02 다음에서 설명하는 것은?

> • 위에서 내려다 본 땅의 실제 모습을 일정한 형식으로 나타낸 그림임.
> • 방위, 땅의 높낮이, 기호 등이 나타나 있음.

① 날씨　　　　　② 연표　　　　　③ 지도　　　　　④ 나침반

🖋해 설 ○─• 지도는 위에서 내려다 본 땅의 실제 모습을 일정한 형식으로 줄여서 나타낸 그림이다.
　　　　• 방위 : 방위표가 없으면 지도의 위쪽이 북쪽, 아래쪽이 남쪽, 오른쪽이 동쪽, 왼쪽
　　　　　이 서쪽이다.
　　　　• 땅의 높낮이 : 높이에 따라 낮은 곳에서 높은 곳으로 갈수록 초록색, 노란색, 갈색,
　　　　　고동색 순으로 표현한다.
　　　　• 기호 : 지도에서 미리 약속된 기호를 사용하여 산, 강, 건물 등을 간단하게 나타낼
　　　　　수 있다.

정답　01. ③　02. ③

03 다음에서 설명하는 지역은?

> • 우리나라에서 제일 큰 섬
> • 행정 구역상 특별 자치도
> • 현무암이 많고 관광 산업이 발달

① 거제도   ② 영종도

③ 울릉도   ④ 제주도

✎해 설 ─○ 제주도는 우리나라에서 제일 큰 섬이며, 행정 구역상 특별자치도의 관할이다. 과거 화산 활동으로 현무암이 많고 관광 산업이 발달하였다.

04 다음 중 공공 기관을 견학할 때의 행동으로 적절하지 <u>않은</u> 것은?

① 질서를 지키며 견학한다.

② 큰 소리로 떠들지 않는다.

③ 허락 없이 만지고 싶은 물건을 만진다.

④ 다른 사람을 배려하며 안전하게 이동한다.

✎해 설 ─○ 견학할 때는 실내에서 뛰거나 큰소리로 말하지 않아야 하며, 전시물 또는 물건을 함부로 만지지 않는다.

정답   **03.** ④   **04.** ③

05 다음 신문 기사의 내용이 의미하는 사회 변화는?

□□신문   2023년 ○월 ○일

초등학생 수, 매년 줄어들고 있다

최근 몇 년간 신생아 수가 급감함에 따라 새 학기가 시작되었지만 신입생이 없는 학교가 계속 늘어나고 있다. 국내 많은 지역에서 초등 학생 수가 줄어들고 있으며, 이에 따라 폐교하는 학교도 생겨나고 있다.

① 지역화   ② 세계화

③ 저출산   ④ 정보화

✎ 해 설 ◦ 저출산으로 변화하는 일상생활의 모습
- 가족의 구성원 수가 줄어들고 있으며, 가족의 형태가 변하고 있다.
- 일할 수 있는 사람이 부족하여 나라의 경제에도 영향을 미치고 있다.
- 출산을 도와주는 병원이 점차 사라지고, 학생 수가 줄어드는 학교가 늘어나고 있다.

06 다음에서 설명하는 선거의 원칙은?

신분증 주세요.

다른 사람이 대신 투표할 수 없으며, 신분증으로 본인 확인 후 투표해야 한다.

① 비밀 선거   ② 직접 선거

③ 평등 선거   ④ 보통 선거

✎ 해 설 ◦ ① 비밀 선거 : 자신이 어떤 후보를 선택했는지 다른 사람은 알 수 없다.
③ 평등 선거 : 신분이나 재산, 성별, 학력 등 조건에 관계없이 한 사람이 한 표씩 투표할 수 있다.
④ 보통 선거 : 일정한 나이(만 18세)가 된 모든 국민에게는 선거권이 있다.

 정답   05. ③   06. ②

07 다음 사례에 나타난 촌락과 도시의 교류 모습은?

> △△면의 □□마을 주민 자치회는 자매결연을 맺은 ○○시의 ☆☆구민회관에 10월 한 달 간 그날 수확한 사과를 운송해 판매한다. ☆☆구민들은 도시 한복판에서 신선한 사과를 저렴하게 살 수 있다는 점에 고마워하고 있으며, □□마을 주민 또한 사과를 안정적으로 판매할 수 있어 만족하고 있다.

① 공연 활동

② 기술 협력

③ 여가 생활

④ 직거래 장터

✎해 설 ┌─○ 직거래 장터
- 중개 상인을 거치지 않고 살 사람과 팔 사람이 직접 거래하는 것이다.
- 생산자와 소비자가 직접 만나 거래를 하게 되면 유통에 필요한 비용을 줄일 수 있어 생산자, 소비자 모두에게 이득이 된다.
- 인터넷이 발달하면서 홈쇼핑, 공동구매 등과 같은 형태로 신선도와 품질이 중요한 농수산물이 특히 활발하게 거래되고 있다.

08 ㉠에 들어갈 자연 재해는?

> ┌─㉠─┐ 은/는 땅이 지구 내부의 힘을 받아 흔들리고 갈라지는 현상이다.

① 가뭄

② 지진

③ 태풍

④ 홍수

✎해 설 ┌─○ 지진은 땅이 지구 내부의 힘을 받아 흔들리고 갈라지는 현상으로, 각종 시설이 파손되거나 붕괴되어 인명과 재산에 막대한 피해를 입기도 한다.

09 ㉠에 들어갈 말로 알맞은 것은?

> 탐구 활동
>
> ### 세계 ㉠ 선언 요약
>
> ○ 모든 인간은 태어날 때부터 자유롭고 누구에게나 동등한 권리가 있다.
> ○ 모든 사람에게는 생명권과 신체의 자유와 안전을 요구할 권리가 있다.
> ○ 누구도 노예 상태로 예속된 삶을 유지해서는 안 된다.

① 교육   ② 복지

③ 사랑   ④ 인권

✎해설 ┏○ 세계 인권 선언은 세계가 자유와 평등을 추구하고 정의를 유지하기 위해서는 인간의 존엄성이 인간 삶의 바탕이 되어야 한다고 강조한다.

10 ㉠에 들어갈 나라는?

- ㉠ 연맹은 오늘날의 경상남도 등지에 형성되었다.
- ㉠ 에서는 철을 이용해 철제 갑옷과 투구를 만들었다.

① 가야   ② 발해

③ 백제   ④ 고구려

✎해설 ┏○ 철기 문화 발달
- 가야는 1세기 경 김수로가 건국한 나라로서, 낙동강 유역에 자리를 잡았다.
- 가야에서는 질 좋은 철이 많이 나서 철을 구하기 위해 가야와 교역하는 나라들이 많았다. 예) 철제 칼과 창, 철제 갑옷 등

 정답   09. ④   10. ①

11 다음에서 설명하는 조선의 왕은?

- 집현전 설치
- 4군 6진 개척
- 훈민정음 창제

① 세종　　　② 성종　　　③ 영조　　　④ 정조

해설 ──○ 세종 대에 이루어진 발전
- 집현전 설치 : 우수한 인재를 등용하여 학문 연구, 각종 제도의 개선, 도서 편찬 사업, 역사 기록 등을 맡겼다.
- 4군 6진 개척 : 북쪽의 여진족이 국경을 넘어오자 4군 6진을 개척하여 조선의 국경을 압록강과 두만강까지 확대하였다.
- 훈민정음 창제 : 훈민정음이 만들어지기 전에는 우리글이 없어서 중국의 한자를 사용하였기 때문에 일반 백성이 사용하기에 어려움이 많았지만 한글 창제로 백성도 글을 쓸 수 있게 되었다.

12 다음에서 설명하는 인물은?

- 이화학당 학생으로 1919년 3·1 운동에 참여하다 투옥됨.
- 감옥에 갇혀서도 독립 만세를 외쳤고 일제의 모진 고문으로 옥사함.

① 남자현　　　② 안중근　　　③ 유관순　　　④ 윤희순

해설 ──○ 유관순은 3·1 운동에 참여하였고 독립 만세 운동을 하다 서울 서대문 형무소에서 18세의 어린 나이에 순국하였다.

13 ㉠과 ㉡에 들어갈 말을 알맞게 짝지은 것은?

> 한 나라의 영역은 그 나라의 [㉠] 이/가 미치는 범위를 말한다. 영토는 땅,
> [㉡] 는 바다, 영공은 하늘에서의 영역을 말한다.

	㉠	㉡		㉠	㉡
①	기후	공해	②	주권	공해
③	기후	영해	④	주권	영해

✎ 해 설 ─○ 국토의 영역 : 국가의 주권이 미치는 범위로, 영토(땅), 영해(바다), 영공(하늘)으로 나
뉜다.

14 다음에서 설명하는 국제 기구는?

> • 1945년 지구촌의 평화 유지, 전쟁 방지, 국제 협력을 위해 설립됨.
> • 산하 전문 기구에는 국제 노동 기구, 유네스코, 국제 원자력 기구 등이 있음.

① 국제 연합(UN) ② 그린피스

③ 세계 보건 기구 ④ 국경 없는 의사회

✎ 해 설 ─○ 국제 연합(UN)
• 1945년 국제 평화와 안전의 유지, 전쟁 방지, 국제 협력을 달성하기 위하여 창설된
국제 기구이다.
• 산하 전문 기구에는 국제 노동 기구(ILO), 세계 보건 기구(WHO), 국제 부흥 개발은
행(IBRD), 국제 통화기금(IMF), 국제 원자력 기구(IAEA), 유네스코(UNESCO) 등이
있다.

 정답 **13.** ④ **14.** ①

15 다음 내용이 제시된 우리나라 법은?

> 제1조 ① 대한민국은 민주 공화국이다.
> ② 대한민국의 주권은 국민에게 있고, 모든 권력은 국민으로부터 나온다.

① 헌법　　　　　　　　　　② 저작권법
③ 도로 교통법　　　　　　　④ 장애인 차별 금지법

✎해 설 ─o 헌법은 국민의 자유와 권리를 보장하여 국민이 진정한 국가의 주인이 되는 민주주의를 실현하기 위해 만든 가장 기본이 되는 법이다.

16 다음에서 설명하는 기본권은?

> • 모든 국민은 직업 선택의 자유를 가진다.
> • 자유롭게 생각하고 행동할 수 있는 권리이다.

① 사회권　　　　　　　　　② 자유권
③ 참정권　　　　　　　　　④ 청구권

✎해 설 ─o 자유권은 개인이 자신의 자유로운 영역에서 국가 권력에 의한 간섭이나 침해를 받지 않고 자유롭게 생각하고 행동할 수 있는 권리이다.
예 신체의 자유, 거주 이전의 자유, 직업 선택의 자유, 종교의 자유 등

정답　**15.** ①　**16.** ②

17 다음 대화에 해당하는 국가 기관은?

법에 따라 재판을 하는 곳이에요.

맞아요. 사람들은 법적 다툼이 생겼을 때 재판으로 문제를 해결해요.

① 국회   ② 법원

③ 학교   ④ 회사

해 설 ─○ 법원은 법에 따라 옳고 그름을 따져 재판을 하며 사람들 간에 발생하는 갈등을 해결해 주고 다른 사람이나 사회 전체에 피해를 준 사람에게는 벌을 주어서 사회 질서를 유지한다.

18 다음에서 설명하는 인물은?

- 조선 후기 대표적인 실학자이다.
- 대표 저자로 『목민심서』가 있다.

① 김옥균   ② 박지원

③ 정약용   ④ 홍대용

해 설 ─○ 정약용은 조선 후기 대표적인 실학자로 관리들이 백성을 다스리는 도리를 적은 『목민심서』가 그의 대표 저서이다.

　　　　※ 실학 : 조선 후기의 개혁 사상으로, 백성들이 잘살고 나라를 튼튼히 하는 방법을 연구하는 학문

정답　17. ②　18. ③

19 다음에서 설명하는 조선 후기 서민 문화는?

> • 긴 이야기를 노래로 들려주는 공연이다.
> • 관객도 함께 참여할 수 있어서 백성으로부터 큰 호응을 얻었다.

① 민화

② 판소리

③ 풍속화

④ 한글 소설

✎ 해 설 ─○ 판소리 : 서민들이 즐긴 문화 중 대표적인 것으로, 광대 한 사람이 고수의 북장단에 맞추어 서사적인 이야기를 소리와 아니리로 엮어 발림을 곁들이며 구연하는 우리 고유의 민속악이다.

20 다음 중 환경 보호를 위한 노력으로 적절하지 <u>않은</u> 것은?

① 분리수거를 하지 않는다.

② 가까운 거리는 걸어 다닌다.

③ 온실가스를 줄이기 위한 정책을 만든다.

④ 이산화 탄소 배출량이 적은 제품을 개발한다.

✎ 해 설 ─○ 쓰레기를 분리함으로써, 쓰레기를 줄이고 재활용을 촉진할 수 있고, 천연자원을 보존하고 환경을 보호할 수 있다.

정답 **19.** ② **20.** ①

초등학교 졸업학력 검정고시 대비

과 학

2023년 1회 시행

01 다음 중 퇴적물이 굳어져 만들어진 암석은?

① 퇴적암

② 화강암

③ 화성암

④ 현무암

✏ 해 설 ──○ 퇴적암은 퇴적물이 쌓여서 굳어진 암석으로, 이암, 사암, 셰일, 역암, 석회암 등이 있다.

02 500mL 물에 설탕을 녹여 용액을 만들었다. 다음 중 가장 진한 것은? (단, 설탕은 모두 용해되었다.)

① 설탕 5g을 녹인 용액

② 설탕 10g을 녹인 용액

③ 설탕 15g을 녹인 용액

④ 설탕 20g을 녹인 용액

✏ 해 설 ──○ 설탕이 모두 용해되었으므로 물(용매)의 양이 일정할 때 설탕(용질)의 양이 많을수록 설탕물(용액)의 농도가 진하다.

03 다음 중 스스로 양분을 만들지 못하고 다른 생물을 먹이로 하여 살아가는 생물은?

① 배추

② 토끼

③ 민들레

④ 부레옥잠

✏ 해 설 ──○ 토끼는 스스로 양분을 만들지 못하고 다른 생물을 먹이로 하여 살아가는 동물이다. 배추, 민들레, 부레옥잠은 살아가는 데 필요한 양분을 스스로 만드는 식물이다.

정답   01. ①   02. ④   03. ②

04 다음 중 ㉠에 들어갈 말은?

> 2023년 ○월 ○일 맑음
>
> 오늘 천문대로 현장 체험 학습을 갔다. (㉠)은/는 태양, 행성, 위성, 소행성, 혜성 등으로 구성되어 있다는 것을 배웠다. 우주에 대해 더 알아보고 싶어졌다.

① 달   ② 지구   ③ 북극성   ④ 태양계

🖌 해설 ○ 태양계는 태양과 태양 주위에 있는 것들이 운동하는 공간으로, 중심에는 태양이 있고, 태양 주위에는 8개의 행성과 위성, 소행성, 혜성이 있다.

05 그림은 씨가 싹 트는 데 필요한 조건을 알아보는 실험을 나타낸 것이다. 다음 중 ㉠에 들어갈 말은?

약 7일 후
▲ 물을 주지 않은 강낭콩   ▲ 싹이 트지 않았다.

약 7일 후
▲ 물을 준 강낭콩   ▲ 싹이 텄다.

> • 알게 된 점 : 씨가 싹 트는 데 (㉠)이 필요하다.

① 물   ② 백반   ③ 소금   ④ 자갈

🖌 해설 ○ 씨가 싹 트기 위해서는 적당한 양의 물과 알맞은 온도, 공기가 필요하다.

06 다음 중 곰팡이의 특징으로 알맞은 것은?

① 아가미로 호흡한다.

② 균사로 이루어져 있다.

③ 깃털로 체온을 유지한다.

④ 햇빛이 잘 드는 곳에서만 산다.

🖋해설 ─○ 곰팡이는 가늘고 긴 균사로 이루어져 있으며, 포자로 번식한다.

07 다음 대화에서 설명하는 기체는?

 물질이 타는 것을 막는 성질이 있어.
소화기의 재료로 이용되기도 해.

탄산수소 나트륨에 식초를 떨어뜨리면 발생해.

① 산소　　　　② 수소　　　　③ 헬륨　　　　④ 이산화 탄소

🖋해설 ─○ 이산화 탄소는 불을 타지 못하게 하고, 자신도 타지 않아 소화기에 이용되며, 염기성 물질인 탄산수소 나트륨에 산성 용액인 식초를 떨어뜨리면 이산화 탄소가 발생한다.

08 다음 설명에 해당하는 산성 용액은?

- 음식의 신맛을 낼 때 사용한다.
- 생선을 손질한 도마를 닦을 때 사용한다.

① 식초

② 석회수

③ 페놀프탈레인 용액

④ 묽은 수산화 나트륨 용액

🖋해설 ─○ 페놀프탈레인 용액은 페놀프탈레인을 에탄올에 녹여서 만든 용액으로, 염기성 용액과 염기성이 아닌 용액을 구분할 수 있는 지시약이며, 석회수와 묽은 수산화 나트륨 용액은 염기성 용액이다.

09 다음 중 볼록 렌즈의 역할을 하는 물체가 <u>아닌</u> 것은?

① 돋보기안경

② 평면거울

③ 물이 담긴 둥근 어항

④ 물방울

🖊 해 설 ○ 볼록 렌즈로 가까이 있는 물체를 볼 때는 물체가 실제보다 크게 보이고, 바로 보인다.

10 그림의 (가)는 차갑고 건조한 공기 덩어리를 나타낸 것이다. (가)의 영향을 주로 받는 우리나라의 계절은?

① 봄
② 여름
③ 가을
④ 겨울

🖊 해 설 ○ 겨울에는 차갑고 건조한 공기 덩어리인 시베리아 고기압(가)의 영향으로 바람이 세게 불면서 춥고 건조한 날씨가 계속된다.

🔒 정답 09. ② 10. ④

11 다음 중 ㉠에 들어갈 말은?

평면거울

평면거울에 비친 물체는 실제 물체의 모습과 (㉠) 이/가 바뀌어 보인다.

① 개수   ② 상하   ③ 좌우   ④ 색깔

✎해설 ┈o 평면거울의 상은 거울과 물체 사이의 거리만큼 떨어져 보이며, 상하는 바뀌지 않지만, 좌우는 바뀐다.

12 다음 중 전기를 절약하는 방법으로 가장 적절한 것은?

① 아무도 없는 방에 전등을 켜 놓는다.

② 에어컨을 켤 때에는 문을 열어 둔다.

③ 냉장고 문을 열어 놓고 물을 마신다.

④ 사용하지 않는 전기 제품의 플러그를 뽑아 놓는다.

✎해설 ┈o 전기를 절약하는 방법
  • 에어컨을 켤 때에는 문을 닫는다.
  • 전기 제품을 사용하지 않을 때는 플러그를 뽑아 놓는다.
  • 냉장고에 음식을 넣을 때는 식혀서 넣는다.
  • 이중창을 설치하여 실내 온도가 빠져나가지 않도록 한다.
  • 전기를 절약할 수 있는 발광 다이오드(LED) 등을 사용한다.

정답 **11. ③ 12. ④**

13 다음 설명에 해당하는 것은?

◇◇백과사전 　　　　　　　　　　　　　검색

ㅇ기체나 액체에서 열이 이동하는 과정이다.
　예) 난방 기구를 켜면 실내 전체의 공기가
　　　 따뜻해진다.

열의 이동

① 구름　　　　② 대류　　　　③ 안개　　　　④ 이슬

✎해설 ─ㅇ 대류는 기체나 액체를 이루고 있는 물질이 직접 이동하여 열이 전달되는 방법이다.
겨울철에 실내에서 난방 기구를 틀면 따뜻한 공기는 주위 공기보다 가벼워서 위로
올라가고, 위에 있던 차가운 공기는 따뜻한 공기보다 무거워서 아래로 내려와 방 안
전체의 공기가 따뜻해진다.

14 다음 설명에 해당하는 것은?

• 몸의 형태를 만들고 몸을 지지하는 역할을 한다.
• 심장이나 폐, 뇌 등 내부 기관을 보호한다.

① 뼈　　　　② 위　　　　③ 콩팥　　　　④ 혈액

✎해설 ─ㅇ ② 위 : 작은 주머니 모양으로, 위액은 단백질을 분해하고, 음식물과 함께 들어온 세
균을 죽인다.
③ 콩팥 : 강낭콩 모양으로, 등쪽 허리의 양쪽에 2개가 있고, 혈액 속의 노폐물을 걸
러 내어 오줌을 만든다.
④ 혈액 : 몸에 필요한 산소와 영양소를 운반한다.

15 다음 설명에서 ㉠에 들어갈 말은?

달리는 자전거

시간이 지남에 따라 물체의 위치가 변할 때, 물체가 (㉠)한다고 한다.

① 굴절   ② 반사   ③ 운동   ④ 정지

✏️해설 ─○ 운동은 시간이 지남에 따라 물체의 위치가 변하는 것을 말한다.

16 그림은 모닥불을 피우는 모습을 나타낸 것이다. 다음 중 연소의 조건에 해당하지 <u>않는</u> 것은?

① 물
② 산소
③ 탈 물질
④ 발화점 이상의 온도

✏️해설 ─○ 연소의 3가지 조건 : 탈 물질, 산소, 발화점 이상의 온도

 정답   15. ③ 16. ①

17 다음 설명에 해당하는 것은?

- 물의 표면에서 물이 수증기로 변하는 것이다.
- 젖은 머리카락을 말릴 때 나타나는 현상이다.

① 용해   ② 응결   ③ 증발   ④ 광합성

✎해설 ○ 증발은 물의 표면에서 액체인 물이 기체인 수증기로 변하여 우리 눈에 보이지 않게 되는 것을 말한다. 증발은 물이 사라지는 것이 아니라 공기 중으로 날아가는 것이다.

18 그림은 태양이 지표면과 이루는 각을 측정하는 실험을 나타낸 것이다. ㉠에 해당하는 것은?

① 달 온도
② 달 모양
③ 태양 고도
④ 태양 나이

✎해설 ○ 태양 고도 : 태양이 지표면과 이루는 각으로, 태양의 고도가 높으면 태양이 높이 떠 있다는 것을 뜻한다.

19 그림의 식물에서 뿌리에 해당하는 것은?

① (가)
② (나)
③ (다)
④ (라)

🖋해설 ─o 식물의 뿌리(라)는 식물이 쓰러지지 않게 지탱해 주는 '지지 작용'을 한다.

20 그림은 같은 장소에서 하루 동안 관측한 달의 위치를 나타낸 것이다. 다음 중 시간에 따라 달의 위치가 다르게 보이는 까닭은?

① 달의 밝기
② 달의 모양
③ 지구의 자전
④ 지구의 크기

🖋해설 ─o 지구의 자전은 지구가 한 축을 중심으로 하루에 한 바퀴씩 서쪽에서 동쪽으로(반시계 방향) 스스로 도는 것이다. 지구의 자전으로 인해 한 지역에서 낮과 밤이 규칙적으로 변하게 되며, 태양이나 달이 동쪽에서 떠서 서쪽으로(시계 방향) 지는 것처럼 보인다.

정답 **19.** ④ **20.** ③

초등학교 졸업학력 검정고시 대비

도 덕

2023년 1회 시행

01 다음 중 도덕을 공부하는 방법으로 알맞지 <u>않은</u> 것은?

① 바르게 판단하고 결정하기

② 가르침을 받거나 스스로 깨치기

③ 모범을 본받고 자신을 돌아보기

④ 깊이 생각하지 않고 감정에 따라 말하기

해설 ─○ 도덕 공부 방법
- 가르침을 받거나 스스로 깨친다.
- 바르게 판단하고 결정한다.
- 모범을 본받고 자신을 돌아본다.
- 배워서 알고 있는 것을 행동으로 실천한다.
- 깊이 생각하고 감정에 치우치지 않는다.

02 다음 중 협동을 잘하기 위한 방법으로 알맞은 것은?

① 내 의견만 끝까지 고집하기

② 모둠 활동 참여를 거부하기

③ 친구들을 배려하는 마음 갖기

④ 자신이 맡은 역할을 친구에게 떠밀기

해설 ─○ ① 서로의 의견이 달라도 상대방의 주장을 존중하고 다름을 인정한다.
② 모둠 활동 참여를 거부하지 않는다.
④ 자신이 맡은 역할은 끝까지 책임을 다한다.

03 다음의 상황에서 지우에게 필요한 태도로 알맞은 것은?

① 서로 다른 음식 문화를 존중한다.

② 식사 예절을 모르는 사람을 무시한다.

③ 수저의 사용을 다른 사람에게 강요한다.

④ 맨손으로 음식을 먹는 것에 대해 화를 낸다.

✎ 해설 ─○ 다른 나라의 문화를 무시하지 않으며, 세계의 다양한 문화의 특성을 이해하고 인정하는 태도가 필요하다.

04 다음 중 아름다운 사람이 되기 위해서 실천한 일을 〈보기〉에서 고른 것은?

┤ 보 기 ├

ㄱ. 고운 말 사용하기

ㄴ. 실수한 친구 놀리기

ㄷ. 예의 바르게 행동하기

ㄹ. 쓰레기 함부로 버리기

① ㄱ, ㄴ   ② ㄱ, ㄷ   ③ ㄴ, ㄹ   ④ ㄷ, ㄹ

✎ 해설 ─○ 참된 아름다움은 겉모습의 아름다움만을 의미하는 것이 아니라 내면의 아름다움까지도 포함한다. 아름다운 사람이란 어려운 사람들을 도와주고 나보다 남을 먼저 생각하는 사람으로 고운 말을 사용하고, 예의 바르게 행동해야 한다.

 정답   03. ①   04. ②

05 다음 중 친구가 실수로 나의 발을 밟았을 때 나의 태도로 가장 바람직한 것은?

① 바로 화를 낸다.

② 울면서 짜증을 낸다.

③ 소리치며 그 자리를 떠난다.

④ "괜찮아. 그럴 수도 있지."라고 말한다.

🖊해 설 ─○ 친구에게 어려운 일이 있거나 실수했을 때에도 "괜찮아."라고 말하며 이해해 주고 용기와 자신감을 가질 수 있도록 격려해 준다.

06 다음 중 자주적인 생활에 해당하지 <u>않는</u> 것은?

① 엄마가 시키면 방 청소하기

② 자신의 힘으로 1인 1역 하기

③ 스스로 자신의 책상 정리하기

④ 내가 읽고 싶은 책을 찾아 읽기

🖊해 설 ─○ 자주적인 생활

일이나 행동을 선택하고 실천할 때에 내가 스스로 주인이 되어 판단하고 선택에 스스로 책임을 지는 생활을 말한다. 자주적인 사람은 남에게 의존하지 않고, 스스로의 판단, 선택, 능력으로 맡은 일을 훌륭하게 해낸다.

07 ㉠에 공통으로 들어갈 말은?

• (㉠)은/는 자기 자신과 남을 속이지 않는 것이다.

• (㉠)은/는 마음에 거짓이나 꾸밈이 없이 고르고 곧게 행동하는 것이다.

① 절교   ② 정직

③ 차별   ④ 효도

🖊해 설 ─○ 정직이란 사람이나 사람의 성품, 마음 따위가 거짓이 없고, 바르고 곧은 것을 말하며, 남을 속이지 않는 것뿐만 아니라 자기 자신을 속이지 않는 것이다.

08 다음 설명에 해당하는 국가는?

- 1949년, 동독과 서독으로 분단되었다.
- 베를린 장벽이 무너지고, 이 국가는 통일을 이루었다.

① 독일   ② 미국   ③ 일본   ④ 러시아

✎해 설 ╺o 독일은 제2차 세계 대전에서 패배한 후 연합국에 의해 1949년 동독과 서독으로 분단 되어 서로 대립하였다. 그러나 1989년 11월 9일 독일 베를린 장벽이 무너졌고, 1년 후인 1990년 10월 3일 독일이 공식적으로 통일되었다.

09 다음에서 설명하는 것은?

- 사이버 공간에서 악의적인 댓글 때문에 고통 받는 사람들에게 용기와 희망을 주기 위한 운동
- 칭찬과 격려가 담긴 좋은 댓글을 먼저 달아 주자는 운동

① 아나바다 운동   ② 선플 달기 운동
③ 환경 보호 운동   ④ 에너지 절약 운동

✎해 설 ╺o 선플 달기 운동
- 인터넷 악성 댓글로 인해 고통 받는 사람들에게 용기와 희망을 주는 댓글을 달아 주자는 운동이다.
- 정성과 진심이 담긴 따뜻한 선플은 사이버 공간을 아름답게 가꾸어 준다.

10 다음 중 긍정적인 생활 태도에 해당하는 것은?

① 나의 외모에 대해 불평한다.
② 스스로 능력이 없는 사람이라고 여긴다.
③ 친구의 약점을 다른 사람에게 이야기한다.
④ 최선을 다하면 좋은 결과가 있을 것이라고 생각한다.

✎해 설 ╺o 긍정적인 생활 태도는 어려움 속에서도 자신감과 희망을 가지고 꾸준히 노력하는 것 이다.

 정답   08. ①   09. ②   10. ④

11 다음 중 층간 소음으로 인한 갈등을 해결하는 방법으로 알맞은 것은?

① 집안에서 공놀이 즐겨 하기
② 매일 이른 새벽 피아노 연습하기
③ 편지를 주고받아 서로의 마음 이해하기
④ 늦은 밤 쿵쿵거리며 문 여닫는 소리 내기

✎ 해설 ╶○ 층간 소음은 공동 주택에서 주로 발생하는 소음 공해를 말한다. 바닥 충격음 소리, 오디오 소리, 화장실 물소리, 피아노 소리, 대화 소리, TV 소리 등으로 인해 이웃 간에 분쟁이 일어나기도 하므로 서로에 대한 배려가 필요하다.

12 다음 대화에서 휴대 전화와 관련된 갈등의 원인은?

 휴대 전화 사용 시간이 너무 부족해요.

한 시간이면 충분하지 않니?

 아니에요. 친구들과 대화하고 과제하기에도 시간이 부족해요.

① 사용 시간　　② 사용 장소
③ 장식품 선택　　④ 신제품 구입

✎ 해설 ╶○ 갈등이란 개인이나 집단 사이에 목표나 이해관계가 달라 서로 적대시하거나 충돌하는 상태를 말하는 것으로, 문제에서의 상황은 휴대 전화 사용 시간에 대한 갈등 상황이다.

13 다음 중 우리 생활 속에서 지구촌 이웃을 도울 수 있는 행동을 〈보기〉에서 고른 것은?

┤보 기├

ㄱ. 물 아끼지 않기
ㄴ. 지구촌 이웃에게 무관심하기
ㄷ. 용돈을 모아 국제 구호 단체에 기부하기
ㄹ. 지구촌의 어려움을 알리는 캠페인에 참여하기

① ㄱ, ㄴ   ② ㄱ, ㄹ   ③ ㄴ, ㄷ   ④ ㄷ, ㄹ

✎해 설┌─○ 더불어 사는 지구촌을 만들기 위해 공동체의식을 바탕으로 다양한 지구촌의 문제에
관심을 가지고 그 문제를 해결하기 위해서 용돈을 모아 국제 구호 단체에 기부하거
나 지구촌의 어려움을 알리는 캠페인에 참여하는 등 적극적으로 행동해야 한다.

14 다음 중 생활 속에서 실천할 수 있는 봉사 활동에 해당하지 <u>않는</u> 것은?

① 마을 도서관 책 정리하기
② 놀이터 환경 미화 활동하기
③ 용돈을 받기 위해 심부름하기
④ 동네 어르신들을 위한 위문 활동 참여하기

✎해 설┌─○ 봉사는 배려하는 마음을 바탕으로 다른 사람을 돕는 행동으로 누가 시키거나 이익을
얻기 위해 하는 것이 아니라 스스로 하는 활동이다.

15 다음 중 친구의 인권을 존중하는 실천 방법으로 적절한 것은?

① 친구의 잘못을 소문내기

② 도움을 요청한 친구 돕기

③ 친구가 싫어하는 말로 놀리기

④ 친구의 물건을 허락 없이 사용하기

✎ 해 설 ┌─○ 인권 : 인간이 지니는 기본적인 권리이자 인간 존엄성을 보장하기 위한 권리로서 도움을 요청한 친구를 돕는 것은 인권을 존중하는 실천 방법이다.
① 친구의 잘못을 소문내지 않는다.
③ 친구가 싫어하는 행동이나 말은 하지 않는다.
④ 친구의 물건을 함부로 사용하지 않는다.

16 다음 내용과 가장 관련 있는 것은?

> • 토론 시간에 공평하게 발표할 기회를 주는 사회자
> • 한쪽 편만 들지 않고 정확하게 판단하며 경기를 운영하는 심판

① 검소   ② 공정   ③ 우정   ④ 애국심

✎ 해 설 ┌─○ 공정이란 공평하고 옳은 것으로 모두에게 동등하게 기회를 주는 것을 말한다.

17 다음 내용에 해당하는 것은?

> • 6 · 25 전쟁 이후 만들어짐.
> • 남북한이 각각 점령한 영토를 기준으로 경계 지어진 선

① 광화문   ② 임진각   ③ 판문점   ④ 휴전선

✎ 해 설 ┌─○ 휴전선은 6 · 25 전쟁이 멈춘 후 만들어진 경계선으로 38선에 비해 서쪽은 북한으로, 동쪽은 남한으로 조금씩 더 넘어온 상태로 휴전선이 그어졌다.

18 다음 중 지구촌 문제가 <u>아닌</u> 것은?

① 전쟁으로 인한 굶주림

② 기후의 변화로 인한 가뭄

③ 환경 오염으로 높아지는 해수면

④ 서로에 대한 존중으로 더불어 행복한 지구촌

✎ 해 설 ┌─○ 지구촌 문제 : 전쟁, 기아, 환경 파괴, 인종이나 민족·종교 간의 갈등, 가뭄, 질병 등의 문제로 한 나라만이 아닌, 모든 지구촌 사람들이 함께 힘을 모아야만 해결할 수 있다.

19 ㉠에 들어갈 격려하는 말로 가장 적절한 것은?

① 넌 안 될 것 같아.   ② 넌 게을러서 힘들어.

③ 너도 잘 할 수 있어.   ④ 넌 욕심이 너무 많아.

✎ 해 설 ┌─○ 격려란 따뜻한 말이나 행동으로 힘과 용기가 솟아나도록 북돋워 주는 것으로 시험을 보기 전이나 운동 경기를 할 때 잘 할 수 있다고 용기를 북돋워 주면 더 좋은 결과를 낼 수 있다.

 정답   18. ④   19. ③

20 ㈀에 공통으로 들어갈 말은?

> • 도덕적 성찰이란 자신을 (㉠)하여 올바른 삶을 사는 방법을 찾는 것이다.
> • 도덕적 성찰을 통해 자신의 생각이나 행동에 잘못된 점은 없는지 (㉠)하고 도덕적인 삶을 실천하기 위해 노력할 수 있다.

① 반성　　　　　② 비난　　　　　③ 축하　　　　　④ 포기

✎ 해 설 ┌─◦ 도덕적 성찰
　　　　• 자신을 반성하는 것뿐만 아니라, 올바른 삶을 사는 구체적인 방법을 찾는 것이다.
　　　　• 도덕적 성찰을 통해 나의 생각이나 행동이 잘못된 점은 없는지 반성해 보고 올바른 내가 되고자 노력해야 할 점을 찾아 스스로 실천할 수 있다.

초등학교 졸업학력 검정고시 대비

실 과

2023년 1회 시행

01 다음 중 개인 정보에 해당하는 것은?

① 날짜

② 식품 표시

③ 안전 수칙

④ 주민 등록 번호

✏️해설 ─○ 개인 정보란 이름, 나이, 주민 등록 번호, 전화번호, 주소 및 영상 등을 통하여 개인을 알아볼 수 있는 정보를 말한다. SNS나 익명 채팅을 이용할 때는 개인 정보가 드러나지 않도록 조심해야 한다.

02 ㉠에 들어갈 말로 알맞은 것은?

자전거 등 바퀴 달린 기구를 탈 때에는 몸을 보호할 수 있는 (㉠)을/를 착용한다.

① 냄비

② 우산

③ 보호 장구

④ 조리 도구

✏️해설 ─○ 자전거 등 바퀴 달린 기구를 탈 때에는 바지를 입고 무릎 보호대와 팔꿈치 보호대를 해야 하며, 머리를 보호하기 위하여 헬멧을 쓰고, 운동화를 신는 것이 안전하다.

정답 01. ④ 02. ③

03 그림의 분리수거함에 넣어야 하는 것은?

① 유리병
② 비닐봉지
③ 음식물 쓰레기
④ 플라스틱 접시

해 설 ─○ 분리수거함 '유리' : 음료병이나 주류병 등 재사용 대상 병은 병뚜껑을 제거한 뒤 내
용물을 비우고 물로 깨끗이 씻어서 소매점에서 환불받거나 재활용품 버리는 곳에 내
어 놓는다.

04 다음 설명에 해당하는 기기는?

내부의 온도를 자동으로 조절하여 음식을 신선하게 보관한다.

① 텔레비전   ② 가스레인지
③ 스마트 냉장고   ④ 자율 주행 자동차

해 설 ─○ 스마트 냉장고
내부에 보관된 식료품들의 유통기한을 자동 감지, 기한이 임박한 식료품이 있으면
이를 사용자에게 알려주는 기능, 부족한 식재료를 원터치로 주문할 수 있는 기능 등
을 제공한다.

05 다음 설명에 해당하는 바느질 도구는?

- 천을 이을 때 사용한다.
- 사용하지 않을 때에는 자석 판이나 바늘꽂이에 보관한다.

① 골무   ② 바늘   ③ 줄자   ④ 초크

🖌️**해설** ○ ① 골무 : 바느질할 때 바늘로 인해 손가락이 다치는 것을 방지하거나 바늘을 눌러
밀어 넣기 위해 손가락에 끼는 도구이다.
③ 줄자 : 치수를 잴 때 사용한다.
④ 초크 : 옷을 재단하거나 재봉할 때, 표시를 하는 데에 쓰이는 분필의 일종이다.

06 다음 설명에 해당하는 직업은?

최신 유행을 예측하고, 사람들의 나이와 체형 등을 고려해서 옷을 디자인한다.

① 간호사   ② 요리사
③ 사회 복지사   ④ 패션 디자이너

🖌️**해설** ○ 패션 디자이너는 직물, 가죽, 비닐 등 다양한 소재를 이용하여 사람들의 나이와 체형
등을 고려해서 옷을 디자인하는 사람으로, 시즌이 시작되기 수개월 전부터 국내외의
패션 흐름을 분석하고, 시장조사를 거쳐 계절에 맞는 상품을 기획한다.

정답   05. ②   06. ④

07 다음 동물을 기르는 데 필요한 준비물로 가장 적절한 것은?

열대어는 가정에서 관상용으로 쉽게 기를 수 있는 동물이다.

① 어항　　　　　　　　　② 톱밥
③ 화분　　　　　　　　　④ 횃대

🖋️해 설 ○ 어항은 관상용 물고기를 기르는 데 사용하는, 유리 따위로 모양 있게 만든 항아리이다.
　　　※ 횃대 : 옷을 걸어놓을 수 있는 가로로 긴 막대기로 양쪽에 끈을 매달거나 해서 벽에 달아둔다.

08 ㉠에 들어갈 말로 알맞은 것은?

〈신선한 달걀을 고르는 방법〉

달걀 껍데기에 얼룩이나 반점이 없고, (㉠) 것을 고른다.

① 깨진　　　　　　　　　② 금이 간
③ 싹이 난　　　　　　　　④ 까슬까슬한

🖋️해 설 ○ 달걀은 껍데기 표면에 금이 없고 얼룩이나 반점이 없고, 까슬까슬한 것을 골라야 하며, 달걀을 흔들어 봤을 때 소리가 나지 않는 것이 신선한 달걀이다.

09 ㉠에 들어갈 식품으로 알맞은 것은?

① 떡   ② 두부   ③ 치즈   ④ 돼지고기

✏️ 해 설 ─○ 우유 및 유제품류 : 우유, 크림, 치즈, 버터, 아이스크림, 푸딩, 요구르트 등은 유당을
함유한 대표적인 식품이다.

10 다음 설명에 해당하는 것은?

• 지금까지 없었던 물건을 만들거나, 이미 있던 것을 개선하는 것을 말한다.
• 더하기, 빼기, 용도 바꾸기 등의 기법을 활용할 수 있다.

① 감정   ② 발명   ③ 센서   ④ 영양

✏️ 해 설 ─○ 발명
지금까지 세상에 없었던 물건 또는 방법을 새로 만들거나 이미 만들어진 것을 더 좋
게 하는 것으로, 더하기 기법, 빼기 기법, 용도 바꾸기 기법, 크기 바꾸기 기법, 반대
로 하기 기법 등이 있다.

 정답   09. ③   10. ②

11 그림의 가족에게 필요한 마음가짐으로 적절하지 <u>않은</u> 것은?

엄마가 팔을 다쳐서 힘든데, 혼자서 가정일을 다 해야 하니?

왜 저한테 그래요? 저도 학교 갔다 와서 피곤하단 말이에요.

① 가정일은 다른 가족 구성원에게 미룬다.

② 상대방의 입장에서 생각하고 이해한다.

③ 서로에게 일어난 어려움을 함께 나눈다.

④ 가족 간에 예의를 지키고 서로 존중한다.

✎해 설 ─ 건강하고 올바른 가족 가치관을 갖기 위해 가족 구성원 모두가 각자의 역할을 성실하게 수행하고 서로에게 일어난 어려움을 함께 나누고 적극 협력해야 한다.

12 다음 중 옷이 지닌 표현의 기능으로 가장 적절한 것은?

① 일의 능률을 높여 준다.

② 피부를 청결하게 유지해 준다.

③ 더위나 추위로부터 체온을 유지해 준다.

④ 자신에게 어울리는 옷차림으로 개성을 드러낸다.

✎해 설 ─ 옷의 기능
• 보호의 기능 : 더위 · 추위와 위험으로부터 신체를 보호하고, 체온 유지, 땀과 피지 등을 흡수하는 기능을 한다.
• 표현의 기능 : 직업 · 성별 · 연령 · 상황 등을 표현하며, 개성과 아름다움을 드러내는 기능을 한다.

13 ⊙에 들어갈 말로 알맞은 것은?

> 아동기에는 발달이 나타나는 시기와 발달 속도가 개인에 따라 다르다. 이것을 발달의 (⊙)(이)라고 한다.

① 개인차   ② 성장기
③ 적당량   ④ 사용 방법

🖋해설 ↝○ 발달의 개인차 : 발달에는 보편적인 순서나 속도가 있으나 개인에 따라 다른데, 아동의 신체적 · 정신적 · 유전적 배경과 함께 환경적인 요인에 따른 차이가 있다.

14 그림에서 문제가 발생한 자전거의 기본 요소는?

① 건조 장치   ② 신호 장치
③ 입력 장치   ④ 제동 장치

🖋해설 ↝○ 수송 수단(자전거, 자동차, 비행기, 기차, 배 등)의 기본 요소
   • 구동 장치 : 힘을 전달하여 수송 수단을 움직이는 장치 예 기어, 페달, 바퀴, 체인 등
   • 조향 장치 : 수송 수단의 방향을 조절하는 장치 예 핸들
   • 제동 장치 : 수송 수단을 멈추거나 속도를 낮추는 장치 예 브레이크

정답 **13.** ① **14.** ④

15 다음 중 로봇의 센서에 대한 설명으로 적절한 것은?

① 빛 센서는 주변의 밝기를 감지한다.

② 소리 센서는 물체의 기울기를 측정한다.

③ 적외선 센서는 소리의 크기를 측정한다.

④ 기울기 센서는 물체가 접촉했는지 감지한다.

해설 ─○ 로봇 센서 장치
- 빛 센서 : 주변의 밝기를 감지한다.
- 소리 센서 : 소리의 크기를 감지한다.
- 온도 센서 : 주위의 온도를 감지한다.
- 기울기 센서 : 물체의 기울기를 감지한다.

16 다음 중 시간 자원의 특징으로 가장 적절한 것은?

① 식품을 통해 섭취할 수 있다.

② 한번 지나가면 되돌릴 수 없다.

③ 깨끗하게 세탁하고 수선하여 관리한다.

④ 종류에 따라 알맞은 방법으로 분리배출한다.

해설 ─○
- 생활 자원 : 생명과 건강을 유지하고 만족을 얻기 위해 사용하는 모든 자원
- 인적 자원 : 인간이 소유하고 있는 개인적 특성, 능력, 관계에 의해 형성되는 자원
  예 시간, 지식, 태도, 건강, 협동, 흥미, 지능, 기술 등
- 물적 자원 : 눈에 보이고 측정할 수 있으며 인간이 소유하거나 통제하며 사용할 수 있는 자원 예 금전, 학교, 주택, 공원, 의복, 전기, 음식물, 자동차, 도서관, 놀이터 등
※ 시간 자원 : 누구에게나 똑같이 주어지며, 한번 지나가면 되돌릴 수 없다.

17 ㉠에 들어갈 작물로 알맞은 것은?

- 이름 : (㉠)
- 특징
  – 가공 과정을 거쳐 옷과 같은 생활용품으로 활용된다.

① 목화   ② 상추   ③ 수수   ④ 인삼

해 설 ○ 목화는 세계적으로 중요한 농작물 중의 하나로, 비교적 값싼 면제품을 만들며, 생산량이 매우 많고 경제적인 직물이다.

18 다음 설명에 해당하는 가족의 형태는?

우리 가족의 구성원은 할아버지, 할머니, 나, 동생 이렇게 네 명이다.

① 핵가족   ② 1인 가족

③ 조손 가족   ④ 한 부모 가족

해 설 ○ 가족의 형태
- 핵가족 : 혼인으로 맺어진 부부와 그들의 미혼 자녀로 구성된 가족
- 1인 가족 : 혼자서 생활하는 가구
- 조손 가족 : 부모 없이 할아버지 혹은 할머니와 손자 혹은 손녀가 함께 거주하는 가족
- 한 부모 가족 : 부모 중 한 사람과 자녀로 구성된 가족
- 다문화 가족 : 서로 다른 국적, 인종, 문화를 가진 남녀가 이룬 가족

 정답   17. ①   18. ③

19 다음 중 친환경 농업의 실천 방안으로 가장 적절한 것은?

① 가축에게 항생제를 과도하게 사용한다.

② 화석 연료만을 사용하여 온실을 가동한다.

③ 지렁이가 자랄 수 없도록 화학 농약을 자주 뿌린다.

④ 가축의 배설물로 퇴비를 만들어 거름으로 사용한다.

해 설 ─○ 친환경 농업
  • 화학 비료와 농약, 사료 첨가제 등의 사용을 줄이는 방법으로 환경 오염을 최소화
    하고 있다.
  • 가축의 배설물을 퇴비로 만들어 이용함으로써 배설물 처리 비용을 줄이고, 채소나
    과수 등을 친환경적으로 가꿔 생태계를 유지·보존하는 매우 중요한 역할을 한다.

20 다음은 비빔밥을 만드는 과정이다. 순서대로 바르게 배열한 것은?

> ㄱ. 채썰기한 재료를 프라이팬에 볶는다.
> ㄴ. 깨끗이 씻은 재료를 채썰기한다.
> ㄷ. 볶은 재료를 밥 위에 얹고 고추장을 곁들인다.

① ㄱ - ㄴ - ㄷ   ② ㄴ - ㄱ - ㄷ

③ ㄷ - ㄱ - ㄴ   ④ ㄷ - ㄴ - ㄱ

해 설 ─○ 비빔밥을 만드는 과정
    깨끗이 씻은 재료를 채썰기한다. → 채썰기한 재료를 프라이팬에 볶는다. → 볶은 재
    료를 밥 위에 얹고 고추장을 곁들인다.

초등학교 졸업학력 검정고시 대비

영 어

2023년 1회 시행

01 그림과 낱말이 일치하는 것은?

bag	cap	doll	umbrella
①	②	③	④

해 설 ○ ④ umbrella(우산)
① bag은 '가방'을 의미하며, 연필은 'pencil'이다.
② cap은 '모자'를 의미하며, 지우개는 'eraser'이다.
③ doll은 '인형'을 의미하며, 자는 'ruler'이다.

02 □ 안에 공통으로 들어갈 철자로 알맞은 것은?

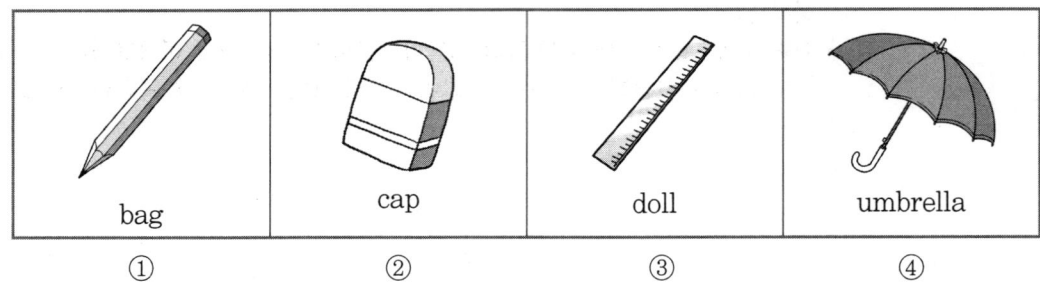

일요일 S□nday	월요일 Monday	화요일 T□esday	수요일 Wednesday

① a   ② e   ③ o   ④ u

해 설 ○ S⬚nday(일요일), Monday(월요일), T⬚esday(화요일), Wednesday(수요일)이므로
□ 안에 공통으로 들어갈 철자는 'u'이다.

정답 01. ④ 02. ④

03 다음 대화에서 알 수 있는 것은?

> A : Is this your watch?
>
> B : No, it isn't. My watch is black.

① A의 시계는 검정색이다.

② B의 시계는 검정색이다.

③ A의 자전거는 검정색이다.

④ B의 자전거는 검정색이다.

해설 ──○ A : 이것이 당신 시계입니까?
 B : 아니요. 그렇지 않습니다. 제 시계는 검정색입니다.
 대화의 내용으로 보아 B의 시계는 검정색이다.

04 다음 대화에서 A의 질문으로 가장 적절한 것은?

> A : _____?
>
> B : It's 10. It's time for bed.

① What time is it

② Where is my hat

③ What's your name

④ How's the weather

해설 ──○ A : 몇 시입니까?
 B : 10시입니다. 잘 시간이에요.
 B가 10시라고 했으므로, 몇 시냐고 시간을 묻는 ①이 적절하다.
 ② Where is my hat? → 내 모자는 어디에 있습니까?
 ③ What's your name? → 성함이 어떻게 되십니까?
 ④ How's the weather? → 날씨가 어떻습니까?

05 그림으로 보아 빈칸에 들어갈 낱말로 알맞은 것은?

A : Whose ____ⓐ____ is this?
B : It's ____ⓑ____.

	ⓐ	ⓑ		ⓐ	ⓑ
①	brush	me	②	brush	mine
③	backpack	me	④	backpack	mine

✏ 해 설 ─○ A : 이것은 누구의 ⓐ <u>빗(브러시 빗)</u>입니까?
　　　　　B : ⓑ <u>제 거</u>예요.
　　　　그림으로 보아 빈칸에는 'brush'가 들어가야 하고, 'me(나를)'보다는 'mine(내 것)'이
　　　　더 적절하다.

06 다음 대화에서 B가 지난 주말에 한 일은?

A : What did you do last weekend?
B : I visited my grandma.

① 수영하기　　　　　　　　　② 축구하기
③ 캠프 참가하기　　　　　　　④ 할머니 찾아뵙기

✏ 해 설 ─○ A : 지난 주말에 뭐 했어요?
　　　　　B : 할머니 댁에 다녀왔어요.
　　　　대화로 보아 B는 지난 주말에 할머니 댁에 다녀왔다.
　　　　• weekend : 주말
　　　　• visit : 방문하다, 가다, 찾다
　　　　• grandma : 할머니

07 그림에 대한 설명으로 알맞지 <u>않은</u> 것은?

① There is a bed.   ② There is a lamp.

③ There are books.   ④ There are two chairs.

해설 ┌─○ ② 램프가 있습니다.
　　　　① 침대가 있습니다.
　　　　③ 책들이 있습니다.
　　　　④ 의자가 두 개 있습니다.
　　　　그림에 침대, 책들, 의자는 있지만 램프는 없다.

08 다음 글에서 설명하는 Mina의 모습으로 알맞은 것은?

> Look at my sister, Mina.
> She has long curly hair.
> She is wearing glasses.

①   ②   ③   ④

✎ 해설 ─○ 내 여동생 Mina를 봐요.
그녀는 긴 곱슬머리입니다.
그녀는 안경을 쓰고 있습니다.
문제의 지문으로 보아 여동생, 긴 곱슬머리, 안경을 쓰고 있는 그림은 ①이다.
• curly : 머리칼이 곱슬곱슬한
• wear : 입다, 쓰다
• glasses : 안경, 컵

09 다음 대화에서 B가 화가 난 이유로 알맞은 것은?

> A : Why are you upset?
> B : Because my brother broke my toy.

① 장난감이 망가져서
② 컴퓨터 게임에 져서
③ 킥보드를 찾지 못해서
④ 축구공을 잃어버려서

✎ 해설 ─○ A : 왜 화가 났어요?
B : 내 동생이 내 장난감을 부쉈기 때문입니다.
문제의 대화에서 B가 화가 난 이유는 동생이 장난감을 부쉈기 때문이다.
• upset : 화난, 기분 나쁜
• broke : 깼다, 부서졌다

정답 08. ① 09. ①

10 일과표의 내용과 일치하는 것은?

〈일과표〉

I get up at seven.

I have breakfast at eight.

I exercise at nine.

I take a shower at ten.

① 나는 6시에 일어난다.

② 나는 8시에 아침을 먹는다.

③ 나는 10시에 운동을 한다.

④ 나는 11시에 샤워를 한다.

해설 〈일과표〉

저는 7시에 일어납니다.

저는 8시에 아침을 먹습니다.

저는 9시에 운동을 합니다.

저는 10시에 샤워를 합니다.

① 나는 6시에 일어난다. → 7시

③ 나는 10시에 운동을 한다. → 9시

④ 나는 11시에 샤워를 한다. → 10시

시간 단위 앞에는 전치사 'at(~에)'을 사용한다.

• get up : 일어나다, 오르다

• breakfast : 아침, 아침식사

• exercise : 운동, 훈련

11 다음 대화에서 빈칸에 들어갈 낱말로 알맞지 <u>않은</u> 것은?

A : What's your favorite animal?

B : My favorite animal is a _____.

① cat   ② flower   ③ rabbit   ④ giraffe

해설 A : 좋아하는 동물이 뭐예요?

B : 제가 가장 좋아하는 동물은 _____입니다.

좋아하는 동물이 무엇이냐고 물었으므로 대답은 동물이어야 한다. ②는 꽃이므로 정답이 아니다.

① cat : 고양이

③ rabbit : 토끼

④ giraffe : 기린

정답 10. ②   11. ②

12 그림으로 보아 빈칸에 들어갈 낱말로 알맞은 것은?

A : Where is the _____?

B : Go straight one block and turn left.

　　It's next to the library.

① museum　　　② school　　　③ hospital　　　④ post office

✏해 설┈● A : 박물관이 어디에 있어요?

B : 한 블록 직진하고 왼쪽으로 도세요.

도서관 옆에 있습니다.

B의 대답에서 도서관 옆에 있다고 하였으므로 빈칸에 들어갈 말은 도서관과 박물관이 있는 ①이 정답이다.

① museum : 박물관

② school : 학교

③ hospital : 병원

④ post office : 우체국

• straight : 직선, 똑바로

• block : 블록, 구역

• turn : 돌리다, 바꾸다

• next : 다음의, 옆에

13 그림으로 보아 빈칸에 들어갈 말로 알맞은 것은?

〈아침 식사 체크리스트〉

요일	월	화	수	목	금	토	일
먹음(✓)	✓	✓	✓		✓		✓

A : How often do you eat breakfast?
B : I eat breakfast _____ a week.

① twice   ② three times
③ five times   ④ six times

✎해설 ── A : 아침을 얼마나 자주 먹습니까?
B : 저는 일주일에 <u>다섯 번</u> 아침을 먹습니다.
그림의 아침 식사 체크리스트에 월, 화, 수, 금, 일요일에 먹음 표시가 되어 있으므로
③ 다섯 번(five times)이 정답이다.
① twice : 두 번, 두 배
② three times : 세 번
④ six times : 여섯 번
• week : 주, 일주일

14 그림으로 보아 빈칸에 들어갈 말로 알맞은 것은?

smartphone   tablet

The smartphone is _____ than the tablet.

① taller   ② longer   ③ bigger   ④ smaller

해 설 ─○ 그 스마트폰은 태블릿보다 작습니다.
   ① taller : 더 큰
   ② longer : 더 오래
   ③ bigger : 더 큰

정답   14. ④

15 다음 글에서 빈칸에 들어갈 말로 가장 거리가 먼 것은?

> What can we do for the earth?
> We can _____.

① save water

② turn off the light

③ take a long shower

④ recycle cans and bottles

✎해설 ─○ 우리가 지구를 위해 무엇을 할 수 있을까요?
우리는 _____ 할 수 있습니다.
① 물 절약하기
② 불 끄기
④ 캔과 병을 재활용하기
지구를 위해 할 수 있는 일 중 샤워를 오래 한다(take a long shower)는 ③은 거리
가 멀다.
• earth : 지구, 땅
• turn off : 끄다
• recycle : 재생하다, 재활용하다
• bottle : 병

16 다음 대화에서 B가 이번 주말에 하려고 하는 것은?

> A : What will you do this weekend?
> B : I will take swimming lessons.

① 독서　　　　　　　　　　② 여행
③ 수영 배우기　　　　　　　④ 놀이공원 가기

✎해설 A : 이번 주말에 뭐 할 거예요?
　　　B : 수영 레슨을 받을 거예요.
　　　대화의 내용으로 보아 B가 이번 주말에 하려고 하는 것은 수영 배우기이다.
　　　• weekend : 주말
　　　• lesson : 교훈, 수업, 가르치다

17 다음 글에서 Minho의 장래 희망으로 가장 적절한 것은?

> I'm Minho.
> I like to write stories.
> I want to write stories for children.

① 작가　　　　　　　　　　② 경찰관
③ 소방관　　　　　　　　　　④ 요리사

✎해설 저는 Minho입니다.
　　　저는 이야기 쓰는 것을 좋아합니다.
　　　저는 아이들을 위한 이야기를 쓰고 싶습니다.
　　　글에서 Minho는 아이들을 위한 이야기를 쓰고 싶다고 했으므로, 장래 희망으로는 ① 작가가 가장 적절하다.

정답　16. ③　17. ①

18 초대장을 읽고 알 수 <u>없는</u> 것은?

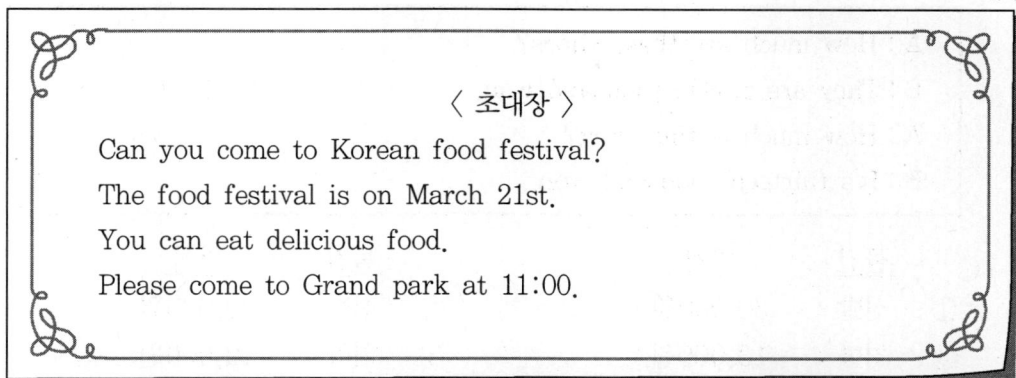

〈 초대장 〉

Can you come to Korean food festival?

The food festival is on March 21st.

You can eat delicious food.

Please come to Grand park at 11:00.

① 날짜　　　　　　　　② 장소

③ 시간　　　　　　　　④ 준비물

해 설 〈초대장〉

당신은 한국 음식 축제에 올 수 있습니까?

그 음식 축제는 3월 21일에 있습니다.

당신은 맛있는 음식을 먹을 수 있습니다.

11시에 대공원으로 오세요.

초대장에서 준비물에 대한 내용은 없으므로 ④가 정답이다.

① 날짜 : 3월 21일

② 장소 : 대공원

③ 시간 : 11시

•food : 음식, 식품

•festival : 축제, 행사

•eat : 먹다, 음식

•delicious : 맛있는

•Grand park : 대공원

19 다음 대화에서 물건과 가격이 바르게 짝지어진 것은?

A : How much are these shoes?
B : They are twelve thousand won.
A : How much is this skirt?
B : It's thirteen thousand won.

	물건	가격		물건	가격
①	신발	30,000원	②	신발	20,000원
③	치마	13,000원	④	치마	12,000원

✎해설 ─○ A : 이 신발 얼마예요?
B : 12,000원입니다.
A : 이 치마는 얼마예요?
B : 13,000원입니다.
A와 B의 대화에서 신발은 12,000원이고, 치마는 13,000원이다.

정답 19. ③

20 다음 글의 내용과 일치하는 것은?

> My name is Tom.
> I'm from Australia.
> I'm in the fourth grade.
> I'm in the soccer club.
> I like to play soccer.

① 나는 영국에서 왔다.

② 나는 5학년이다.

③ 나는 환경 동아리 회원이다.

④ 나는 축구하는 것을 좋아한다.

해설 ─○ 내 이름은 Tom이야.
나는 호주에서 왔어.
나는 4학년이야.
나는 축구부에 소속되어 있어.
내가 좋아하는 것은 축구야.
① 나는 영국에서 왔다. → 호주
② 나는 5학년이다. → 4학년
③ 나는 환경 동아리 회원이다. → 축구부

정답 **20.** ④

2022년 2회

초등학교 졸업학력 검정고시 대비 기출문제

2022년 8월 시행

똑같은 기출 똑똑한 해설

초등학교 졸업학력 검정고시 대비

국 어

2022년 2회 시행

01 다음 글에서 민서가 전하고 싶은 마음으로 알맞은 것은?

> 나영아!
> 너의 생일 파티에 가지 못하게 되어서 정말 미안해.
> 할머니께서 갑자기 병원에 입원하셔서 병문안을 가게 되었어. 다녀와서 꼭 연락할게.
>
> 친구 민서가

① 미안함 ② 반가움

③ 외로움 ④ 즐거움

✏ 해설 ─○ 민서는 갑자기 할머니의 병문안을 가느라 나영이의 생일 파티에 가지 못하게 되어 미안한 마음을 전하고 있다.

02 다음 중 두 낱말 사이의 관계가 <u>다른</u> 것은?

① 낮다 : 높다 ② 운동 : 수영

③ 가다 : 오다 ④ 등교 : 하교

✏ 해설 ─○ ①, ③, ④는 뜻이 서로 반대되는 관계의 낱말이고, ②는 한 낱말이 다른 낱말을 포함하는 관계에 있는 낱말이다.
'운동'이라는 낱말은 '수영', '축구', '야구', '태권도'라는 낱말을 모두 포함한다.

03 ㉠에 들어갈 내용으로 가장 적절한 것은?

• 중심 문장 : 우리나라에는 명절에 하는 민속놀이가 있습니다.
• 뒷받침 문장 : − | ㉠ |
　　　　　　　 − 단오에는 씨름을 합니다.

① 설날에는 세배를 합니다.
② 추석에는 송편을 먹습니다.
③ 동짓날에는 팥죽을 먹습니다.
④ 정월 대보름에는 쥐불놀이를 합니다.

✎해설 •• 중심 문장 : 문단 내용을 대표하는 문장
　　　• 뒷받침 문장 : 중심 문장을 덧붙여 설명하거나 예를 드는 방법으로 도와주는 문장
　　　우리나라에서 명절에 하는 민속놀이를 뒷받침하는 문장으로 정월 대보름에 하는 쥐
　　　불놀이, 단오에 하는 씨름 등이 들어가야 한다.

04 다음에 해당하는 토의 절차는?

• 토의하고 싶은 주제를 자유롭게 이야기하기
• 토의 주제로 알맞은지 판단하기

① 토의 주제 정하기　　　　　　　② 의견 마련하기
③ 의견 모으기　　　　　　　　　　④ 의견 결정하기

✎해설 •• 토의 절차 : 토의 주제 정하기 → 의견 마련하기 → 의견 모으기 → 의견 결정하기
　　　'토의 주제 정하기' 단계에서는 토의하고 싶은 주제를 자유롭게 이야기하고 토의 주
　　　제가 알맞은지 판단한다.

　　　정답　03. ④　04. ①

05 친구들에게 조사한 내용을 발표할 때 다음 자료를 활용한 까닭으로 적절하지 <u>않은</u> 것은?

〈2021년 서울 강수량 분석〉
(밀리미터)
(출처: 기상청)

① 월별 강수량을 알려 줄 수 있어서
② 월별 강수량의 순위를 설명할 수 있어서
③ 음악이나 자막을 넣어 분위기를 잘 전달할 수 있어서
④ 강수량이 많은 달과 적은 달을 한눈에 보여 줄 수 있어서

✏️해설 ── 발표를 할 때는 듣는 사람이 발표 내용을 쉽게 이해할 수 있도록 그림, 사진, 영상, 지도, 표, 도표 따위의 알맞은 매체 자료를 활용하여 발표한다. 제시된 강수량 분석 그래프를 보면 월별 강수량과 순위를 한눈에 알 수 있으므로 발표 자료에 적절하다.

06 ㉠에 들어갈 말로 알맞은 것은?

> 갯벌은 [㉠   ] 어민들은 갯벌에서 수산물을 키우고 거두어 돈을 법니다. 또 갯벌은 육지에서 나오는 오염 물질을 분해해 좋은 환경을 만듭니다. 그리고 갯벌은 기후를 조절하고 홍수를 줄여 주는 역할을 합니다.

① 초식동물이 살기에 좋은 환경입니다.
② 쓰레기 매립으로 인해 오염이 심각합니다.
③ 자연과 사람에게 여러 가지 도움을 줍니다.
④ 밀물 때는 물에 잠기고 썰물 때는 물 밖으로 드러납니다.

✏️해설 ── 지문의 내용을 보면 갯벌은 수입을 발생시키고, 육지에서 나오는 오염 물질을 분해해 좋은 환경을 만들어주며 기후를 조절하고 홍수를 줄여 주는 역할을 하는 등 자연과 사람에게 여러 가지 도움을 준다.

07 ㉠~㉣ 중 글쓴이의 생각이나 느낌이 드러난 것은?

> 지난 일요일에 정우와 함께 견학을 갔다. ㉠ 우리는 박물관 관람을 했다. 박물관 1층에는 우리 조상들의 생활모습을 담은 ㉡ 그림들이 전시되어 있었다. 박물관 2층에서는 조상들이 사용하던 ㉢ 여러 가지 물건들을 볼 수 있었다. 박물관 관람을 하고 난 후 ㉣ 조상들의 생활모습이 오늘날과는 많이 다르다는 생각이 들었다.

① ㉠   ② ㉡   ③ ㉢   ④ ㉣

✏️ 해설 ┈o 지문의 내용 중 ㉠ · ㉡ · ㉢은 사실이고, ㉣은 의견(생각)이다.

[8~9] 다음 글을 읽고 물음에 답하시오.

> 샬럿의 거미줄
>
> • 때 : 어느 해 늦여름
> • 곳 : 어느 시골 마을 주커만 농장의 헛간
> • 나오는 인물 : 샬럿, 윌버, 러비
>   러비가 여물통을 들고 온다. 윌버, 뒤로 살짝 물러난다.
> 러비 : 여기 있다, 꿀꿀아. 아침이다. 먹다 남은 도넛이랑 빵이야. (여물통을 내려놓는다.) 정말 맛…… 맛……. (샬럿의 거미줄에 새겨진 글자를 보고) 저게 뭐야? 뭐가 있는데……. (무대 밖으로 소리치며) 주커만 씨! 주커만 씨! 빨리 와 보세요! ㉠ (허겁지겁 퇴장한다.)

08 윗글에 대한 설명으로 알맞지 <u>않은</u> 것은?

① 등장인물은 샬럿, 윌버, 러비이다.
② 시간적 배경은 어느 해 늦겨울이다.
③ 러비는 거미줄에 새겨진 글자를 보고 놀랐다.
④ 공간적 배경은 시골 마을 주커만 농장의 헛간이다.

✏️ 해설 ┈o 시간적 배경은 어느 해 늦여름이다.

정답   07. ④   08. ②

09 ㉠에 대한 설명으로 알맞은 것은?

① 인물이 하는 말을 나타낸다.

② 작품의 배경 음악을 나타낸다.

③ 사건이 일어난 시간을 나타낸다.

④ 인물의 동작이나 표정을 나타낸다.

해설 — ○ 지문은 인물의 동작, 표정, 심리, 말투 따위를 지시하는 부분으로 (　　) 안에 써서 표현한다.

10 다음과 같이 문자 메시지로 나누고 싶은 마음을 전하면 좋은 점은?

> 지수 　정민아, 방과후 수업 중이지? 조금 전에 다친 나를 보건실까지 데려다준 거 고마워.
>
> 이제 곧 쉬는 시간 끝나. 고맙긴. 이제 괜찮아?　정민
>
> 지수 　응, 덕분에 괜찮아져서 문자 보내는 거야. 정말 고마워.
>
> 도움이 되었다니 나도 기뻐.　정민

① 읽는 사람의 표정을 볼 수 있다.

② 읽는 사람의 음성을 들을 수 있다.

③ 읽는 사람의 움직임을 확인할 수 있다.

④ 읽는 사람에게 자신의 마음을 곧바로 보낼 수 있다.

해설 — ○ 문자 메시지는 읽는 사람의 표정, 음성, 움직임은 확인할 수 없다.

11 밑줄 친 낱말이 ㉠과 같은 의미로 사용된 것은?

> 생일 축하 노래를 ㉠ 불렀다.

① 배가 불렀다.　　　　　　　　② 택시를 불렀다.

③ 애국가를 불렀다.　　　　　　④ 값을 비싸게 불렀다.

✎ 해설 ─○ • 생일 축하 노래를 불렀다, 애국가를 불렀다. : (사람이 노래 따위를) 곡에 맞추어 소리로 내다
　　　　• 배가 불렀다. : 음식을 충분히 먹어서 든든하다
　　　　• 택시를 불렀다. : 청하여 오라고 하다
　　　　• 값을 비싸게 불렀다. : (사람이 물건의 값을) 얼마라고 말하다

[12~13] 다음 글을 읽고 물음에 답하시오.

글씨 공부

이문구

언니가 쓰다 틀린
ㅁ 자는
시늉만 내어서
운동모자 같고.

동생이 쓰다 틀린
ㄱ 자는
거꾸로 그려서
낚싯바늘 같고.

언니가 써 놓은
㉠ ㅅ 자는
우리 집 앞의
삼거리.

동생이 쓰다 틀린
ㅎ 자는
삼거리 앞의
눈사람.

12 ㉠을 비유한 것은?

① 운동모자　　　② 낚싯바늘　　　③ 우리 집　　　④ 삼거리

✎ 해설 ─○ 이 시에서는 쓰다 틀린 'ㅁ 자'를 '운동모자', 동생이 쓰다 틀린 'ㄱ 자'를 '낚싯바늘', 'ㅅ 자'를 '삼거리', 동생이 쓰다 틀린 'ㅎ 자'를 '눈사람'에 비유했다.

정답　**11.** ③ **12.** ④

13 윗글을 읽고 떠올린 느낌으로 적절하지 <u>않은</u> 것은?

① 시늉만 낸 'ㅁ 자'를 보고 액자를 그린 장면이 신기했다.

② 언니와 동생이 글씨 공부를 하고 있는 장면이 떠올랐다.

③ 동생이 쓰다 틀린 'ㅎ 자'를 눈사람에 비유한 것이 재미있었다.

④ 거꾸로 쓴 'ㄱ 자'를 보고 낚싯바늘을 떠올린 것이 인상적이었다.

✎해 설 ╶╴○ 윗글에서 언니가 쓰다 틀린 'ㅁ 자'는 액자가 아닌 운동모자 같다고 하였다.

14 문장의 호응 관계가 바른 것은?

① 골키퍼가 날아온 공을 잡혔다.

② 좋은 친구들은 결코 거짓말을 잘한다.

③ 우리는 잠시 후에 미술관에 갈 것이다.

④ 어제 친구랑 같이 밥과 영화를 보았다.

✎해 설 ╶╴○ • 골키퍼가 날아온 공을 <u>잡았다</u>.
• 좋은 친구들은 결코 거짓말을 <u>하지 못한다</u>.
• 어제 친구랑 같이 <u>밥을 먹고</u> 영화를 보았다.

[15~16] 다음 글을 읽고 물음에 답하시오.

┌───┐
│ ⬚ ㉠ ⬚ 교실에서 뛰어다니지 말아야 하는 까닭은 첫째, 교실에서 뛰
│ 어다니면 친구들과 부딪혀 다칠 수 있다. 둘째, 교실에서 뛰어다니면 조용히 휴식을
│ 취하는 친구들에게 방해가 된다. 셋째, 교실에서 뛰어다니면 ⬚ ㉡ ⬚
└───┘

15 윗글의 ㉠에 들어갈 주장으로 알맞은 것은?

① 학교생활을 즐겁게 하자.　　② 교실에서 뛰어다니지 말자.

③ 복도에서 큰 소리로 떠들지 말자.　　④ 교실에서 다양한 종류의 책을 읽자.

✎해 설 ╶╴○ 지문은 교실에서 뛰어다니지 말아야 하는 까닭을 이야기하고 있다.

16 윗글의 ⓒ에 들어갈 근거로 적절한 것은?

① 바른 자세로 앉을 수 있다.

② 먼지가 생겨 건강에 좋지 않다.

③ 교실의 쓰레기를 줄일 수 있다.

④ 선생님께 칭찬을 받을 수 있다.

✎해설 ⟶ 교실에서 뛰어다닐 경우 나쁜 점(친구들과 부딪혀 다칠 수 있다, 조용히 휴식을 취하는 친구들에게 방해가 된다) 중 마지막 세 번째는 ②가 적절하다.

17 주장하는 글을 쓸 때 유의해야 할 점으로 적절하지 <u>않은</u> 것은?

① 명확한 표현은 사용하지 않는다.

② 단정적인 표현은 조심해서 사용한다.

③ 모호한 표현은 사용하지 않는 것이 좋다.

④ 주장을 뒷받침하는 근거를 제시하여 쓴다.

✎해설 ⟶ 주장하는 글을 쓸 때는 자신의 생각을 명확히 드러내야 한다.

18 '맨밥'과 짜임이 같은 낱말은?

① 바늘 　　　　② 햇밤

③ 하늘 　　　　④ 나무

✎해설 ⟶ '맨밥'과 '햇밤'은 파생어로 어근과 접사(단독으로 사용할 수 없으며 항상 다른 어근이나 낱말에 붙어 새로운 낱말을 구성)가 합해진 낱말이다.

정답 16. ② 17. ① 18. ②

19 ㉠~㉣ 중 사실을 나타낸 문장으로 알맞은 것은?

> ### 한옥 지붕
>
> ㉠ 중국과 일본의 지붕은 처마 양 끝이 살짝 들려 있지만 가운데는 반듯한 직선이다. 그런데 한옥 지붕은 처마 전체가 휘어진 듯 부드러운 곡선으로 이루어져 있다. ㉡ 그래서 좀 더 가볍고 산뜻한 느낌을 준다. 중국, 일본과 달리 한옥 지붕이 부드러운 곡선인 까닭은 무엇일까? ㉢ 한국의 자연환경이 큰 영향을 미쳤다고 생각한다. 한국은 국토의 대부분이 산이기 때문에 산으로 둘러싸인 곳에 건축물을 많이 지었다. ㉣ 그래서 건축물 지붕을 얹을 때도 지붕 선이 주변 산봉우리와 잘 어울리게 부드러운 곡선이 되도록 한 것 같다.

① ㉠   ② ㉡   ③ ㉢   ④ ㉣

✎해설 ─○ ㉠ 사실, ㉡ · ㉢ · ㉣ 생각(의견)
• 사실 : 실제로 있었던 일을 말한다.
• 의견 : 대상이나 일에 대한 느낌이나 생각을 말한다.

20 인터넷 자료를 읽는 방법으로 적절하지 않은 것은?

① 그림이 주는 시각 정보도 살펴본다.
② 화면 구성 방식에 담긴 정보도 확인한다.
③ 다양한 자료가 있을 때 하나의 자료만 살펴본다.
④ 영상 자료에 있는 소리와 자막에 담긴 정보도 확인한다.

✎해설 ─○ 다양한 인터넷 자료가 있을 때는 가능한 많은 자료를 살펴보는 것이 좋다.

초등학교 졸업학력 검정고시 대비

수 학

2022년 2회 시행

01 다음은 23000부터 1000씩 뛰어 세기를 나타낸 것이다. □에 알맞은 수는?

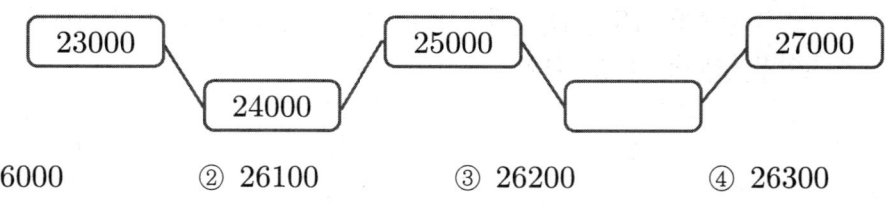

① 26000   ② 26100   ③ 26200   ④ 26300

✏️해 설 ○ 1000씩 뛰어서 세면 천의 자리 숫자가 1씩 커지므로 □에 알맞은 수는 26000이다.

02 그림에서 오른쪽 큰 정사각형 모양을 완성하려고 한다. 조각 (가)를 밀어야 하는 방향으로 알맞은 것은?

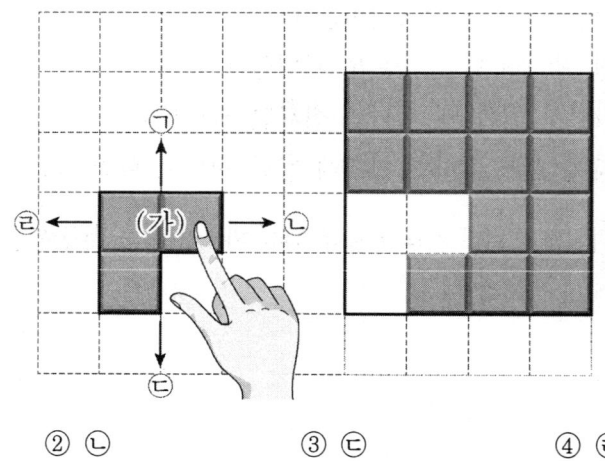

① ㉠   ② ㉡   ③ ㉢   ④ ㉣

✏️해 설 ○ 오른쪽 큰 정사각형 모양을 완성하려면 조각 (가)를 오른쪽(㉡)으로 밀어야 한다.

정답 01. ① 02. ②

03 다음과 같이 운동 기구의 각도를 (가)에서 (나)로 바꾸었을 때, 두 각도의 차는?

(가)   (나)

① 10°   ② 20°   ③ 30°   ④ 40°

🖋해설 ╾o 두 각을 겹치게 놓았을 때, 겹치지 않는 부분의 각의 크기는 두 각도의 차와 같다.
각도의 차는 자연수의 뺄셈과 같은 방법으로 구하므로 40° − 20° = 20° 이다.

04 다음은 학생 4명의 줄넘기 횟수를 막대그래프로 나타낸 것이다. 지혜의 줄넘기 횟수는?

줄넘기 횟수

① 9회   ② 10회   ③ 11회   ④ 12회

🖋해설 ╾o 막대그래프는 조사한 수를 막대로 나타낸 그래프로, 줄넘기 횟수는 슬기가 4회, 수
일이가 10회, 지혜가 11회, 도영이가 9회이다.

05 다음 분수의 덧셈 계산 과정에서 □에 공통으로 들어갈 수는?

$$\frac{1}{3} + \frac{1}{4} = \frac{4}{\Box} + \frac{3}{\Box} = \frac{7}{12}$$

① 3   ② 4   ③ 10   ④ 12

✏️해설 ── 분모가 다른 분수의 덧셈은 두 분수를 통분한 후 통분한 분모는 그대로 쓰고, 분자는 분자끼리 더한다.

$$\frac{1}{3} + \frac{1}{4} = \frac{1 \times 4}{3 \times 4} + \frac{1 \times 3}{4 \times 3} = \frac{4}{12} + \frac{3}{12} = \frac{7}{12}$$

06 딸기 맛 사탕 34개와 포도 맛 사탕 26개를 남김없이 2명이 똑같이 나누려고 한다. 한 명이 가질 수 있는 사탕의 수를 구하는 식으로 옳은 것은?

① $34 + 26 + 2$ ② $34 + 26 - 2$
③ $(34 + 26) \times 2$ ④ $(34 + 26) \div 2$

✏️해설 ── 딸기 맛 사탕 34개를 남김없이 2명이 똑같이 나누려고 할 때, 한 명이 가질 수 있는 사탕의 수는 $34 \div 2$, 포도 맛 사탕 26개를 남김없이 2명이 똑같이 나누려고 할 때, 한 명이 가질 수 있는 사탕의 수는 $26 \div 2$ 이므로 한 명이 가질 수 있는 사탕의 수는 $34 \div 2 + 26 \div 2 = (34 + 26) \div 2$ 이다.

07 소수와 자연수의 곱셈을 다음과 같이 계산하려고 한다. □에 알맞은 수는?

$$1.4 \times 3 = 1.4 + 1.4 + \boxed{} = 4.2$$

① 1.3   ② 1.4   ③ 1.5   ④ 1.6

✏️해설 ── 1.4×3 은 1.4를 3번 더한 것과 같으므로 $1.4 + 1.4 + 1.4 = 4.2$ 이다.

08 다음 직육면체에서 색칠한 면에 수직인 면의 개수는?

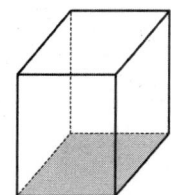

① 1개

② 2개

③ 3개

④ 4개

🖎**해 설** ─○ 직육면체에서 만나는 면은 수직이고, 한 면과 수직으로 만나는 면은 모두 4개이다.

09 버림하여 십의 자리까지 나타낼 때, 1250이 되는 수는?

① 1240　　　② 1244　　　③ 1252　　　④ 1261

🖎**해 설** ─○ 버림하기는 구하려는 자리 아래 수를 모두 0으로 나타내는 방법이다. 버림하여 십의 자리까지 나타낼 때, 1240, 1244는 1240이 되는 수이고, 1252는 1250이 되는 수이며, 1261은 1260이 되는 수이다.

10 다음은 선분 ㅋㅌ을 대칭축으로 하는 선대칭도형이다. 변 ㅂㅅ의 길이는?

① 2cm

② 3cm

③ 4cm

④ 5cm

🖎**해 설** ─○ 선대칭도형은 각각의 대응변의 길이와 대응각의 크기가 서로 같다. 변 ㅂㅅ은 변 ㄴㄷ의 대응변이므로 길이는 2cm이다.

11 표와 같이 △와 □ 사이의 대응 관계가 □ = △ + 5일 때, ㉠에 알맞은 수는?

△	5	10	15	20	……
□	10	15	㉠	25	……

① 20　　　　② 21　　　　③ 22　　　　④ 23

✏해설 ○ △ = 15
　　　　15 + 5 = □
　　　　∴ ㉠ = 20

12 표는 어느 농구 팀이 경기를 3번 했을 때 얻은 점수를 나타낸 것이다.

경기	첫 번째	두 번째	세 번째
점수(점)	60	80	70

얻은 점수의 평균을 구하는 과정에서 □에 알맞은 수는?

$$(얻은\ 점수의\ 평균) = (60 + 80 + 70) \div \boxed{} = 70$$

① 1　　　　② 2　　　　③ 3　　　　④ 4

✏해설 ○ 평균은 주어진 자료에서 전체를 더한 합계를 자료의 개수로 나눈 값이므로 □에 알
맞은 수는 3이다.

13 소수의 나눗셈을 다음과 같이 계산하려고 한다. □에 알맞은 수는?

$$4.8 \div 0.4 = \frac{48}{10} \div \frac{4}{10} = 4.8 \div 0.4 = \frac{48}{10} \div \frac{4}{10} = \boxed{} \div 4 = 12$$

① 0.4　　　　② 4.8　　　　③ 10　　　　④ 48

✏해설 ○ 자릿수가 같은 (소수)÷(소수)는 분수의 나눗셈으로 바꾸어 계산한다.

$$4.8 \div 0.4 = \frac{48}{10} \div \frac{4}{10} = 48 \div 4 = 12$$

정답　11. ①　12. ③　13. ④

14 다음 중 계산 결과가 다른 것은?

① $\dfrac{4}{5} \div \dfrac{2}{5}$ 　　　　　② $\dfrac{6}{7} \div \dfrac{3}{7}$

③ $\dfrac{7}{9} \div \dfrac{4}{9}$ 　　　　　④ $\dfrac{10}{11} \div \dfrac{5}{11}$

✏해 설 ─○ ①, ②, ④는 분자끼리 나누어떨어지고 분모가 같으므로 분자의 나눗셈으로 계산한다. 따라서 계산 결과는 2이다. ③은 분자끼리 나누어떨어지지 않고 분모가 같으므로 계산

결과는 $\dfrac{7}{9} \div \dfrac{4}{9} = 7 \div 4 = \dfrac{7}{4} = 1\dfrac{3}{4}$ 이다.

15 분수와 소수의 크기 비교가 옳지 <u>않은</u> 것은?

　분수　　소수　　　　　　　　　　　분수　　소수

① $\dfrac{2}{10}$ ⟩ 0.1   　　　② $\dfrac{3}{10}$ ⟨=⟩ 0.3

③ $\dfrac{6}{10}$ ⟨ 0.6   　　　④ $\dfrac{8}{10}$ ⟨ 0.9

✏해 설 ─○ ③ $\dfrac{6}{10} = 0.6$

16 다음 정육면체의 겉넓이는?

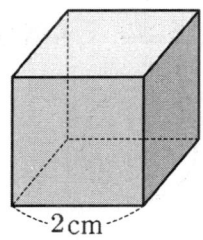

2cm

① 4cm^2

② 10cm^2

③ 12cm^2

④ 24cm^2

✏해 설 ─○ (정육면체의 겉넓이) = (한 모서리의 길이) × (한 모서리의 길이) × 6

한 모서리의 길이는 2cm이므로 겉넓이는 $2 \times 2 \times 6 = 24\text{cm}^2$이다.

17 다음 조건을 모두 만족하는 도형은?

> • 서로 평행한 두 면이 있다.
> • 두 밑면은 합동이고 다각형이다.
> • 두 밑면은 나머지 면들과 모두 수직으로 만난다.

① 각기둥

② 각뿔

③ 원기둥

④ 원뿔

✏️ 해설 ─○ 각기둥은 위와 아래에 있는 면이 서로 평행하고 합동인 다각형으로 이루어진 기둥 모양의 입체도형으로, 두 밑면은 나머지 면들과 모두 수직으로 만나고, 옆면은 모두 직사각형인 특징을 가진다.

18 길이가 30cm인 철사를 겹치지 않게 이어 붙여서 원을 만들었다. 만들어진 원의 원주는?

① 20cm   ② 30cm   ③ 40cm   ④ 50cm

✏️ 해설 ─○ 원주는 원의 둘레와 같다. 길이가 30cm인 철사를 겹치지 않게 이어 붙여서 원을 만들었으므로 원의 둘레는 30cm이다.

정답   **17.** ①   **18.** ②

19 꽃병 2개를 만들려면 찰흙 6개가 필요하다. 꽃병 4개를 만들기 위해 필요한 찰흙의 수는?

① 6

② 8

③ 10

④ 12

해 설 ─○ 꽃병 2개를 만들려면 찰흙 6개가 필요하므로 꽃병 1개를 만들려면 찰흙 6 ÷ 2 = 3
(개)가 필요하다. 따라서 꽃병 4개를 만들기 위해서는 찰흙 3 × 4 = 12(개)가 필요하다.

20 원뿔의 높이를 재는 방법으로 옳은 것은?

①

②

③

④

해 설 ─○ 원뿔의 높이는 원뿔의 꼭짓점에서 밑면에 수직인 선분의 길이이다.

초등학교 졸업학력 검정고시 대비

사 회

2022년 2회 시행

01 ㉠과 ㉡에 들어갈 말로 가장 적절한 것은?

지도에서 방위표가 없는 경우 지도의 위쪽이 [㉠] 이 되고, 아래쪽이 [㉡] 이 된다.

	㉠	㉡		㉠	㉡
①	동쪽	서쪽	②	서쪽	동쪽
③	남쪽	북쪽	④	북쪽	남쪽

해 설 ○ 지도에서 방위표가 없는 경우 지도의 위쪽이 북쪽, 아래쪽이 남쪽, 오른쪽이 동쪽, 왼쪽이 서쪽이 된다.

02 다음 대화에서 학생이 활용한 문화유산 조사 방법은?

석굴암에 대해 어떻게 조사했니?

선생님

경주에 직접 가서 석굴암을 살펴보았어요.

학생

① 답사
② 인터넷 검색
③ 친구와 토의
④ 백과사전 조사

해 설 ○ 답사는 현장에 가서 직접 보고 조사하는 방법으로, 직접 눈으로 볼 수 있어 생생한 지식을 얻을 수 있다.

정답 01. ④ 02. ①

03 다음 사례에 나타난 촌락과 도시의 교류 모습은?

> □□시 ○○대학교 학생 20여 명은 △△마을을 찾아 모내기를 도왔다. △△마을 주민들은 매년 봄마다 부족한 일손을 도와주는 대학생들에게 고마움을 전했다.

① 봉사를 통한 교류 ② 공연 활동을 통한 교류
③ 지역 축제를 통한 교류 ④ 직거래 장터를 통한 교류

🖌해설 ─○ 교류는 서로 다른 개인, 지역, 나라 사이에서 물건이나 문화, 사상 등을 주고받는 것이다. 위는 촌락 마을에서 도시의 대학생들이 일손돕기 활동의 봉사를 통한 교류 모습의 사례이다.

04 다음 설명과 관련된 사회 현상은?

> • 세계 여러 나라의 물건을 쉽게 살 수 있다.
> • 우리나라에 온 다른 나라 가수 공연을 볼 수 있다.

① 고령화 ② 세계화
③ 저출산 ④ 편견과 차별

🖌해설 ─○ 세계화는 국가 간 경계가 약화되고, 세계 사회가 경제와 문화를 중심으로 통합해 가는 현상이다.

05 ㉠에 들어갈 말로 가장 적절한 것은?

〈 사회 골든벨 〉

> 오랜 기간에 걸쳐 한 지역에 나타나는 평균적인 대기 상태를 나타낸 말입니다.

① 계절 ② 기후 ③ 날씨 ④ 강수량

🖌해설 ─○ 기후는 한 지역에서 오랜 기간에 걸쳐 나타나는 강수량, 기온, 바람의 평균적인 대기의 상태이다.

06 교통의 발달에 따라 변화된 모습으로 적절하지 <u>않은</u> 것은?

① 생활권의 범위가 좁아졌다.

② 지역 간 이동 시간이 짧아졌다.

③ 대규모 물자 이동이 편리해졌다.

④ 택배로 물건을 전달하는 시간이 짧아졌다.

✎해 설 ┈ 교통의 발달에 따라 생활권의 범위가 넓어졌다.

07 인권 보장을 위해 노력하고 있는 사례로 적절하지 <u>않은</u> 것은?

① 출산 휴가를 법적으로 보장하기

② 다른 사람의 일기장을 허락 없이 보기

③ 장애인을 위해 장애인 전용 주차 구역을 설치하기

④ 키가 작은 어린이를 위해 낮은 세면대를 설치하기

✎해 설 ┈ 다른 사람의 일기장을 허락 없이 보는 것은 사생활과 인권 침해에 해당하는 사례이다.

08 헌법에 나타난 국민의 의무 중 다음과 관계 있는 것은?

> 모든 국민은 개인과 나라의 발전을 위해 일할 의무가 있다.

① 국방의 의무   ② 근로의 의무

③ 납세의 의무   ④ 환경 보전의 의무

✎해 설 ┈ 근로의 의무 : 자신이 맡은 일을 열심히 해야 하는 의무

정답   06. ①   07. ②   08. ②

09 ㉠에 들어갈 나라로 알맞은 것은?

> **탐구 주제 : ┌─ ㉠ ─┐ 의 문화유산**
> • 상감 기법을 도자기에 적용하여 상감 청자를 만듦.
> • 몽골의 침략을 부처의 힘으로 극복하고자 팔만대장 경판을 만듦.

① 신라　　　　② 백제　　　　③ 발해　　　　④ 고려

✎ **해 설** ─○ 고려 사람들은 상감 기법을 도자기에 적용하여 다양하고 화려한 무늬를 넣은 상감
청자를 만들었고, 몽골의 침략을 부처의 힘으로 극복하고자 팔만대장경을 만들었다.

10 조선에 대한 설명으로 알맞은 것은?

① 왕건이 세운 나라이다.
② 무령왕릉이 만들어졌다.
③ 한양을 도읍으로 정했다.
④ 강감찬의 활약으로 거란의 침입을 물리쳤다.

✎ **해 설** ─○ 조선은 고려 왕조가 막을 내리고 이성계가 왕의 자리에 올랐으며, 도읍을 한양으로
옮겼다. ①, ④는 고려, ②는 백제에 대한 설명이다.

11 다음에 해당하는 것은?

> • 허균이 쓴 한글 소설이다.
> • 당시 신분 제도를 비판하는 내용이 담겨 있다.

① 심청전　　　　　　　　② 흥부전
③ 홍길동전　　　　　　　④ 장화홍련전

✎ **해 설** ─○ 허균은 양반 신분이지만 가난한 백성의 편에 서서 신분 제도의 잘못된 점을 주장했
다. 허균이 쓴 「홍길동전」에는 당시의 신분 제도를 고쳐야 한다는 생각이 담겨있다.

12 다음에서 설명하는 것은?

> 모든 국민이 나라의 주인으로서 권리를 갖고 그 권리를 자유롭고 평등하게 행사하는 정치 제도입니다.

① 민주주의   ② 이기주의

③ 제국주의   ④ 집단주의

✎해 설 ⌐ 민주주의는 모든 국민이 스스로 삶의 주인이 되어 자유롭고 평등한 입장에서 대화와 토론을 통해 사람들 사이에서 발생하는 갈등과 다툼, 공동의 문제를 해결해 가는 정치 제도이다.

13 다음에서 설명하는 것은?

우리나라는 국가 권력을 국회, 정부, 법원이 나누어 맡고 있다. 이것은 서로 견제와 균형을 이루어 국민의 자유와 권리를 지키기 위해서이다.

① 3심 제도   ② 사회 복지 제도

③ 선거 제도   ④ 삼권 분립 제도

✎해 설 ⌐ 삼권 분립 제도는 국가 권력을 국회, 정부, 법원의 세 기관이 나누어 맡게 하는 제도로, 국가 권력이 어느 한쪽으로 집중되지 않도록 막고, 서로 견제하며 균형을 이루어 국민의 자유와 권리를 보장한다.

정답 **12.** ① **13.** ④

14 ⊙에 들어갈 말로 적절한 것은?

> 1960년대에는 정부의 경제 개발 계획에 따라 섬유, 신발, 가발, 의류 등과 같은 ⊙ 제품을 만들고 수출하는 기업들이 성장했다.

① 경공업   ② 반도체 산업

③ 중화학 공업   ④ 의료 서비스 산업

✎ 해 설 ┌─○ 1960년대에 우리나라는 선진국보다 자원, 기술은 부족하였으나 노동력이 풍부하여 경공업이 발달하게 되어 섬유, 신발, 의류와 같은 경공업 제품을 만들어 수출하며 성장하였다.

15 다음 기사와 관련된 사회 문제는?

> □□신문   2022년 ○월 ○○일
>
> ### ≪ ○○회사 임금 협상 해결 ≫
>
> ○○회사의 임금 문제에 대한 오랜 갈등이 기업가와 근로자의 민주적인 대화와 타협으로 해결되었다. 이번 임금 협약 체결로 인해 ○○회사의 생산성이 더욱 높아질 것으로 예측된다.

① 노사 갈등   ② 소음 공해

③ 자원 부족   ④ 주차 문제

✎ 해 설 ┌─○ 기업가는 근로자에게 좋은 일자리를 제공하고, 안전한 근로 환경을 만들려고 끊임없이 대화하며, 정부는 근로자와 기업가 사이의 노사 갈등 문제 중재를 위해 노력한다.

16 6 · 25 전쟁의 과정 및 결과와 관계 <u>없는</u> 것은?

① 일본군의 침략　　　　　② 중국군의 개입

③ 인천 상륙 작전　　　　　④ 정전 협정 체결

✎해설 ─○ 6 · 25 전쟁 과정 및 결과 : 인천 상륙 작전 → 중국군의 개입 → 정전 협정 체결

17 디지털 영상 지도에 대한 설명으로 가장 적절하지 <u>않은</u> 것은?

① 다양한 정보가 연결되어 있다.

② 지도를 확대하고 축소하기가 쉽다.

③ 종이로 되어 있어 휴대가 편리하다.

④ 위성 영상이나 항공 사진 등을 바탕으로 만들었다.

✎해설 ─○ 디지털 영상 지도는 인공위성 사진을 이용해 만든 지도로, 스마트폰이나 컴퓨터 등의 기기에서 쉽게 이용할 수 있다.

18 다음에서 설명하는 나라는?

* 수도는 베이징이다.
* 세계에서 인구가 가장 많다.
* 우리나라의 서쪽에 위치한다.
* 춘절에 '복을 싸서 먹는다'는 뜻으로 만두를 먹기도 한다.

① 인도　　　　　　　　② 일본

③ 중국　　　　　　　　④ 러시아

✎해설 ─○ 중국은 우리나라의 서쪽에 위치하며, 우리나라보다 영토가 훨씬 넓어 지역마다 다양한 기후와 지형이 나타난다. 수도는 베이징이고, 세계에서 인구가 가장 많다.

정답　16. ①　17. ③　18. ③

19 남북 분단으로 인한 문제점이 <u>아닌</u> 것은?

① 전쟁에 대한 공포

② 이산가족의 자유로운 만남

③ 많은 국방비 지출로 인한 경제적 손실

④ 남한과 북한 자원의 효율적 활용에 대한 어려움

✎해 설 ┈o 남북 분단으로 인해 전쟁에 대한 공포, 이산가족의 아픔, 많은 국방비 지출로 인한 경제적 손실, 남북 간 언어와 문화의 차이 등의 문제점이 있다.

20 다음에서 설명하는 단체는?

> • 비정부 기구이다.
> • 자연재해로 터전을 잃어버린 사람들에게 집을 지어 주고 있다.

① 국제연합   ② 유네스코

③ 해비타트   ④ 핵무기 폐기 국제 운동

✎해 설 ┈o 해비타트는 전 세계 무주택 서민들 주거문제를 해결할 목적으로 창설한 기독교 봉사 단체이다.

초등학교 졸업학력 검정고시 대비

과 학

2022년 2회 시행

01 다음 식물이 사는 곳은?

물상추, 개구리밥, 부레옥잠

① 갯벌　　　　　② 바다　　　　　③ 사막　　　　　④ 연못

✏해 설 ─○ 물상추, 개구리밥, 부레옥잠은 연못의 물 위에 떠서 사는 식물로, 몸의 대부분이 잎이며, 수염 같은 뿌리가 있다.

02 그림은 평면거울에 비친 글자의 모양을 나타낸 것이다. 종이에 적힌 실제 글자의 모양으로 옳은 것은?

① 사랑　　　② 율사(좌우반전)　　　③ 랑사　　　④ 사율(좌우반전)

✏해 설 ─○ 평면거울에 글자를 비추면 상하는 바뀌지 않지만, 좌우는 바뀐다.

정답　01. ④　02. ①

03 그림은 물이 담긴 주전자를 가열했을 때 열의 이동을 나타낸 것이다. ㉠에 들어갈 말은?

열의 이동 / 열의 이동

온도가 높아진 물은 위로 올라 가고, 위에 있던 물은 아래로 밀려 내려오는 과정을 [㉠](이)라고 한다.

① 대류   ② 바람   ③ 안개   ④ 광합성

✏️해 설 ─○ 대류는 액체를 이루고 있는 물질이 직접 이동하여 열이 전달되는 방법이다.

04 다음 설명에 해당하는 우리 몸의 기관은?

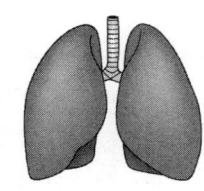

• 가슴 부분에 위치하며 좌우 한 쌍이다.
• 몸 밖의 산소를 받아들이고, 몸 안에서 생긴 이산화 탄소를 밖으로 내보낸다.

① 위   ② 폐   ③ 심장   ④ 큰창자

✏️해 설 ─○ 폐는 가슴 속 좌우에 한 쌍이 있으며, 공기 중의 산소를 흡수하고, 몸에서 생긴 이산화 탄소를 폐포로 배출하여 몸 밖으로 내보낸다.

05 세균에 대한 설명으로 가장 적절한 것은?

① 다양한 곳에 살고 있다.
② 세균의 크기는 모두 같다.
③ 세균의 모양은 한 가지이다.
④ 모든 세균은 사람에게 해롭다.

✏️해 설 ─○ 세균은 공 모양, 막대 모양, 나선 모양 등 생김새가 다양하며, 발효 식품을 만드는 데 이용되는 등 이로운 영향을 주기도 한다.

06 그림과 같이 어묵탕에 소금을 넣고 저었더니 소금이 물에 녹아 보이지 않았다. 이에 해당하는 현상은?

① 반사
② 소화
③ 용해
④ 전도

 해 설 ─o 소금이 물에 녹아 보이지 않는 현상은 물질이 골고루 섞이는 현상인 '용해'에 해당한다.

07 다음은 지구 공전에 대한 설명이다. ㉠에 들어갈 말은?

지구는 ㉠ 을 중심으로 일 년에 한 바퀴씩 회전한다.

① 달   ② 목성   ③ 태양   ④ 북두칠성

 해 설 ─o 지구의 공전은 지구가 태양을 중심으로 일 년에 한 바퀴씩 서쪽에서 동쪽으로 회전하는 운동이다.

08 다음 설명에 해당하는 것은?

밤에 차가워진 물체 표면에 수증기가 응결해 물방울로 맺히는 것이다.

① 구름   ② 우박   ③ 이슬   ④ 증발

 해 설 ─o 이슬은 새벽에 차가워진 나뭇가지나 풀잎 등에 수증기가 응결하여 이루어진 작은 물방울이다.

09 다음은 어떤 학생이 집에서 박물관까지 이동한 거리와 걸린 시간을 나타낸 것이다. 이 학생의 속력은?

이동 거리	100 m
걸린 시간	50초(s)

속력은 (이동 거리)÷(걸린 시간)으로 구할 수 있어.

이동 거리 100 m

집   박물관

① 2m/s   ② 20m/s   ③ 50m/s   ④ 100m/s

해 설 ○ $\dfrac{100m}{50s} = 2m/s$

10 그림에서 ㉠에 들어갈 말은?

이 투명한 용액이 산성인지 염기성인지 어떻게 알 수 있을까?

㉠ 을/를 이용하면 용액의 성질에 따라 눈에 띄는 변화가 나타날 거야.

① 비커   ② 저울
③ 습도계   ④ 지시약

해 설 ○ 용액을 단순히 시각이나 후각 등의 관찰을 통해 분류할 수 없을 때, 페놀프탈레인 용액과 같은 지시약을 사용한다.

11 다음 설명에 해당하는 것은?

- 공룡 화석과 함께 발견되었다.
- 알의 모양과 비슷하게 생긴 화석이다.

① 고사리 화석   ② 공룡알 화석

③ 나뭇잎 화석   ④ 물고기 화석

✏️해 설 ┌о 화석은 과거에 살았던 생물의 몸체나 흔적이 암석이나 지층 속에 남아 있는 것이다. 공룡알 화석은 공룡 화석과 함께 발견되는 알의 모양과 비슷하게 생긴 화석이다.

12 다음 중 자석을 사용하여 분리할 수 있는 혼합물은?

① 콩과 좁쌀

② 팥과 자갈

③ 소금과 설탕

④ 유리구슬과 철 구슬

✏️해 설 ┌о 철을 끌어당기는 성질이 있는 자석을 이용해 유리구슬과 철 구슬의 혼합물에서 철 구슬만 쉽게 분리할 수 있다.

13 건물에서 화재가 발생했을 때의 대처 방법으로 적절하지 않은 것은?

① 119에 신고한다.

② 비상벨을 누른다.

③ 주변 사람들에게 알린다.

④ 계단 대신 승강기를 타고 대피한다.

✏️해 설 ┌о 화재 발생 시 건물에 있는 승강기는 내부가 뜨겁고, 작동이 멈출 수 있으므로 계단을 이용해야 한다.

정답   11. ②   12. ④   13. ④

14 그림의 실험 장치를 통해 발생하는 기체는?

- 묽은 과산화 수소수
- 이산화 망가니즈
- 물

① 산소　　　　　　　　② 수소

③ 질소　　　　　　　　④ 헬륨

✏해설 ─○ 그림의 기체 발생 장치는 산소를 발생시키는 장치이다. 이산화 망가니즈는 촉매로, 직접 반응하지 않고 반응이 잘 진행되도록 도와주는 역할을 한다.

15 ㉠에 공통으로 들어갈 말은?

- 전지, 전선, 전구 등을 서로 연결해 전기가 흐르도록 한 것을 ┃ ㉠ ┃(이)라고 한다.
- ┃ ㉠ ┃에 흐르는 전기를 전류라고 한다.

① 고무　　　　　　　　② 나무

③ 비닐　　　　　　　　④ 전기 회로

✏해설 ─○ 전기 회로는 전지, 전선, 전구, 스위치 등의 여러 가지 전기 부품을 연결한 것으로, 전기 회로에서 전구에 불이 켜지는 것은 전기 회로에 전류가 흐르기 때문이다.

정답　14. ①　15. ④

16 다음 중 레이저 지시기의 빛이 진행하는 방향으로 옳은 것은?

① 공기 물
② 공기 물
③ 공기 물
④ 공기 물

🖋️ 해 설 ⌐◦ 빛이 공기 중에서 물속으로 들어갈 때 공기와 물의 경계면에서 빛의 진행 방향이 꺾여 들어가게 되는 빛의 굴절 현상이 일어난다.

17 그림은 우리나라 어느 지역의 월별 낮의 길이 변화를 나타낸 것이다. 다음 중 낮의 길이가 가장 긴 시기는?

① 3~4월   ② 6~7월   ③ 9~10월   ④ 12~1월

🖋️ 해 설 ⌐◦ 낮의 길이는 약 15시간으로 6~7월에 가장 길다.

18 어떤 학생의 일기 내용이다. 다음 중 ㉠에 해당하는 행성의 이름은?

> 2022년 ○월 ○일 날씨 : 맑음
>
> 오늘 태양계 행성에 대해 배웠다. 그중에서도 행성 둘레에 커다란 고리가 있는 ㉠ 이/가 매우 흥미로웠다.

① 금성   ② 지구   ③ 토성   ④ 화성

✎해설 ○ 토성은 두 번째로 큰 행성이며, 여러 개의 고리가 있다.

19 다음 현상에 공통으로 영향을 끼치는 비생물 요소는?

> • 철새가 따뜻한 곳으로 이동한다.
> • 식물의 잎에 단풍이 들거나 낙엽이 진다.

① 흙   ② 온도   ③ 지진   ④ 홍수

✎해설 ○ 생태계는 식물, 동물, 곰팡이, 사람 등의 생물 요소와 햇빛, 온도, 공기, 물, 흙 등의 비생물 요소로 구성된다. 위의 현상에 공통으로 영향을 끼치는 비생물 요소는 온도이다.

20 그림의 식물이 씨를 퍼트리는 방법으로 가장 적절한 것은?

도깨비바늘

① 물에 떠서
② 바람에 날려서
③ 동물에게 먹혀서
④ 동물의 몸에 달라붙어서

✎해설 ○ 씨가 퍼지는 방법
• 바람에 날려서 : 민들레, 소나무, 단풍나무 등
• 꼬투리가 터져서 : 팥, 완두, 강낭콩 등
• 동물에서 먹혀서 : 사과나무, 배나무 등
• 동물의 몸에 달라붙어서 : 도깨비바늘 등

초등학교 졸업학력 검정고시 대비

도 덕

2022년 2회 시행

01 도덕을 공부할 때 배우는 내용이 <u>아닌</u> 것은?

① 마음의 힘 기르기

② 내가 하고 싶은 것만 실천하기

③ 깊이 생각하고 바르게 판단하기

④ 바른 행동 규칙이나 사람의 도리를 깨치기

✎ 해 설 ─○ 도덕 공부의 내용은 바른 삶을 살기 위한 행동 규칙이나 사람의 도리를 알기, 깊이
생각하고 바르게 판단하기, 바르게 마음 쓰기, 바르게 행동하기가 있다.

02 다음 상황에서 학생이 할아버지를 배려하는 행동으로 알맞은 것은?

① 눈을 감고 자는 척한다.

② 친구와 계속 이야기한다.

③ 할아버지께 자리를 양보한다.

④ 휴대폰을 보며 못 본 척한다.

✎ 해 설 ─○ 대중교통에서 다소 불편하거나 귀찮더라도 할아버지께 자리를 양보하는 것은 노약자
에 대한 배려이다.

정답   **01.** ②   **02.** ③

03 ㉠에 공통으로 들어갈 말로 가장 적절한 것은?

> • (㉠)은/는 서로 마음과 힘을 합친다는 뜻이다.
> • (㉠)을/를 잘하려면 '나'보다는 '우리'라는 마음가짐이 필요하다.

① 갈등　　　　② 비난　　　　③ 절약　　　　④ 협동

✎해설　협동이란 서로의 마음과 힘을 하나로 합친다는 뜻으로 '나'보다는 '우리'라는 마음가짐으로 서로 돕는 상태를 말한다.

04 외국에서 우리 반으로 새로운 친구가 전학 왔을 때 가져야 할 태도로 적절한 것은?

① 친구의 생활 방식을 존중한다.
② 친구가 가까이 다가오면 피한다.
③ 우리 문화를 알려 주고 강요한다.
④ 말이 잘 통하지 않아서 무시한다.

✎해설　새로운 친구가 전학 왔을 때는 낯설어 하는 친구를 위해 학교 곳곳을 안내하고 설명을 해주어 전학 온 학생이 학교생활에 잘 적응할 수 있게 도와주고 친구의 생활 방식을 존중한다.

05 다음 상황에서 상대방의 입장을 존중하여 민지가 사용할 수 있는 표현으로 적절하지 <u>않</u>은 것은?

> 민지 : 윤호야! 우리 도덕 숙제가 무엇이니?
> 윤호 : 지금 좀 바쁜데…….
> 민지 : _____

① 할 일이 많은가 보구나. 기다릴게.
② 많이 바쁘면 괜찮을 때 알려 줄래?
③ 방해가 되었구나. 다른 친구에게 물어볼게.
④ 왜 나를 무시하니? 도대체 도덕 숙제가 뭐야?

✎해설　대화를 할 때는 자신보다는 상대방의 입장을 생각하고, 만약 기분이 좋지 않은 이야기를 들었더라도 존중하며 듣기 거북한 말은 하지 않도록 한다.

정답　03. ④　04. ①　05. ④

정훈사　35

06 다음 글에서 엿볼 수 있는 안중근의 마음가짐과 가장 관련이 깊은 것은?

> 안중근은 어릴 적에 아버지께서 아끼시는 귀한 벼루를 깨뜨렸습니다. 이것을 본 하인은 안중근이 혼날 것을 염려해 자기가 깨뜨렸다고 할 테니 걱정하지 말라고 했습니다. 그러나 안중근은 "거짓말은 하기 싫어요."라고 말했습니다.
>
> ※ 안중근은 일제의 침략에 맞서 우리 민족의 독립을 위해 노력한 독립 운동가이다.

① 나눔   ② 사랑

③ 정직   ④ 존중

✏️ 해 설 ─○ 정직이란 잘못을 했을 때 자신의 실수를 덮으려 거짓말을 하거나 다른 사람에게 떠넘기지 않고 솔직하게 말하는 것이다.

07 봉사를 실천함으로써 변화해 가는 사회의 모습으로 적절한 것은?

① 소외되는 이웃이 줄어든다.

② 서로에 대한 관심이 줄어든다.

③ 도움 받는 사람을 무시하게 된다.

④ 사회 구성원들이 자신의 이익만 추구한다.

✏️ 해 설 ─○ 봉사란 배려하는 마음을 바탕으로 다른 사람을 돕는 행동으로, '인류는 더불어 산다'는 공동체 의식을 가지고 봉사를 실천하면 소외되는 이웃이 점차 줄어들 것이다.

08 ⊙에 들어갈 말로 가장 적절한 것은?

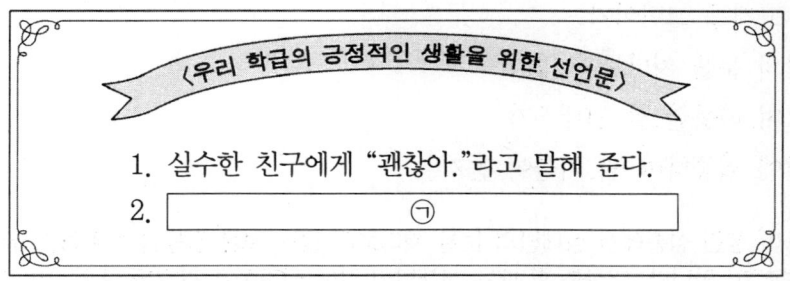

〈우리 학급의 긍정적인 생활을 위한 선언문〉

1. 실수한 친구에게 "괜찮아."라고 말해 준다.
2. ⊙

① 친구의 단점을 찾아 비난한다.
② 친구와 다투면 먼저 사과하지 않는다.
③ 아침에 등교하면 친구와 반갑게 인사한다.
④ 친구의 물건을 허락 없이 마음대로 사용한다.

해설 • 실수한 친구에게 "괜찮아."라고 말해 주거나 친구와 반갑게 인사하는 행동은 긍정적인 학급 분위기를 만들기 위한 방법이다.
• 친구의 단점을 비난하거나 다툰 친구에게 사과하지 않고, 친구의 물건을 허락 없이 사용할 경우 학급 분위기가 나빠질 수 있다.

09 ⊙에 들어갈 말로 적절한 것은?

교사 : 우리가 사이버 공간에서 지켜야 할 예절에는 무엇이 있을까요?
학생 : ⊙

① 불법으로 자료를 내려받지 않아요.
② 문자를 주고받을 때 비속어를 사용해요.
③ 친구의 사진에 외모를 지적하는 댓글을 달아요.
④ 친구의 아이디로 몰래 학급 누리집에 글을 올려요.

해설 사이버 공간에서는 불법으로 자료를 내려받지 않아야 한다.
비속어를 사용하거나 친구의 외모를 지적하는 댓글을 달고, 친구의 아이디를 몰래 이용하는 것은 다른 사람에게 피해를 주는 행동이므로 하지 않아야 한다.

10 갈등을 해결하기 위한 바람직한 공감의 태도가 <u>아닌</u> 것은?

① 자연스럽게 고개를 끄덕이기

② 말하는 사람의 눈을 쳐다보지 않기

③ 미소를 지으며 따뜻한 말 건네주기

④ 상대방의 말에 집중하며 귀 기울여 듣기

✎해설 ┌○ 갈등이 생긴 상황에서 상대방의 눈을 쳐다보지 않는 것은 갈등을 해결하기 위한 좋은 방법이 아니다. 대화를 할 때는 상대방의 말에 집중하고 귀 기울여 들으며 따뜻한 말을 건넨다.

11 사이버 공간의 긍정적인 면을 〈보기〉에서 고른 것은?

┤보 기├

ㄱ. 심각한 게임 중독　　　　　　ㄴ. 소식과 자료의 신속한 전달

ㄷ. 개인 정보 유출과 사생활 침해　　ㄹ. 멀리 있는 사람과의 자유로운 의사소통

① ㄱ, ㄴ　　　② ㄱ, ㄷ　　　③ ㄴ, ㄹ　　　④ ㄷ, ㄹ

✎해설 ┌○ 심각한 게임 중독이나 개인 정보 유출 및 사생활 침해는 사이버 공간의 부정적인 면이다.

12 ㉠에 들어갈 말로 적절하지 <u>않은</u> 것은?

〈 학급 인권 규칙 〉

1. 우리 학급 친구들은 차별하지 않는다.
2. 우리 학급 친구들은 ＿＿㉠＿＿

① 서로 존중하고 배려한다.　　② 폭력을 사용하지 않는다.

③ 친한 사이라면 함부로 대한다.　　④ 서로 바르고 고운 말을 사용한다.

✎해설 ┌○ 친한 사이라도 함부로 하지 않고 존중하며 예의를 지켜야 한다.

정답　10. ②　11. ③　12. ③

13 ㉠에 들어갈 말로 가장 알맞은 것은?

① 소비적인 생활   ② 자주적인 생활

③ 충동적인 생활   ④ 폭력적인 생활

✎해설┏○ 자주적인 생활이란 일이나 행동을 선택하고 실천할 때에 내가 스스로 주인이 되어 판단하고 선택에 스스로 책임을 지는 생활을 말한다.

14 자신을 사랑하는 방법으로 적절하지 않은 것은?

① 모든 일에 대하여 불평하기

② 자기 자신을 믿고 격려하기

③ 내 마음의 소리에 귀 기울이기

④ 나의 장점을 알고 꾸준히 개발하기

✎해설┏○ 자신을 사랑하기 위해서는 자기 자신을 믿고 격려하며, 나의 장점을 알고 꾸준히 개발해야 한다.

15 다음 설명에 해당하는 것은?

> • 이산가족들이 만나서 함께 살 수 있다.
> • 남북한 주민이 자유롭게 왕래할 수 있다.

① 단절   ② 분단   ③ 중단   ④ 통일

✎해설┏○ 평화 통일이 되면 남북 간의 전쟁 위험이 사라지며 헤어졌던 이산가족이 다시 만나 함께 살 수 있고, 남북한 주민이 자유롭게 왕래할 수 있다.

16 다음 일기를 쓴 학생이 실천한 것은?

> 20○○년 ○월 ○일(○요일) 날씨: ☀
>
> **요양원에 방문한 날**
>
> 가족과 함께 요양원에 다녀왔다. 요양원에 도착하여 먼저 할머니, 할아버지들께서 계시는 방을 청소했다. 그리고 할머니들께 책을 읽어 드렸다. 기뻐하시는 할머니들의 모습을 생각하니 다음 주가 기다려진다.

① 봉사　　　　② 우애　　　　③ 준법　　　　④ 편견

✎해설 ─○ 봉사란 아무런 대가를 바라지 않고 남을 위하여 자기의 힘과 노력을 더해 다른 사람을 지속적으로 돕는 것이다.

17 다음 글에서 '세종대왕'이 실천한 덕목은?

> 나라 살림을 운영하는 데에는 세금이 필요합니다. 세종대왕은 백성들이 처한 상황을 고려해 세금을 거두는 법을 만들었습니다. 농사가 잘되는 기름진 땅에는 높은 등급을 매겨 쌀을 많이 걷고, 산이 많고 추워서 농사가 잘되지 않는 땅에는 낮은 등급을 매겨 쌀을 조금만 걷었습니다.

① 우정　　　　② 효도　　　　③ 공정함　　　　④ 자연애

✎해설 ─○ 공정은 다른 사람을 공평하게 대하며 모두에게 동등한 기회를 주는 것으로 세종대왕은 토지의 비옥도, 풍작, 흉작에 따라 등급을 나누어 세금을 공정하게 거두는 기준을 마련하였다.

18 다음에서 설명하는 것은?

> • 자신의 삶을 반성하며 깊이 살피는 것
> • 일기를 쓰면서 오늘 하루를 돌아보는 것
> • 속담이나 격언에 비추어 생활을 돌아보는 것

① 의무　　　　② 희생　　　　③ 재능 나눔　　　　④ 도덕적 성찰

✎해설 ─○ 도덕적 성찰이란 자신을 반성하는 것뿐만 아니라, 올바른 삶을 사는 구체적인 방법을 찾는 것이다.

19 ㉠에 들어갈 말로 가장 적절한 것은?

해결해야 할 (㉠) 문제

굶주림
기후 변화
질병
환경 파괴

① 가정
② 친구
③ 학교
④ 지구촌

✎ 해 설 ┌─o 굶주림, 기후 변화, 질병, 환경 파괴, 가뭄, 전쟁, 인종이나 민족·종교 간의 갈등은
해결해야 할 지구촌의 문제이다.
지구촌 문제 해결방안
• 상호존중과 공존의 타도를 취한다.
• 문화 교류, 체육 교류 등을 활성화한다.
• 전쟁을 위한 준비보다 평화를 위한 준비를 위해 노력한다.
• 환경과 동식물을 보호하기 위해 노력한다.
• 지구촌 이웃의 상황을 생각하며 행동한다.
• 자기 나라의 이익만이 아니라 인류 공동의 이익을 추구한다.

20 인류애를 기르기 위한 마음가짐으로 알맞지 않은 것은?

① 사회적 약자를 도운 후 대가를 바란다.
② 모든 사람이 똑같이 소중하다고 생각한다.
③ 어려운 사람을 따뜻한 마음으로 도와준다.
④ 세계 여러 나라 사람과 평화롭게 살기를 바란다.

✎ 해 설 ┌─o 인류애란 인류 전체에 더한 사랑을 말하는데, 대가를 바라고 사회적 약자를 돕는 것
은 인류애를 기르기 위한 마음가짐이라고 할 수 없다.

초등학교 졸업학력 검정고시 대비

실 과

2022년 2회 시행

01 ㉠에 공통으로 들어갈 말은?

- (㉠)은/는 가족이 함께 생활하는 곳을 말한다.
- (㉠)생활은 가족을 중심으로 이루어지는 일상생활을 뜻한다.

① 가정
② 이웃
③ 친구
④ 학교

✎해설 ○ 가정이란 부부를 중심으로 어버이와 자녀 등이 함께 모여 의·식·주 등의 일상생활을 공동으로 하는 생활 공동체로, 가족들이 하는 공동생활을 가정생활이라고 한다.

02 다음 중 손바느질에 사용하는 도구의 쓰임새가 바르게 연결된 것은?

① 시침 핀 – 옷감을 고정한다.
② 실 – 손가락 끝을 보호한다.
③ 초크 – 실을 자를 때 사용한다.
④ 가위 – 옷을 꿰매는 데 사용한다.

✎해설 ○ 패턴 종이를 원단에 붙일 때나 천 2장을 겹쳐 박음질해야 할 때 미리 시침 핀으로 임시 고정한 다음 작업하면 편리하다.
- 실 : 옷을 꿰매는 데 사용한다.
- 초크 : 재단 전 천 안쪽에 완성선과 시접선을 그릴 때 사용한다.
- 가위 : 천이나 실을 자를 때 사용한다.

정답 01. ① 02. ①

03 그림의 식품들이 속하는 식품군은?

| 닭고기 | 새우 | 달걀 | 두부 |

① 곡류

② 채소류

③ 우유 · 유제품류

④ 고기 · 생선 · 달걀 · 콩류

🖊해 설 ┌─○ • 곡류 : 고구마, 시리얼, 식빵, 밥, 국수 등
　　　　　　• 채소류 : 콩나물, 버섯, 양상추, 시금치, 당근, 오이, 양파, 애호박 등
　　　　　　• 우유 · 유제품류 : 우유, 치즈, 요구르트, 아이스크림 등

04 다음 중 생활 안전사고의 예방 방법으로 적절한 것은?

① 계단 난간을 타고 내려온다.

② 깨진 유리 조각을 맨발로 밟는다.

③ 가스를 사용한 후에는 밸브를 잠근다.

④ 창틀 위로 올라서서 몸을 밖으로 내민다.

🖊해 설 ┌─○ • 계단 난간을 타고 내려오는 행동은 매우 위험하기 때문에 하지 않아야 한다.
　　　　　　• 깨진 유리 조각으로 인해 발을 다칠 수 있으므로 맨발로 밟지 않는다.
　　　　　　• 창틀 위로 올라서서 몸을 밖으로 내밀면 추락할 수 있으므로 매우 위험하다.

05 그림과 같은 반려견을 돌보는 방법으로 적절하지 않은 것은?

① 먹이 주기

② 산책 시키기

③ 질병 관리하기

④ 부화기 설치하기

🖊해 설 ┌─○ 부화기는 인공적으로 알을 부화시키기 위한 장치로 반려견을 돌보는 방법으로 적절
하지 않다.

06 그림에 해당하는 청소 방법은?

① 물건 정리하기   ② 바닥 쓸고 닦기

③ 창문 열어 환기하기   ④ 쓰레기 분리배출하기

✎해설┈ㅇ 그림에 해당하는 청소 방법은 바닥 쓸고 닦기이다.
　　　　　청소를 할 때는 모든 창문을 열어 환기하고, 어지러진 물건도 정리해야 한다.

07 다음 중 바느질 도구를 이용하여 만들 수 <u>없는</u> 생활소품은?

① 인형   ② 목도리   ③ 유리컵   ④ 주머니

✎해설┈ㅇ 바느질 도구를 이용하여 손바느질로 지갑, 목도리, 인형, 가방, 주방 소품, 패션 소품,
　　　　　인테리어 소품 등을 만들 수 있다.

08 〈보기〉에서 소프트웨어가 적용된 사례를 고른 것은?

┤보 기├

ㄱ. 손으로 설거지를 한다.
ㄴ. 로봇으로 환자를 수술한다.
ㄷ. 손편지를 써서 직접 전한다.
ㄹ. 교통 정보를 인터넷으로 확인한다.

① ㄱ, ㄴ   ② ㄱ, ㄷ   ③ ㄴ, ㄹ   ④ ㄷ, ㄹ

✎해설┈ㅇ 소프트웨어는 컴퓨터 등을 관리하는 시스템 프로그램과 문제 해결에 이용되는 다양
　　　　　한 형태의 응용 프로그램을 말한다. 로봇 수술, 교통 정보 인터넷 확인, 내비게이션
　　　　　등은 모두 소프트웨어를 적용한 사례이다.

 정답　06. ②　07. ③　08. ③

09 다음 중 직업의 사례로 가장 적절한 것은?

① 할아버지는 매일 산책을 가신다.

② 나는 도서관에서 동화책을 읽는다.

③ 할머니는 무료로 한자를 가르치신다.

④ 아버지는 꽃집에서 손님에게 꽃을 파신다.

🖌 해 설 ╌○ 직업은 개인이 생활을 해 나가기 위해서 수입을 얻을 목적으로 하는 사회 활동을 말
한다.

④의 아버지는 꽃을 판매하는 직업에 종사하고 있다.

10 그림에 해당하는 수송 수단의 종류로 적절한 것은?

기차　　　　　오토바이　　　　　버스

① 우주 수송 수단　　　　　② 육상 수송 수단

③ 항공 수송 수단　　　　　④ 해상 수송 수단

🖌 해 설 ╌○ 기차, 오토바이, 버스는 모두 육지 위를 오가는 육상 수송 수단이다.

• 우주 수송 수단 : 로켓 기관을 이용하여 사람이나 물건을 지구의 궤도나 우주 공간
으로 운송한다. 예 인공위성, 우주 왕복선, 우주 정거장 등

• 항공 수송 수단 : 공중을 날아다니는 수송 수단이다. 예 드론, 비행기 등

• 해상 수송 수단 : 물 위 또는 물속에서 사람이나 물자를 이동시키는 수단이다.
예 여객선, 어선, 화물선, 잠수함 등

11 다음 설명에 해당하는 것은?

> • 문제를 효율적으로 해결하기 위한 것이다.
> • 문제를 작은 단위로 나누어 단계별로 처리하는 사고 과정이다.

① 정보 윤리

② 지식 재산

③ 사이버 중독

④ 절차적 사고

✎ 해 설 ⟶ 문제를 효율적으로 해결하기 위해 문제를 작은 단위로 잘게 나누고 각각의 문제에 대한 해결 및 처리 과정을 절차적 사고라고 한다. 절차적 사고를 통해서 문제를 해결하기 위해서는 일반적으로 해결해야 할 문제가 무엇인지 파악하고 문제 해결에 필요한 정보를 알아보는 단계가 먼저 고려되어야 한다.

12 그림의 옷이 가진 표현의 기능은?

경찰복   의사 가운   교복

① 직업이나 신분을 나타낸다.

② 피부를 청결하게 유지한다.

③ 위험으로부터 몸을 보호한다.

④ 추위를 막아 체온을 유지한다.

✎ 해 설 ⟶ 옷이 가진 표현의 기능 중 군인, 경찰, 의사, 판사, 학생 등의 제복은 직업이나 신분 등이 나타난 옷을 입음으로써 자신의 소속을 표현하는 것이다.

정답   11. ④   12. ①

13 다음 중 개인 정보 보호 방법으로 가장 적절한 것은?

① 한번 정한 비밀번호는 바꾸지 않는다.

② 소프트웨어를 불법 복제하여 공유한다.

③ 검증되지 않은 사이트에 개인 정보를 입력한다.

④ 여러 사람이 이용하는 컴퓨터를 쓴 후에는 로그아웃한다.

✏️해 설 ─○ 개인 정보는 개인의 이름, 생년월일, 주소, 가족관계, 아이디, 비밀번호 등의 개인적
인 사항을 담은 정보를 말하는데, 자칫 악용될 소지가 있으므로 여러 사람이 이용하
는 컴퓨터를 쓴 후에는 로그아웃하는 것이 바람직하다.

14 다음 용돈 기입장의 ㉠에 들어갈 내용으로 알맞은 것은?

날짜	내용	수입	지출	남은 돈
7월 1일	㉠	5,000원		5,000원
7월 4일	아이스크림 구입		1,500원	3,500원
7월 6일	장난감 구입		1,000원	2,500원

① 용돈을 받음　　　　　　② 지우개 구입

③ 봉사 단체에 기부　　　　④ 친구 생일 선물 구입

✏️해 설 ─○ 수입은 용돈을 받거나 어떤 일을 하여 돈을 받는 것을 말한다.

15 다음 중 친환경 농업의 실천 방법으로 적절하지 <u>않은</u> 것은?

① 발효 사료를 가축의 먹이로 이용한다.

② 가축에게 항생제를 과도하게 사용한다.

③ 가축의 분뇨를 퇴비로 만들어 사용한다.

④ 우렁이나 오리를 이용하여 잡초나 해충을 제거한다.

✏️해 설 ─○ 가축에게 발효 사료를 먹이고, 가축의 분뇨를 퇴비로 만들어 사용하는 것, 우렁이나
오리를 이용한 농업은 모두 친환경 농업이다.
가축에게 항생제를 과도하게 사용하면 항생제 내성에 기여할 수 있으며, 이는 사람
의 공중 보건에 위협이 되기 때문에 친환경 농업 방법에 해당되지 않는다.

🔒 정답　**13.** ④　**14.** ①　**15.** ②

16 그림에서 설명하는 발명 기법으로 가장 적절한 것은?

> 유리로 만든 접시는 무겁고 잘 깨져. 가벼우면서도 잘 깨지지 않는 재료인 플라스틱으로 만든 접시로 바꿔야겠어.

① 나누기

② 더하기

③ 재료 바꾸기

④ 자연물 본뜨기

✏️ 해설 ○ 재료 바꾸기는 제품의 재료를 바꾸어 더욱 편리하고 유용하게 사용하는 발명 기법으로 금속 칼을 세라믹 칼로 바꾼 것, 유리병을 종이 팩으로 바꾼 것 등이 있다.

17 다음 중 손뼉을 치거나 큰 소리를 내면 반응하는 로봇을 만드는 데 필요한 센서는?

① 빛 센서

② 소리 센서

③ 온도 센서

④ 기울기 센서

✏️ 해설 ○ 로봇 센서 장치란 로봇이 외부의 자극을 받아들여 반응하는 것으로 소리를 감지하는 소리 센서, 빛의 밝기를 감지하는 빛 센서, 온도를 검출하는 온도 센서, 땅의 기울기를 감지하는 기울기 센서가 있다.

18 안전하고 위생적인 식품 선택 방법으로 가장 적절한 것은?

① 금이 간 달걀을 고른다.

② 곰팡이가 있는 식빵을 구입한다.

③ 따뜻한 곳에 보관된 냉동식품을 구입한다.

④ 눈알이 선명하고 살이 단단한 생고등어를 고른다.

✏️ 해설 ○ • 깨지거나 금이 간 달걀은 사지 말고, 산 달걀은 냉장고에 보관해야 한다.
   • 곰팡이 독소를 섭취하면 간장, 신장, 신경계 등에 피해를 입을 수 있으므로 식빵 등에 곰팡이가 폈다면 구입하지 않는다.
   • 냉장 · 냉동식품은 유통하는 과정에서 온도 변화에 따른 식중독균 등이 발생할 수 있으므로 따뜻한 곳에 보관된 제품은 구입하지 않는다.

 정답 16. ③ 17. ② 18. ④

19 자전거를 안전하게 관리하는 방법이 바르게 연결된 것은?

① 타이어 – 적절한 공기압을 유지한다.

② 체인 – 불빛이 앞을 향하도록 조절한다.

③ 브레이크 – 경적 소리가 크게 나는지 확인한다.

④ 전조등 – 패드와 바퀴 사이에 이물질이 없는지 확인한다.

해 설 ○ 타이어는 적절한 공기압을 유지해야 자전거의 하중과 주행 안정성을 보장받을 수 있다.
- 체인 : 체인에 기름때가 끼거나 먼지나 각종 이물질이 끼면 체인을 비롯한 구동계의 마모 속도가 빨라지므로 평소 자주 관리한다.
- 브레이크 : 자전거 운행을 정지시키거나 속력을 떨어뜨리는 장치이다.
- 전조등 : 불빛이 앞을 향하도록 조절한다.

20 그림에 해당하는 식물의 분류로 가장 적절한 것은?

〈 주로 먹을 목적으로 가꾸는 작물 〉

벼　　　　옥수수　　　　콩　　　　감자

① 공예 작물　　　　② 식용 작물

③ 원예 작물　　　　④ 특용 작물

해 설 ○ 식용 작물은 섭취를 목적으로 재배하는 작물로 밀·벼·옥수수 등의 곡류, 콩류·감자류 등이 있다.

초등학교 졸업학력 검정고시 대비

영 어

2022년 2회 시행

01 알파벳 대문자와 소문자를 바르게 연결한 것은?

① H－h   ② J－i   ③ R－u   ④ U－v

🖌 해 설 •J－j
•R－r
•U－u

02 □ 안에 공통으로 들어갈 철자로 알맞은 것은?

pen□il	□amera	musi□

① c   ② d   ③ g   ④ t

🖌 해 설 pen c il(연필), c amera(카메라), musi c (음악)이므로 □ 안에 공통으로 들어갈 철자
는 c이다.

정답   01. ①   02. ①

03 다음 대화에서 빈칸에 들어갈 말로 알맞은 것은?

> A : What time is it?
> B : It's _____.

① yours   ② sunny   ③ my father   ④ twelve thirty

✎해설 ─○ A : 몇 시입니까?
B : 12시 30분입니다.
몇 시냐고 물었으므로 시간을 이야기하는 ④가 알맞다.

04 그림으로 보아 ⓐ, ⓑ에 들어갈 말로 알맞은 것은?

> A : Where is my soccer ball?
> B : It's ___ⓐ___ the ___ⓑ___.

	ⓐ	ⓑ		ⓐ	ⓑ
①	in	box	②	in	cup
③	under	box	④	under	cup

✎해설 ─○ A : 내 축구공은 어디에 있지?
B : 상자 안에 있어.
전치사 in은 주로 어떤 공간의 내부, 안에 있는 것을 나타내거나 넓은 장소를 나타낼 때 사용한다.

05 ⓐ에 들어갈 말로 알맞은 것은?

July	–	August	–	ⓐ	–	October
7월		8월		9월		10월

① January   ② September   ③ November   ④ December

✎해설 ─○ July(7월) – August(8월) – ⓐ September(9월) – October(10월)
• January(1월)   • November(11월)
• December(12월)

정답   03. ④   04. ①   05. ②

06 그림으로 보아 빈칸에 들어갈 말로 알맞은 것은?

A : Where are you from?
B : I'm from _____.

① old ② many ③ English ④ Korea

✎해 설 ╌╌○ A : 당신은 어디에서 왔습니까?
B : 저는 <u>한국</u>에서 왔습니다.
'Where are you from?'은 출신을 묻는 표현으로 빈칸에 나라 이름 또는 출신지를 넣어서 말하면 된다. 그림에서 B가 태극기를 들고 있는 것으로 보아 한국에서 왔음을 알 수 있다.

07 그림을 알맞게 표현한 문장은?

① The dog is taller than the giraffe.
② The giraffe is taller than the dog.
③ The giraffe is shorter than the dog.
④ The giraffe is smaller than the dog.

✎해 설 ╌╌○ • The dog is taller than the giraffe.(개가 기린보다 키가 크다.)
• The giraffe is taller than the dog.(기린은 개보다 키가 크다.)
• The giraffe is shorter than the dog.(기린은 개보다 키가 작다.)
• The giraffe is smaller than the dog.(기린은 개보다 작다.)
A가 B보다 '더 ~하다'라고 말할 때 비교급을 쓰는데, 비교급은 일반적으로 형용사/부사의 원급에 -er을 붙인다. 또한 '~보다'라는 의미로 비교의 대상을 말할 때는 비교급 뒤에 'than~'을 쓴다.
※ tall(원급) - taller(비교급)

정답 06. ④ 07. ②

08 그림으로 보아 빈칸에 공통으로 들어갈 말은?

A : What _____ are you in?
B : I'm in the sixth _____.

① book　　　　② name　　　　③ grade　　　　④ juice

✎해 설 ─○ A : 몇 학년이야?
B : 저는 6학년입니다.
what은 grade를 수식하는 형용사로, what grade~는 학년을 묻는 표현이다. 이때 전치사 'in'을 쓰는 것에도 유의한다.
• grade : 학년, 성적, 등급, 점수

09 다음 대화에서 A의 질문으로 가장 적절한 것은?

A : _____?
B : I'd like a chicken curry, please.

① Can I sit here
② Is this your eraser
③ What would you like
④ When is your birthday

✎해 설 ─○ A : 뭘로 드릴까요?
B : 치킨 카레 주세요.
식당에서 주문할 때 쓰는 'What'은 '무엇'을 먹고 싶은지 물어보는 것이며, 'would you like'는 '~하시겠어요?'의 뜻을 가진 공손한 표현이다.

10 그림으로 보아 지수(Jisu)가 자전거를 타는 빈도는?

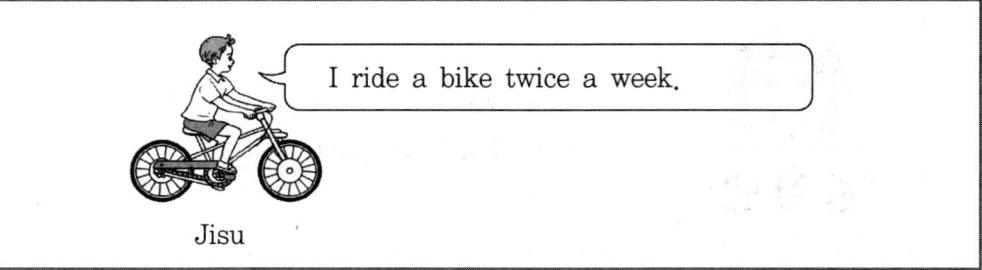

I ride a bike twice a week.

Jisu

① 하루에 한 번   ② 하루에 두 번
③ 일주일에 한 번   ④ 일주일에 두 번

🖋 해 설 ╶o 나는 일주일에 두 번 자전거를 탄다.
• ride : 타다
• bike : 자전거
• twice : 두 번, 두 배

11 다음 대화에서 A가 B에게 제안한 것은?

A : Let's go camping this Sunday.
B : Sounds great!

① 수영하기   ② 캠핑 가기
③ 배드민턴 하기   ④ 스케이트 타기

🖋 해 설 ╶o A : 이번 일요일에 캠핑 가자.
B : 좋아!
'Sounds great!'는 상대의 의견에 대해 동의를 표현하거나 긍정의 의견을 나타낸다.

정답   10. ④   11. ②

12 다음 대화에서 B가 어제 한 일은?

> A : What did you do yesterday?
> B : I played baseball.

① 책 읽기　　　　　　　　　② 농구 하기
③ 야구 하기　　　　　　　　④ 쿠키 만들기

✏해 설 ─○ A : 어제 뭐 했어요?
　　　　　B : 야구를 했어요.
'what do you do~?'는 '너는 무엇을 하니?'라는 뜻인데, A가 어제 무엇을 했는지를
묻고 있으므로 'do'의 과거형인 'did'를 쓴다.
　　• yesterday : 어제(과거 문장에서만 가능)

13 다음 글에서 준호(Junho)의 거실에 있는 물건은?

> This is Junho's living room.
> There is a sofa.
> There are two tables.
> There is a piano, too.

① 시계　　　　② 침대　　　　③ 탁자　　　　④ 컴퓨터

✏해 설 ─○ 준호의 거실입니다.
　　　　　소파가 있습니다.
　　　　　두 개의 탁자가 있습니다.
　　　　　피아노도 있습니다.

14 다음 대화에서 A가 사려는 물건과 가격을 바르게 연결한 것은?

> A : How much are these shoes?
> B : They are fifteen dollars.
> A : Okay. I'll take them.

① 신발 — $15

② 신발 — $20

③ 양말 — $10

④ 양말 — $15

✎해설 ┌─o A : 이 신발은 얼마예요?
　　　　B : 15달러입니다.
　　　　A : 알겠습니다. 그걸로 주세요.
　　　• It's/They're 가격 : 물건이 단수면 It is(It's), 복수면 They are(They're)을 쓴다.
　　　• I'll take it/them. : 사려는 물건이 단수면 it, 복수면 them을 쓴다.

15 그림으로 보아 소녀의 모습과 일치하는 것은?

① She has a bat.

② She is wearing a hat.

③ She is wearing pants.

④ She is wearing a shirt.

✎해설 ┌─o • She is wearing a shirt.(그녀는 셔츠를 입고 있다.)
　　　• She has a bat.(그녀는 박쥐를 가지고 있다.)
　　　• She is wearing a hat.(그녀는 모자를 쓰고 있다.)
　　　• She is wearing pants.(그녀는 바지를 입고 있다.)
　　　• bat : 박쥐

정답　14. ①　15. ④

16 다음 글로 보아 일과표의 ⓐ, ⓑ에 들어갈 내용은?

I brush my teeth at eight.
I have lunch at one thirty.
I do my homework at five.
I go to bed at ten thirty.

<일과표>	
8시	ⓐ
1시 30분	점심 식사하기
5시	숙제하기
10시 30분	ⓑ

	ⓐ	ⓑ		ⓐ	ⓑ
①	양치질하기	손 씻기	②	양치질하기	잠자리에 들기
③	아침 식사하기	손 씻기	④	아침 식사하기	잠자리에 들기

✏️해 설 ─○ I brush my teeth at eight.(나는 8시에 이를 닦는다.)
I have lunch at one thirty.(나는 1시 30분에 점심을 먹는다.)
I do my homework at five.(나는 5시에 숙제를 한다.)
I go to bed at ten thirty.(나는 10시 30분에 잠자리에 든다.)
일과표로 보아 8시에는 ⓐ 양치질을 하고, 10시 30분에는 ⓑ 잠자리에 드는 것을
알 수 있다.

17 다음 대화에서 A가 찾는 장소의 위치는?

A : Where is the bank?
B : Go straight and turn left. It's next to the park.

① ⓐ   ② ⓑ   ③ ⓒ   ④ ⓓ

✏️해 설 ─○ A : 은행이 어디에 있나요?
B : 직진해서 왼쪽으로 도세요. 공원 옆에 있습니다.
A가 찾는 장소인 은행은 직진해서 왼쪽, 공원 옆에 있으므로 ⓒ가 맞다.
• next to : ~옆에

🔒정답 16. ② 17. ③

18 다음 대화에서 B의 상태와 A의 조언을 바르게 연결한 것은?

> A : What's wrong?
> B : I have a cold.
> A : That's too bad. Take some medicine.

B의 상태	A의 조언		B의 상태	A의 조언
① 배가 아프다.	일찍 잔다.		② 배가 아프다.	약을 먹는다.
③ 감기에 걸렸다.	일찍 잔다.		④ 감기에 걸렸다.	약을 먹는다.

✏️해설 ─○ A : 무슨 일이야?
B : 감기에 걸렸어.
A : 정말 유감이야. 약을 먹어.
'too bad'를 직역하면 '정말 나쁘다'가 되지만 아쉬운 상황에서 '아쉽다/정말 유감이다.'라는 뜻으로 사용하는 표현이다.
• medicine : 약

19 다음 글의 내용과 일치하지 <u>않는</u> 것은?

> Dear Andy,
> I'm going to go to a concert.
> It's on Saturday, June 30th.
> It starts at 7 o'clock.
> Can you come?
>
> Your friend, Zoey

① Zoey는 콘서트에 갈 예정이다. ② 콘서트는 수요일에 한다.
③ 콘서트는 6월 30일에 한다. ④ 콘서트는 7시에 시작한다.

✏️해설 ─○ Dear Andy,(친애하는 앤디,)
I'm going to go to a concert.(나는 콘서트에 갈 거야.)
It's on Saturday, June 30th.(6월 30일 토요일이야.)
It starts at 7 o'clock.(7시에 시작해.)
Can you come?(올 수 있니?)
Your friend, Zoey(네 친구, 조이)
콘서트는 수요일이 아닌 토요일이다.

 정답 **18.** ④ **19.** ②

20 다음 글의 내용과 일치하는 것은?

> My name is Jessie.
> I'm eleven years old.
> I like robots.
> My favorite subject is math.
> I want to be a doctor.

① 나는 13살이다.
② 나는 토끼를 좋아한다.
③ 내가 가장 좋아하는 과목은 과학이다.
④ 나는 의사가 되고 싶다.

✏️ 해설 ╭─○ My name is Jessie.(내 이름은 제시이다.)
I'm eleven years old.(나는 열한 살이다.)
I like robots.(나는 로봇을 좋아한다.)
My favorite subject is math.(내가 가장 좋아하는 과목은 수학이다.)
I want to be a doctor.(나는 의사가 되고 싶다.)
• 나는 13살이다. → 나는 <u>11살</u>이다.
• 나는 토끼를 좋아한다. → 나는 <u>로봇</u>을 좋아한다.
• 내가 가장 좋아하는 과목은 과학이다. → 내가 가장 좋아하는 과목은 <u>수학</u>이다.
숫자+years old : 나이를 말할 때는 총 년(총 몇 살)수를 나타내는 것이기 때문에
year에 s를 붙여서 복수형으로 쓴다.

NOTE

초졸 검정고시
기출문제집

2026년 1월 12일 개정12판 발행
2016년 6월 8일   초판 발행

편 저 자 검정고시 학원연합회
발 행 인 전 순 석
발 행 처 정훈사
주   소 서울특별시 중구 마른내로72 421호A
등   록 2-3884호
전   화 737-1212
팩   스 737-4326